测 绘 地 理 信 息 安 全 法 律 法 规 与 标 准

（上册）

Laws, Regulations and Standards on the Security of Surveying, Mapping and Geoinformation

（Volume Ⅰ）

闵连权 杨辉 侯翔 杨云航 编

测绘出版社

·北京·

内 容 简 介

测绘地理信息安全是国家安全的重要组成部分,测绘地理信息安全管理必须以法律法规为依据,以标准为规范。《测绘地理信息安全法律法规与标准》分为上、下两册,上册主要介绍法律法规、标准的分类与编号等基础知识,重点介绍通用信息安全法律法规,并选编具有代表性的法律、行政法规、部门规章和规范性文件;下册主要介绍测绘地理信息安全方面的法律法规和信息安全标准,并选编具有代表性的法律、行政法规、部门规章和规范性文件,最后介绍信息安全标准。

《测绘地理信息安全法律法规与标准》(上下册)可作为测绘地理信息管理者、从业者、使用者的工具书,也可作为高等院校测绘地理信息相关专业的教学参考用书。

图书在版编目(CIP)数据

测绘地理信息安全法律法规与标准. 上册 / 闵连权
等编. --北京 : 测绘出版社,2024.3
ISBN 978-7-5030-4511-0

Ⅰ. ①测… Ⅱ. ①闵… Ⅲ. ①测绘－地理信息系统－
信息安全－科学技术管理法规－汇编－中国②测绘－地理
信息系统－信息安全－安全标准－汇编－中国 Ⅳ.
①D922.179②P208.2－65

中国国家版本馆 CIP 数据核字(2024)第 010363 号

测绘地理信息安全法律法规与标准(上册)
CEHUI DILI XINXI ANQUAN FALÜ FAGUI YU BIAOZHUN (SHANG CE)

责任编辑	巩 岩	封面设计　李 伟	责任印制	陈姝颖

出版发行	测绘出版社	电　话	010－68580735(发行部)
地　址	北京市西城区三里河路 50 号		010－68531363(编辑部)
邮政编码	100045	网　址	https://chs.sinomaps.com
电子信箱	smp@sinomaps.com	经　销	新华书店
成品规格	184mm×260mm	印　刷	北京建筑工业印刷有限公司
印　张	14	字　数	347 千字
版　次	2024 年 3 月第 1 版	印　次	2024 年 3 月第 1 次印刷
印　数	001－800	定　价	84.00 元

书　号	ISBN 978-7-5030-4511-0

本书如有印装质量问题,请与我社发行部联系调换。

前　言

测绘地理信息是国家基础性、战略性信息资源，测绘地理信息安全是国家安全的重要组成部分，涉及国家安全、科技协作交流和知识产权保护等各个方面，是制约我国经济、科学与技术可持续发展的重要因素之一。要保障测绘地理信息的安全，技术很重要，但管理更重要，能做到有效管理的前提条件是必须以健全的法律法规为依据、以系列标准为规范。

信息安全法规为保障信息化建设的健康有序发展、保护信息安全提供法律依据，信息安全标准为信息系统安全体系的构建、安全产品的开发、安全措施的制定、安全管理等提供科学依据。为做好信息安全管理工作，必须及时建立并不断完善信息安全的法规、制度和标准。信息安全法规与信息安全标准共同构成信息安全管理的重要基础。为确保法规的有效执行，需要有可操作性强的信息安全标准，为信息安全保密的量化管理提供依据。信息安全标准是新形势下开展保密工作特别是信息安全保密工作的重要依据，是信息安全保密体系的重要组成部分。

在编者从事测绘地理信息安全技术教学和科研工作的 20 余年中，深刻体会到健全的法律法规和标准是确保国家测绘地理信息安全的基础，是保障测绘地理信息安全的第一道防线。目前鲜有这方面的书籍，以致安全技术研究人员在科研工作中缺乏法律法规和标准的指导，可能知道有某项法律法规和标准，但对法律法规和标准的具体条文不明确，查找相应的法律法规和标准也比较麻烦，甚至有时根本不知道有哪些法律法规和标准，这显然不利于测绘地理信息安全技术人员开展工作，严重制约了测绘地理信息的服务能力和水平的提升。为此，编者认为应当编写一部书籍，对与测绘地理信息安全相关的法律法规和标准进行介绍，为广大从事测绘地理信息安全技术行业的研究人员和管理人员提供参考。《测绘地理信息安全法律法规与标准》（上下册）的出版有助于促进测绘地理信息健康、可持续发展，维护测绘地理信息市场秩序，保障测绘地理信息安全，充分发挥测绘地理信息的价值。

《测绘地理信息安全法律法规与标准》分为上、下两册，上册包括第 1 章和第 2 章，下册包括第 3 章和第 4 章。为保持书稿整体的完整性，章节和页码采用了连续编码的方式。第 1 章介绍法律法规、标准的分类与编号等基础知识；第 2 章介绍通用信息安全法律法规，并选编具有代表性的法律 11 部、行政法规 10 部、部门规章 26 部和规范性文件 16 份；第 3 章介绍测绘地理信息安全法律法规，并选编具有代表性的测绘地理信息安全方面的法律 1 部、行政法规 4 部、部门规章 2 部和规范性文件 47 份；第 4 章介绍信息安全标准。对部分引用的法律法规等在标题处进行了标注，未标注的为全文引用。

需要注意的是，不同于一般的技术性书籍，法律法规和标准具有很强的时代性，会根据社会发展等因素的变化而制定、修正、修订甚至废止；再者，编者不是法律从业人员，对法律法规的研究有限。因此读者在使用本书时，也要关注相关法律法规的变化情况。虽然本书中的法律法规、规章文件均是原文引用，但受限于所引原文具体出处的资料情况，以及编写和核对的工作条件，所引的内容仅供读者参考使用。

在书稿的编写过程中，参考了信息安全法律法规方面的相关书籍，也充分利用网络技术，查阅了大量资料，尤其是全国人大网、中央人民政府门户网站、自然资源部门户网站和全国标准信息公共服务平台等,在此向相关作者和平台致谢!

由于编者的水平有限,书中难免会出现纰漏甚至错误之处,敬请读者批评指正,不胜感激!您对《测绘地理信息安全法律法规与标准》(上下册)的意见和建议可发送邮件至 rainman_mlq @163.com。谢谢!

上册目录

下册目录

第1章　法律法规与标准

§1.1　法律法规

信息安全管理必须以法律法规为依据，以标准为规范。信息安全法规为保障信息化建设的健康有序发展、保护信息的安全使用提供法律依据，信息安全标准为信息系统安全体系的构建、安全产品的开发、安全措施的制定、安全管理等提供科学依据。为做好信息安全管理工作，必须不断学习信息安全的法律法规、规章文件和技术标准。

法是由一定社会物质生活条件决定的、由国家制定或认可的并由国家强制力保证实施的、具有普遍约束力的行为规范的总和。法的目的在于维护、巩固和发展一定的社会关系和社会秩序。

1.1.1　立法、司法和执法

1. 立法

1）立法权

立法权是依照法定程序制定、修改、补充、解释或者废止法律法规的权力，是国家权力体系中最重要的核心的权力。

根据享有立法权主体和形式，我国的立法权分为国家立法权、地方立法权、行政立法权和授权立法权。

2）立法组织与立法程序

立法组织是享有立法权的组织，即立法机关。在我国，如全国人民代表大会、国务院和地方人民代表大会是立法组织，其中，全国人民代表大会及其常务委员会是我国的最高立法组织。全国人民代表大会及其常务委员会行使国家立法权。国务院根据宪法和法律，制定行政法规。

目前，依据《中华人民共和国立法法》，我国法律的制定程序主要有以下四个步骤：

（1）法律案的提出。全国人民代表大会主席团可以向全国人民代表大会提出法律案，由全国人民代表大会会议审议；全国人民代表大会常务委员会、国务院、中央军事委员会、国家监察委员会、最高人民法院、最高人民检察院、全国人民代表大会各专门委员会，可以向全国人民代表大会提出法律案，由主席团决定列入会议议程；一个代表团或者三十名以上的代表联名，可以向全国人民代表大会提出法律案，由主席团决定是否列入会议议程，或者先交有关的专门委员会审议，提出是否列入会议议程的意见，再决定是否列入会议议程。

（2）法律案的审议。立法机关对已列入议事日程的法律草案正式进行审议。

（3）法律案的表决。立法机关以法定多数对法律草案表示最终的赞同，从而使法律草案成为法律。

（4）法律的公布。立法机关或国家元首将已通过的法律以一定的形式予以公布，以便全社会遵守执行。我国宪法规定,中华人民共和国主席根据全国人民代表大会的决定和全国人民代表大会常务委员会的决定,公布法律。

3)立法权等级

在我国,立法权是有级别的,不同级别立法的内容、立法的主体、所立法律的适用范围是不同的。

(1)国家立法权。国家立法权是由一定的国家权力机关行使的,用以调整基本的、具有全局性的社会关系的,在立法体系中居于基础和主导地位的最高立法权。国家立法权的立法主体是全国人民代表大会及其常务委员会。

(2)地方立法权。地方立法权的主体主要省、自治区、直辖市的人民代表大会及其常务委员会,设区的市的人民代表大会及其常务委员会。

(3)行政立法权。行政立法权是源于宪法,由国家行政机关依法行使的,低于国家立法的一种独立的立法权,包括中央行政立法权和地方行政立法权,主要行使行政规章的立法权。行政立法权的主体是国务院各部、委员会、中国人民银行、审计署和具有行政管理职能的直属机构以及法律规定的机构,省、自治区、直辖市和设区的市、自治州的人民政府。

4)我国立法体制的特征

与当今世界普遍存在的单一的立法体制、复合的立法体制、制衡的立法体制相比,我国现行立法体制独具特色。

从立法权限划分的角度看,它是中央统一领导和一定程度分权的、多级并存、多类结合的立法权限划分体制。最高国家权力机关及其常设机关统一领导,国务院行使相当大的权力,地方行使一定权力,是中国现行立法权限划分体制突出的特征。

从立法层次看,全国人民代表大会及其常务委员会根据宪法规定行使国家立法权制定国家法律,国务院及其所属部门根据宪法和法律分别制定行政法规和部门规章,一般地方的有关国家权力机关和政府在不同宪法、法律、行政法规相抵触的前提下,可以依法制定地方性法规及地方政府规章。由全国人民代表大会及其常务委员会、国务院及其所属部门、一般地方的有关国家权力机关和政府,所立的法律、法规、规章在效力上有着级别之差,但这些不同级别的法律、法规和规章并存于现行中国立法体制中。

从立法体制内部的从属关系、统一关系、监督关系看,国家主席和国务院总理都产生于全国人民代表大会,国家主席是根据全国人民代表大会及其常务委员会的决定公布法律,一般行政法规由总理签署国务院令公布。行政法规不得与宪法、法律相抵触,地方性法规不得与宪法、法律和行政法规相抵触,全国人民代表大会常务委员会有权撤销与宪法、法律相抵触的行政法规和地方性法规。

2. 司法

司法组织是对案件依法进行审理和评判的组织。我国的司法组织主要包括两大系统,即人民法院和人民检察院。

人民法院是国家的审判机关。人民法院分为最高人民法院、地方各级人民法院和专门人民法院。最高人民法院对全国人民代表大会及其常务委员会负责并报告工作,地方各级人民法院对本级人民代表大会及其常务委员会负责并报告工作。最高人民法院是中华人民共和国最高审判机关。最高人民法院监督地方各级人民法院和专门人民法院的审判工作,上级人民法院监督下级人民法院的审判工作。地方各级人民法院分为高级人民法院(省高级人民法院、自治区高级人民法院和直辖市高级人民法院)、中级人民法院(省、自治区辖市的中级人民法院,在直辖市内设立的中级人民法院,自治州中级人民法院,在省、自治区内按地区设立的中级人民法院)和基层人民法院(县、自治县人民法院,不设区的市人民法院,市辖区人民法院)。专门人民法院包括军事法院和海事法院、知识产权法院、金融法院等。

人民检察院是国家的法律监督机关。人民检察院分为最高人民检察院、地方各级人民检察院和军事检察院等专门人民检察院。最高人民检察院对全国人民代表大会及其常务委员会负责并报告工作,地方各级人民检察院对本级人民代表大会及其常务委员会负责并报告工作。最高人民检察院是中华人民共和国最高检察机关。最高人民检察院领导地方各级人民检察院和专门人民检察院的工作,上级人民检察院领导下级人民检察院的工作。地方各级人民检察院分为省级人民检察院(包括省、自治区、直辖市人民检察院)、设区的市级人民检察院(包括省、自治区辖市人民检察院,自治州人民检察院,省、自治区、直辖市人民检察院分院)和基层人民检察院(包括县、自治县、不设区的市、市辖区人民检察院)。

3. 执法

执行法律的机关或组织是执法组织。我国的执法组织包括人民法院、人民检察院、公安部门、安全部门、市场监督管理部门、税务部门等。不同的执法组织在不同的职权范围内行使职权。

对刑事案件的侦查、拘留、执行逮捕、预审,由公安机关负责;检察、批准逮捕、检察机关直接受理的案件的侦查、提起公诉,由人民检察院负责;审判由人民法院负责;国家安全机关依照国家法律规定,办理危害国家安全的刑事案件,行使与公安机关相同的职权。

1.1.2　我国的法律体系

我国实行多级立法的法律体系,法律、行政法规、地方性法规、自治条例和单行条例、部门规章和地方政府规章,共同构成了宪法统领下的统一法律体系,如图 1.1 所示。

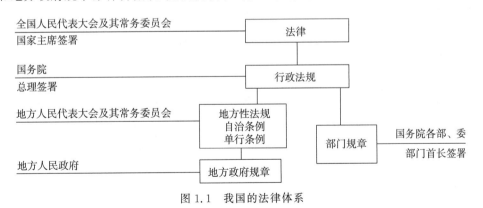

图 1.1　我国的法律体系

1. 法律

法律有广义和狭义两种理解。广义上,法律是由国家制定或认可的,调整人与人之间的行为规范,明确行为人之间的权利和义务,并由国家强制力保证实施的一切规范性文件;狭义上,法律仅指全国人民代表大会及其常务委员会制定的规范性文件。

在与法规等一起谈时,法律是指狭义上的法律。全国人民代表大会及其常务委员会行使国家立法权,立法通过后,由国家主席签署主席令予以公布。法律的级别是最高的,一般称为

"××法"。全国人民代表大会制定和修改刑事、民事、国家机构及其他基本法律。全国人民代表大会常务委员会制定和修改除应当由全国人民代表大会制定的法律以外的其他法律;在全国人民代表大会闭会期间,对全国人民代表大会制定的法律进行部分补充和修改,但不得与该法律的基本原则相抵触。

值得注意的是,法律解释是对法律中某些条文或文字的解释或限定,这些解释涉及法律的适用问题。法律解释权属于全国人民代表大会常务委员会,其做出的法律解释与法律具有同等效力。司法解释是由最高人民法院或最高人民检察院做出的解释,用于指导各级法院或检察院的司法工作。

2. 行政法规

国务院为执行宪法和法律的规定,制定行政法规,通过后由国务院总理签署国务院令予以公布。这些法规也具有全国通用性,是对法律的补充,其地位仅次于法律。法规多称××法实施细则、××条例、××规定、××规则、××办法。

行政法规可以就下列事项作出规定:一是为执行法律的规定需要制定行政法规的事项;二是宪法第八十九条规定的国务院行政管理职权的事项。应当由全国人民代表大会及其常务委员会制定法律的事项,国务院根据全国人民代表大会及其常务委员会的授权决定先制定的行政法规,经过实践检验,制定法律的条件成熟时,国务院应当及时提请全国人民代表大会及其常务委员会制定法律。

3. 地方性法规、自治条例和单行条例

省、自治区、直辖市的人民代表大会及其常务委员会根据本行政区域的具体情况和实际需要,在不同宪法、法律、行政法规相抵触的前提下,可以制定地方性法规。设区的市的人民代表大会及其常务委员会根据本市的具体情况和实际需要,在不同宪法、法律、行政法规和本省、自治区的地方性法规相抵触的前提下,可以对城乡建设与管理、生态文明建设、历史文化保护、基层治理等方面的事项制定地方性法规。地方性法规大部分称为条例,有的为法律在地方的实施细则,部分为具有法规属性的文件,如决议、决定等。地方性法规的开头多贯有地方名字,如《河南省道路交通安全条例》等。

民族自治地方的人民代表大会有权依照当地民族的政治、经济和文化的特点,制定自治条例和单行条例。自治区的自治条例和单行条例,报全国人民代表大会常务委员会批准后生效。自治州、自治县的自治条例和单行条例,报省、自治区、直辖市的人民代表大会常务委员会批准后生效。

4. 部门规章

部门规章主要指国务院所属的各部、委员会、中国人民银行、审计署和具有行政管理职能的直属机构以及法律规定的机构,根据法律和国务院的行政法规、决定、命令,在本部门的权限范围内制定和发布的调整本部门范围内的行政管理关系的,并不得与宪法、法律和行政法规相抵触的规章。部门规章规定的事项应当属于执行法律或者国务院的行政法规、决定、命令的事项。按目前《规章制定程序条例》的规定,公布部门规章的形式是命令。规章一般称"规定""办法",但不能用"条例",如《国家秘密定密管理暂行规定》《泄密案件查处办法》等。

5. 地方政府规章

地方政府规章主要指省、自治区、直辖市和设区的市、自治州的人民政府,根据法律、行政

法规和本省、自治区、直辖市的地方性法规而制定的规章。地方政府规章可以就下列事项作出规定：（一）为执行法律、行政法规、地方性法规的规定需要制定规章的事项；（二）属于本行政区域的具体行政管理事项。具体表现形式有规程、规则、细则、办法、纲要、标准、准则等，如《河南省行政规范性文件管理办法》等。

6. 规范性文件

广义上，规范性文件指属于法律范畴（即法律、法规、规章）的立法性文件和除此以外的由国家机关和其他团体、组织制定的具有约束力的非立法性文件的总和。狭义上，规范性文件指除法律、法规、规章以外的由国家机关在职权范围内依法制定的具有普遍约束力的非立法性文件，如《食品安全事故流行病学调查工作规范》等。

宪法具有最高的法律效力，一切法律、行政法规、地方性法规、自治条例和单行条例、规章都不得同宪法相抵触。法律的效力高于行政法规、地方性法规、规章。行政法规的效力高于地方性法规、规章。地方性法规的效力高于本级和下级地方政府规章。省、自治区的人民政府制定的规章的效力高于行政区域内的设区的市、自治州的人民政府规定的规章。

自治条例和单行条例依法对法律、行政法规、地方性法规作变通规定的，在本自治地方适用自治条例和单行条例的规定。经济特区法规根据授权对法律、行政法规、地方性法规作变通规定的，在本经济特区适用经济特区法规的规定。

部门规章之间、部门规章与地方政府规章之间具有同等效力，在各自的权限范围内施行。

同一机关制定的法律、行政法规、地方性法规、自治条例和单行条例、规章，特别规定与一般规定不一致的，适用特别规定；新的规定与旧的规定不一致的，适用新的规定。法律之间对同一事项的新的一般规定与旧的特别规定不一致，不能确定如何适用时，由全国人民代表大会常务委员会裁决。行政法规之间对同一事项的新的一般规定与旧的特别规定不一致，不能确定如何适用时，由国务院裁决。

§1.2　标准的分类与编号

标准是以科学、技术和实践经验的综合成果为基础，以获得最佳秩序、促进最佳的共同效益为目的，在一定的范围对活动或其结果规定共同和重复使用的规则、指导原则或特性的文件。该文件经协商一致并经一个公认机构的批准，以特定形式发布，作为共同遵守的准则或依据。

标准是经济活动和社会发展的技术支撑，是国家治理体系和治理能力现代化的基础性制度。标准还是全球治理的重要规制手段和国际经贸往来与合作的通行证，被视为"世界通用语言"。

标准化是"为了在一定范围内获得最佳秩序，对现实问题或潜在问题制定共同使用和重复使用的条款的活动"。标准是规范性"文件"，标准化指的是制定标准、实施标准和对标准的实施进行监督的一系列"活动"。

1.2.1　标准的分类

目前我国通用的标准分类方法有五种。

（1）按标准的制定主体，国外标准可分为国际标准、国际性区域标准，国内标准按 2017 年修订的《中华人民共和国标准化法》的规定,分为国家标准、行业标准、地方标准和团体标准、企业标准。

国际标准是由国际标准化组织(International Organization for Standardization,ISO)、国际电工委员会(International Electrotechnical Commission,IEC)、国际电信联盟(International Telecommunication Union,ITU)等国际组织制定和确认的标准,供全世界统一使用。

国际性区域标准是由世界区域性标准化组织制定的标准。

我国积极推动、参与国际标准化活动,开展标准化对外合作与交流,参与制定国际标准,结合国情采用国际标准,推进中国标准与国外标准之间的转化运用。

国家标准是由全国专业标准化技术委员会负责起草、审查,并由国务院标准化行政主管部门统一审批、编号和发布,在全国范围内适用的标准。推荐性国家标准、行业标准、地方标准、团体标准、企业标准的技术要求不得低于强制性国家标准的相关技术要求。国家鼓励社会团体、企业制定高于推荐性标准相关技术要求的团体标准、企业标准。

行业标准是由国务院有关行政主管部门制定和审批,在国家的某个行业适用并公开发布的标准,须报国务院标准化行政主管部门备案。行业标准是推荐性标准。行业标准的制定范围应当同时满足两个要求:一是没有推荐性国家标准,即已有推荐性国家标准的,不得制定行业标准;二是在本行业范围内需要统一的技术要求,即不能超越本行业范围、不能超越国务院有关行政主管部门的职责制定行业标准。作为政府主导制定的标准,行业标准也应定位于政府职责范围内的公益类标准。

地方标准由省、自治区、直辖市人民政府标准化行政主管部门制定;设区的市级人民政府标准化行政主管部门根据本行政区域的特殊需要,经所在地省、自治区、直辖市人民政府标准化行政主管部门批准,可以制定本行政区域的地方标准。地方标准由省、自治区、直辖市人民政府标准化行政主管部门报国务院标准化行政主管部门备案,由国务院标准化行政主管部门通报国务院有关行政主管部门。

团体标准由学会、协会、商会、联合会、产业技术联盟等社会团体制定。国家鼓励社会团体协调相关市场主体共同制定满足市场和创新需要的团体标准,由本团体成员约定采用或者按照本团体的规定供社会自愿采用。国务院标准化行政主管部门会同国务院有关行政主管部门对团体标准的制定进行规范、引导和监督。团体标准是市场自主制定的标准。设立团体标准的目的是激发社会团体制定标准、运用标准的活力,充分发挥市场在资源配置中的决定性作用,快速响应创新和市场对标准的需求,增加标准的有效供给。团体标准的使用方式包括由本团体成员约定采用,或者按照本团体的规定供社会自愿采用。

企业标准由企业根据需要自行制定,或者与其他企业联合制定。企业根据自己生产和经营的需要,可自行制定本企业所需要的标准,不必经过其他机构的批准或认定。企业标准既可以是单个企业自己制定,也可以由多个企业联合制定,这种联合制定一般是以多个企业共同的名义或者多个企业协议组成的联盟(不是依法登记的社会团体)制定。自行制定的企业标准和联合制定的企业标准都属于企业标准,制定程序和编号规则都应按照企业标准进行。

国家标准、行业标准和地方标准属于政府主导制定的标准,团体标准、企业标准属于市场主体自主制定的标准。

(2)按标准的实施效力,分为强制性标准和推荐性标准。这种分类只适用于政府制定的标准。为了加强强制性标准的统一管理,避免交叉重复、矛盾冲突,保证执法的统一性,除法律、行政法规和国务院决定对强制性标准的制定另有规定的,从其规定,一般强制性国家标准由国务院批准发布或者授权批准发布。依据 2017 年修订的《中华人民共和国标准化法》的规定,目前只设强制性国家标准一级,行业标准和地方标准均为推荐性标准。推荐性标准包括推荐性国家标准、行业标准和地方标准。

强制性国家标准严格限定在保障人身健康和生命财产安全、国家安全、生态环境安全和满足社会经济管理基本需求的范围之内。《中华人民共和国标准化法》规定:强制性标准必须执行,不符合强制性标准的产品、服务,不得生产、销售、进口或者提供。违反强制性标准的,依法承担相应的法律责任。

推荐性国家标准作为政府主导制定的标准,应定位于政府职责范围内的公益类标准。推荐性国家标准由国务院标准化行政主管部门制定。推荐性国家标准重点制定基础通用、与强制性国家标准配套、对各有关行业起引领作用的标准。推荐性国家标准的主要作用在于:一方面,为了解决跨行业、跨专业的需要协调的问题而制定基础通用的技术解决方案,主要指术语、图形符号、统计方法、分类编码等基础标准,以及通用的方法、技术和管理标准;另一方面,解决强制性标准执行所需要的配套标准。例如,需要协调统一健康、安全和环境保护技术要求的测试方法,以满足强制性标准合格评定的需要,如 GB 7258—2017《机动车运行安全技术条件》的配套推荐性国家标准有 GB/T 2408—2021《塑料　燃烧性能的测定　水平法和垂直法》、GB/T 14172—2021《汽车、挂车及汽车列车静侧倾稳定性台架试验方法》、GB/T 19056—2021《汽车行驶记录仪》、GB/T 25978—2018《道路车辆　标牌和标签》、GB/T 30036—2013《汽车用自适应前照明系统》等。除此之外,推荐性国家标准还应重点制定对各行业起引领作用的标准。例如,GB/T 34000—2016《中国造船质量标准》全面对接国际先进标准,各项技术要求和指标不低于国际标准,确保我国船舶工业不输在“起跑线”上,引领我国造船行业发展。

推荐性标准,国家鼓励采用,即企业自愿采用推荐性标准,同时国家将采取一些鼓励和优惠措施,鼓励企业采用推荐性标准。但在有些情况下,推荐性标准的效力会发生转化,必须执行:①推荐性标准被相关法律、法规、规章引用,则该推荐性标准具有相应的强制约束力,应当按法律、法规、规章的相关规定予以实施;②推荐性标准被企业在产品包装、说明书或者标准信息公共服务平台上进行了自我声明公开的,企业必须执行,企业生产的产品与明示标准不一致的,依据《中华人民共和国产品质量法》承担相应的法律责任;③推荐性标准被合同双方作为产品或服务交付的质量依据的,其对合同双方具有约束力,双方必须执行,并依据《中华人民共和国民法典》的规定承担法律责任。

强制性国家标准规定的技术要求是全社会应遵守的底线要求,其他标准技术要求都不应低于强制性国家标准的相关技术要求。推荐性标准是政府推荐的基本要求,企业和社会团体要在市场竞争中占据优势,提升自身和行业的市场竞争力,不能仅满足于推荐性标准的基本要求,而应积极制定高于推荐性标准的企业标准和团体标准。

(3)按标准在标准系统中的地位和作用,分为基础标准和一般标准。基础标准是指一定范围内作为其他标准的基础并普遍使用的标准,具有广泛的指导意义。相对于基础标准的其他标准则称为一般标准。

(4)按标准化对象,可分为技术标准、管理标准和工作标准。

技术标准是针对标准化领域中需要协调统一的技术事项制定的标准。技术标准又可细分为基础技术标准、产品标准、工艺标准、检验和试验方法标准、设备标准、原材料标准、安全标准、环境保护标准、卫生标准等。

管理标准是对标准化领域中需要协调统一的管理事项所制定的标准。管理标准主要是针对管理目标、管理项目、管理业务、管理程序、管理方法和管理组织所做的规定。

工作标准是针对工作的责任、权利、范围、质量要求、程序、效果、检查方法、考核办法所制定的标准。

(5)按标准化对象在生产过程中的作用,可分为产品标准、原材料标准、零部件标准、工艺和工艺装备标准、设备维修标准、检验和试验方法标准,以及检验、测量和试验设备标准,搬运、存储、包装、标识标准等。

1.2.2　标准的编号

为了便于标准的识别和管理,标准应当按照编号规则进行编号。标准编号有国际及国外标准编号和我国的标准编号。

为了统一协调标准编号,避免重复冲突造成的标准实施过程中的混乱,我国法律授权标准的编号规则由国务院标准化行政主管部门制定并公布。标准的制定主体自行对标准进行编号,但都必须遵守国务院标准化行政主管部门制定的编号规则。

1. 国际及国外标准编号

国际及国外标准编号形式各异,但基本结构为"标准代号+专业类号+顺序号+年代号"。其中,标准代号大多采用缩写字母,如 IEC 代表国际电工委员会(International Electrotechnical Commission)、API 代表美国石油协会(American Petroleum Institute)、ASTM 代表美国材料与实验协会(American Society for Testing and Materials)等;专业类号因其所采用的分类方法不同而各异,有字母、数字、字母数字混合格式三种形式;顺序号及年代号的形式与我国基本相同。国际标准 ISO 标准的编号格式为"ISO+标准号+[杠+分标准号]+冒号+发布年号(方括号中内容可有可无)",如"ISO 8402:1987"和"ISO 9000-1:1994"。

2. 国家标准的编号

国家标准是指对全国技术经济发展有着重大意义而需要在全国范围内统一的标准。

国家标准的编号由国家标准代号、标准发布顺序号和发布年号组成。在 1994 年及之前发布的标准,曾以 2 位数字代表年份(目前引用提及时,一般使用完整的 4 位数字年份);1995 年及之后发布的标准,以 4 位数字代表年份。国家标准的代号由大写的汉语拼音字母组成。强制性国家标准代号为"GB",推荐性国家标准代号为"GB/T",国家标准化指导性技术文件代号为"GB/Z"(指导性技术文件是一种供标准化工作参考使用的标准文件,不是标准)。国家标准编号示例如图 1.2 所示。

(1)强制性国家标准具有法律属性,一经颁布必须贯彻执行,违反则要受到经济制裁或承担相关法律责任。强制性国家标准一般包括全国必须统一的基础标准、通用试验检验方法标准、对国计民生有重大影响的产品标准和工程建设标准,以及有关人身健康与生命财产安全、国家安全和生态环境安全方面的标准等。

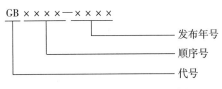

图 1.2　国家标准编号示例

（2）推荐性国家标准属于自愿采用的标准,但其一经法律或法规引用,或各方商定同意纳入商品、经济合同之中,就成为共同遵守的技术依据,具有法律上的约束性,必须严格贯彻执行。

（3）国家标准化指导性技术文件是对仍处于技术发展过程中(如变化快的高新技术领域),或者由于其他理由,将来而不是现在有可能就国家标准取得一致意见的指导性技术文件。制定国家标准化指导性技术文件的理由及它与将来的国家标准的关系,应在前言中进行说明。国家标准化指导性技术文件在实施后 3 年内必须进行复审,复审结果的可能是有效期再延长3 年,或转为国家标准,或撤销。

3. 行业标准的编号

行业标准是指没有国家标准而又需要在全行业范围内统一的标准。

行业标准的编号由行业标准代号、标准发布顺序号和发布年号组成。行业标准编号示例如图 1.3 所示。

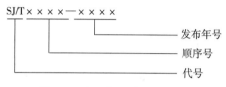

图 1.3　行业标准编号示例

4. 地方标准的编号

地方标准是指对没有国家标准和行业标准而又需要在省、自治区、直辖市范围内统一的标准。

地方标准编号由地方标准代号、地方标准顺序号和发布年号组成。由汉语拼音字母"DB"加上省、自治区、直辖市行政区划代码前两位数字再加斜线,组成地方标准代号。地方标准编号示例如图 1.4 所示。

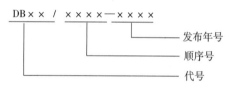

图 1.4　地方标准编号示例

5. 企业标准的编号

企业标准是对企业范围内需要协调和统一的技术要求、管理要求及工作要求制定的标准。企业标准是企业科学管理的基础,也是企业新产品开发、生产和经营活动组织的依据。

企业标准编号由企业标准代号、企业代号、标准发布顺序号和发布年号组成。企业标准代号由汉语拼音字母"Q"表示;企业代号由企业的有关行政主管部门统一管理,由大写拼音字母或阿拉伯数字或者两者兼用组成;标准发布顺序号由标准的发布机构,按照标准发布的时间顺序依次分配;发布年号,各企业有各自的规定,有的用 4 位数字,有的用 2 位数字。有的企业将其企业标准分为技术标准、管理标准、工作标准,并在其企业标准代号后面加上标准类别代号,其中技术标准加"/J",管理标准加"/G",工作标准加"/Z"。还有的企业又在顺序号前增加标准分类代号或标准应用代号(如型号)。企业标准编号示例如图 1.5 所示。

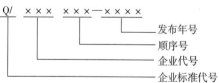

图 1.5　企业标准编号示例

第2章 通用信息安全法律法规

§2.1 信息安全法律法规概况

在多级立法体制下,我国已经先后颁布了一些包含信息安全相关内容的法律、法规、规章等,这些属于不同层面的法律法规有着各自不同的侧重点。

在法律方面,我国多部法律中都有关于保密的法律规定,是我国信息安全法规中的重要组成部分,主要包括《中华人民共和国宪法》《中华人民共和国刑法》《中华人民共和国国家安全法》《中华人民共和国保守国家秘密法》《中华人民共和国网络安全法》《中华人民共和国数据安全法》《中华人民共和国个人信息保护法》等。

在行政法规方面,我国颁布了《中华人民共和国保守国家秘密法实施条例》《中华人民共和国计算机信息网络国际联网管理暂行规定》《中华人民共和国计算机信息系统安全保护条例》《信息网络传播权保护条例》《计算机软件保护条例》《商用密码管理条例》等。

在部门规章方面,国家保密局、公安部、国家互联网信息办公室、国家密码管理局、科学技术部、工业和信息化部等部委相继颁布了一系列与信息安全相关的规章,如《国家秘密定密管理暂行规定》《保密事项范围制定、修订和使用办法》《国家秘密鉴定工作规定》《泄密案件查处办法》《涉密信息系统集成资质管理办法》《国家秘密载体印制资质管理办法》《计算机信息系统安全专用产品检测和销售许可证管理办法》《机关档案管理规定》《互联网安全保护技术措施规定》等;一些地方人民代表大会及其常务委员会、地方人民政府也出台了一些与信息安全相关的地方性法规和地方政府规章。

在规范性文件方面,主要有:国家保密局制定的《国家秘密解密暂行办法》,中共中央保密委员会办公室、国家保密局制定的《关于国家秘密载体保密管理的规定》,国家保密局、外交部、海关总署制定的《国家秘密载体出境保密管理规定》,国家保密局制定的《计算机信息系统保密管理暂行规定》《计算机信息系统国际联网保密管理规定》,国务院办公厅制定的《科学数据管理办法》,国务院新闻办公室和信息产业部联合制定的《互联网站从事登载新闻业务管理暂行规定》等。

此外,一些省、自治区、直辖市根据本行政区域的具体情况和实际需要,还制定了若干部有关信息网络安全的地方性法规和规章。

§2.2 通用信息安全法律法规选编

2.2.1 法律选编

1.《中华人民共和国宪法》(以下简称《宪法》,部分引用)

《宪法》是国家的根本法,具有最高的法律效力。其中与信息安全相关的条文如下:

第二十八条　国家维护社会秩序,镇压叛国和其他危害国家安全的犯罪活动,制裁危害社会治安、破坏社会主义经济和其他犯罪的活动,惩办和改造犯罪分子。

第四十条　中华人民共和国公民的通信自由和通信秘密受法律的保护。除因国家安全或者追查刑事犯罪的需要,由公安机关或者检察机关依照法律规定的程序对通信进行检查外,任何组织或者个人不得以任何理由侵犯公民的通信自由和通信秘密。

第五十三条　中华人民共和国公民必须遵守宪法和法律,保守国家秘密,爱护公共财产,遵守劳动纪律,遵守公共秩序,尊重社会公德。

第五十四条　中华人民共和国公民有维护祖国的安全、荣誉和利益的义务,不得有危害祖国的安全、荣誉和利益的行为。

2.《中华人民共和国刑法》(以下简称《刑法》,部分引用)

《中华人民共和国刑法修正案(十一)》由中华人民共和国第十三届全国人民代表大会常务委员会第二十四次会议于 2020 年 12 月 26 日通过,自 2021 年 3 月 1 日起施行。其中与信息安全相关的条文如下:

第一百一十一条　为境外的机构、组织、人员窃取、刺探、收买、非法提供国家秘密或者情报的,处五年以上十年以下有期徒刑;情节特别严重的,处十年以上有期徒刑或者无期徒刑;情节较轻的,处五年以下有期徒刑、拘役、管制或者剥夺政治权利。

第二百八十二条　以窃取、刺探、收买方法,非法获取国家秘密的,处三年以下有期徒刑、拘役、管制或者剥夺政治权利;情节严重的,处三年以上七年以下有期徒刑。

非法持有属于国家绝密、机密的文件、资料或者其他物品,拒不说明来源与用途的,处三年以下有期徒刑、拘役或者管制。

第二百八十五条　违反国家规定,侵入国家事务、国防建设、尖端科学技术领域的计算机信息系统的,处三年以下有期徒刑或者拘役。

违反国家规定,侵入前款规定以外的计算机信息系统或者采用其他技术手段,获取该计算机信息系统中存储、处理或者传输的数据,或者对该计算机信息系统实施非法控制,情节严重的,处三年以下有期徒刑或者拘役,并处或者单处罚金;情节特别严重的,处三年以上七年以下有期徒刑,并处罚金。

提供专门用于侵入、非法控制计算机信息系统的程序、工具,或者明知他人实施侵入、非法控制计算机信息系统的违法犯罪行为而为其提供程序、工具,情节严重的,依照前款的规定处罚。

单位犯前三款罪的,对单位判处罚金,并对其直接负责的主管人员和其他直接责任人员,依照各该款的规定处罚。

第二百八十六条　违反国家规定,对计算机信息系统功能进行删除、修改、增加、干扰,造成计算机信息系统不能正常运行,后果严重的,处五年以下有期徒刑或者拘役;后果特别严重的,处五年以上有期徒刑。

违反国家规定,对计算机信息系统中存储、处理或者传输的数据和应用程序进行删除、修改、增加的操作,后果严重的,依照前款的规定处罚。

故意制作、传播计算机病毒等破坏性程序,影响计算机系统正常运行,后果严重的,依照第一款的规定处罚。

单位犯前三款罪的,对单位判处罚金,并对其直接负责的主管人员和其他直接责任人员,依照第一款的规定处罚。

第二百八十六条之一　网络服务提供者不履行法律、行政法规规定的信息网络安全管理义务,经监管部门责令采取改正措施而拒不改正,有下列情形之一的,处三年以下有期徒刑、拘役或者管制,并处或者单处罚金:

(一)致使违法信息大量传播的;

(二)致使用户信息泄露,造成严重后果的;

(三)致使刑事案件证据灭失,情节严重的;

(四)有其他严重情节的。

单位犯前款罪的,对单位判处罚金,并对其直接负责的主管人员和其他直接责任人员,依照前款的规定处罚。

有前两款行为,同时构成其他犯罪的,依照处罚较重的规定定罪处罚。

第二百八十七条　利用计算机实施金融诈骗、盗窃、贪污、挪用公款、窃取国家秘密或者其他犯罪的,依照本法有关规定定罪处罚。

第二百八十七条之一　利用信息网络实施下列行为之一,情节严重的,处三年以下有期徒刑或者拘役,并处或者单处罚金:

(一)设立用于实施诈骗、传授犯罪方法、制作或者销售违禁物品、管制物品等违法犯罪活动的网站、通信群组的;

(二)发布有关制作或者销售毒品、枪支、淫秽物品等违禁物品、管制物品或者其他违法犯罪信息的;

(三)为实施诈骗等违法犯罪活动发布信息的。

单位犯前款罪的,对单位判处罚金,并对其直接负责的主管人员和其他直接责任人员,依照第一款的规定处罚。

有前两款行为,同时构成其他犯罪的,依照处罚较重的规定定罪处罚。

第二百八十七条之二　明知他人利用信息网络实施犯罪,为其犯罪提供互联网接入、服务器托管、网络存储、通信传输等技术支持,或者提供广告推广、支付结算等帮助,情节严重的,处三年以下有期徒刑或者拘役,并处或者单处罚金。

单位犯前款罪的,对单位判处罚金,并对其直接负责的主管人员和其他直接责任人员,依照第一款的规定处罚。

有前两款行为,同时构成其他犯罪的,依照处罚较重的规定定罪处罚。

第三百九十八条　国家机关工作人员违反保守国家秘密法的规定,故意或者过失泄露国家秘密,情节严重的,处三年以下有期徒刑或者拘役;情节特别严重的,处三年以上七年以下有期徒刑。

非国家机关工作人员犯前款罪的,依照前款的规定酌情处罚。

第四百三十一条　以窃取、刺探、收买方法,非法获取军事秘密的,处五年以下有期徒刑;情节严重的,处五年以上十年以下有期徒刑;情节特别严重的,处十年以上有期徒刑。

为境外的机构、组织、人员窃取、刺探、收买、非法提供军事秘密的,处五年以上十年以下有期徒刑;情节严重的,处十年以上有期徒刑、无期徒刑或者死刑。

第四百三十二条　违反保守国家秘密法规,故意或者过失泄露军事秘密,情节严重的,处五年以下有期徒刑或者拘役;情节特别严重的,处五年以上十年以下有期徒刑。

战时犯前款罪的,处五年以上十年以下有期徒刑;情节特别严重的,处十年以上有期徒刑或者无期徒刑。

3.《中华人民共和国国家安全法》(以下简称《国家安全法》,部分引用)

《国家安全法》由中华人民共和国第十二届全国人民代表大会常务委员会第十五次会议于2015 年 7 月 1 日通过,自公布之日起施行。其中与信息安全相关的条文如下:

第二条　国家安全是指国家政权、主权、统一和领土完整、人民福祉、经济社会可持续发展和国家其他重大利益相对处于没有危险和不受内外威胁的状态,以及保障持续安全状态的能力。

第三条　国家安全工作应当坚持总体国家安全观,以人民安全为宗旨,以政治安全为根本,以经济安全为基础,以军事、文化、社会安全为保障,以促进国际安全为依托,维护各领域国家安全,构建国家安全体系,走中国特色国家安全道路。

第二十五条　国家建设网络与信息安全保障体系,提升网络与信息安全保护能力,加强网络和信息技术的创新研究和开发应用,实现网络和信息核心技术、关键基础设施和重要领域信息系统及数据的安全可控;加强网络管理,防范、制止和依法惩治网络攻击、网络入侵、网络窃密、散布违法有害信息等网络违法犯罪行为,维护国家网络空间主权、安全和发展利益。

第七十七条　公民和组织应当履行下列维护国家安全的义务:

(一)遵守宪法、法律法规关于国家安全的有关规定;

(二)及时报告危害国家安全活动的线索;

(三)如实提供所知悉的涉及危害国家安全活动的证据;

(四)为国家安全工作提供便利条件或者其他协助;

(五)向国家安全机关、公安机关和有关军事机关提供必要的支持和协助;

(六)保守所知悉的国家秘密;

(七)法律、行政法规规定的其他义务。

任何个人和组织不得有危害国家安全的行为,不得向危害国家安全的个人或者组织提供任何资助或者协助。

4.《中华人民共和国保守国家秘密法》(以下简称《保守国家秘密法》)

《保守国家秘密法》由中华人民共和国第十一届全国人民代表大会常务委员会第十四次会议于 2010 年 4 月 29 日修订通过,自 2010 年 10 月 1 日起施行。

第一章　总则

第一条　为了保守国家秘密,维护国家安全和利益,保障改革开放和社会主义建设事业的顺利进行,制定本法。

第二条　国家秘密是关系国家安全和利益,依照法定程序确定,在一定时间内只限一定范围的人员知悉的事项。

第三条　国家秘密受法律保护。一切国家机关、武装力量、政党、社会团体、企业事业单位和公民都有保守国家秘密的义务。任何危害国家秘密安全的行为,都必须受到法律追究。

第四条　保守国家秘密的工作(以下简称保密工作),实行积极防范、突出重点、依法管理的方针,既确保国家秘密安全,又便利信息资源合理利用。法律、行政法规规定公开的事项,应当依法公开。

第五条　国家保密行政管理部门主管全国的保密工作。县级以上地方各级保密行政管理部门主管本行政区域的保密工作。

第六条　国家机关和涉及国家秘密的单位(以下简称机关、单位)管理本机关和本单位的保密工作。中央国家机关在其职权范围内,管理或者指导本系统的保密工作。

第七条　机关、单位应当实行保密工作责任制,健全保密管理制度,完善保密防护措施,开展保密宣传教育,加强保密检查。

第八条　国家对在保守、保护国家秘密以及改进保密技术、措施等方面成绩显著的单位或者个人给予奖励。

第二章　国家秘密的范围和密级

第九条　下列涉及国家安全和利益的事项,泄露后可能损害国家在政治、经济、国防、外交等领域的安全和利益的,应当确定为国家秘密:

(一)国家事务重大决策中的秘密事项;

(二)国防建设和武装力量活动中的秘密事项;

(三)外交和外事活动中的秘密事项以及对外承担保密义务的秘密事项;

(四)国民经济和社会发展中的秘密事项;

(五)科学技术中的秘密事项;

(六)维护国家安全活动和追查刑事犯罪中的秘密事项;

(七)经国家保密行政管理部门确定的其他秘密事项。

政党的秘密事项中符合前款规定的,属于国家秘密。

第十条　国家秘密的密级分为绝密、机密、秘密三级。

绝密级国家秘密是最重要的国家秘密,泄露会使国家安全和利益遭受特别严重的损害;机密级国家秘密是重要的国家秘密,泄露会使国家安全和利益遭受严重的损害;秘密级国家秘密是一般的国家秘密,泄露会使国家安全和利益遭受损害。

第十一条　国家秘密及其密级的具体范围,由国家保密行政管理部门分别会同外交、公安、国家安全和其他中央有关机关规定。

军事方面的国家秘密及其密级的具体范围,由中央军事委员会规定。

国家秘密及其密级的具体范围的规定,应当在有关范围内公布,并根据情况变化及时调整。

第十二条　机关、单位负责人及其指定的人员为定密责任人,负责本机关、本单位的国家秘密确定、变更和解除工作。

机关、单位确定、变更和解除本机关、本单位的国家秘密,应当由承办人提出具体意见,经定密责任人审核批准。

第十三条　确定国家秘密的密级,应当遵守定密权限。

中央国家机关、省级机关及其授权的机关、单位可以确定绝密级、机密级和秘密级国家秘密;设区的市、自治州一级的机关及其授权的机关、单位可以确定机密级和秘密级国家秘密。具体的定密权限、授权范围由国家保密行政管理部门规定。

机关、单位执行上级确定的国家秘密事项,需要定密的,根据所执行的国家秘密事项的密级确定。下级机关、单位认为本机关、本单位产生的有关定密事项属于上级机关、单位的定密权限,应当先行采取保密措施,并立即报请上级机关、单位确定;没有上级机关、单位的,应当立即提请有相应定密权限的业务主管部门或者保密行政管理部门确定。

公安、国家安全机关在其工作范围内按照规定的权限确定国家秘密的密级。

第十四条　机关、单位对所产生的国家秘密事项,应当按照国家秘密及其密级的具体范围的规定确定密级,同时确定保密期限和知悉范围。

第十五条　国家秘密的保密期限,应当根据事项的性质和特点,按照维护国家安全和利益的需要,限定在必要的期限内;不能确定期限的,应当确定解密的条件。

国家秘密的保密期限,除另有规定外,绝密级不超过三十年,机密级不超过二十年,秘密级不超过十年。

机关、单位应当根据工作需要,确定具体的保密期限、解密时间或者解密条件。

机关、单位对在决定和处理有关事项工作过程中确定需要保密的事项,根据工作需要决定公开的,正式公布时即视为解密。

第十六条　国家秘密的知悉范围,应当根据工作需要限定在最小范围。

国家秘密的知悉范围能够限定到具体人员的,限定到具体人员;不能限定到具体人员的,限定到机关、单位,由机关、单位限定到具体人员。

国家秘密的知悉范围以外的人员,因工作需要知悉国家秘密的,应当经过机关、单位负责人批准。

第十七条　机关、单位对承载国家秘密的纸介质、光介质、电磁介质等载体(以下简称国家秘密载体)以及属于国家秘密的设备、产品,应当做出国家秘密标志。

不属于国家秘密的,不应当做出国家秘密标志。

第十八条　国家秘密的密级、保密期限和知悉范围,应当根据情况变化及时变更。国家秘密的密级、保密期限和知悉范围的变更,由原定密机关、单位决定,也可以由其上级机关决定。

国家秘密的密级、保密期限和知悉范围变更的,应当及时书面通知知悉范围内的机关、单位或者人员。

第十九条　国家秘密的保密期限已满的,自行解密。

机关、单位应当定期审核所确定的国家秘密。对在保密期限内因保密事项范围调整不再作为国家秘密事项,或者公开后不会损害国家安全和利益,不需要继续保密的,应当及时解密;对需要延长保密期限的,应当在原保密期限届满前重新确定保密期限。提前解密或者延长保密期限的,由原定密机关、单位决定,也可以由其上级机关决定。

第二十条　机关、单位对是否属于国家秘密或者属于何种密级不明确或者有争议的,由国家保密行政管理部门或者省、自治区、直辖市保密行政管理部门确定。

第三章　保密制度

第二十一条　国家秘密载体的制作、收发、传递、使用、复制、保存、维修和销毁,应当符合国家保密规定。

绝密级国家秘密载体应当在符合国家保密标准的设施、设备中保存,并指定专人管理;未经原定密机关、单位或者其上级机关批准,不得复制和摘抄;收发、传递和外出携带,应当指定人员负责,并采取必要的安全措施。

第二十二条 属于国家秘密的设备、产品的研制、生产、运输、使用、保存、维修和销毁，应当符合国家保密规定。

第二十三条 存储、处理国家秘密的计算机信息系统（以下简称涉密信息系统）按照涉密程度实行分级保护。

涉密信息系统应当按照国家保密标准配备保密设施、设备。保密设施、设备应当与涉密信息系统同步规划，同步建设，同步运行。

涉密信息系统应当按照规定，经检查合格后，方可投入使用。

第二十四条 机关、单位应当加强对涉密信息系统的管理，任何组织和个人不得有下列行为：

（一）将涉密计算机、涉密存储设备接入互联网及其他公共信息网络；

（二）在未采取防护措施的情况下，在涉密信息系统与互联网及其他公共信息网络之间进行信息交换；

（三）使用非涉密计算机、非涉密存储设备存储、处理国家秘密信息；

（四）擅自卸载、修改涉密信息系统的安全技术程序、管理程序；

（五）将未经安全技术处理的退出使用的涉密计算机、涉密存储设备赠送、出售、丢弃或者改作其他用途。

第二十五条 机关、单位应当加强对国家秘密载体的管理，任何组织和个人不得有下列行为：

（一）非法获取、持有国家秘密载体；

（二）买卖、转送或者私自销毁国家秘密载体；

（三）通过普通邮政、快递等无保密措施的渠道传递国家秘密载体；

（四）邮寄、托运国家秘密载体出境；

（五）未经有关主管部门批准，携带、传递国家秘密载体出境。

第二十六条 禁止非法复制、记录、存储国家秘密。

禁止在互联网及其他公共信息网络或者未采取保密措施的有线和无线通信中传递国家秘密。

禁止在私人交往和通信中涉及国家秘密。

第二十七条 报刊、图书、音像制品、电子出版物的编辑、出版、印制、发行，广播节目、电视节目、电影的制作和播放，互联网、移动通信网等公共信息网络及其他传媒的信息编辑、发布，应当遵守有关保密规定。

第二十八条 互联网及其他公共信息网络运营商、服务商应当配合公安机关、国家安全机关、检察机关对泄密案件进行调查；发现利用互联网及其他公共信息网络发布的信息涉及泄露国家秘密的，应当立即停止传输，保存有关记录，向公安机关、国家安全机关或者保密行政管理部门报告；应当根据公安机关、国家安全机关或者保密行政管理部门的要求，删除涉及泄露国家秘密的信息。

第二十九条 机关、单位公开发布信息以及对涉及国家秘密的工程、货物、服务进行采购时，应当遵守保密规定。

第三十条 机关、单位对外交往与合作中需要提供国家秘密事项，或者任用、聘用的境外人员因工作需要知悉国家秘密的，应当报国务院有关主管部门或者省、自治区、直辖市人民政府有关主管部门批准,并与对方签订保密协议。

第三十一条　举办会议或者其他活动涉及国家秘密的,主办单位应当采取保密措施,并对参加人员进行保密教育,提出具体保密要求。

第三十二条　机关、单位应当将涉及绝密级或者较多机密级、秘密级国家秘密的机构确定为保密要害部门,将集中制作、存放、保管国家秘密载体的专门场所确定为保密要害部位,按照国家保密规定和标准配备、使用必要的技术防护设施、设备。

第三十三条　军事禁区和属于国家秘密不对外开放的其他场所、部位,应当采取保密措施,未经有关部门批准,不得擅自决定对外开放或者扩大开放范围。

第三十四条　从事国家秘密载体制作、复制、维修、销毁,涉密信息系统集成,或者武器装备科研生产等涉及国家秘密业务的企业事业单位,应当经过保密审查,具体办法由国务院规定。

机关、单位委托企业事业单位从事前款规定的业务,应当与其签订保密协议,提出保密要求,采取保密措施。

第三十五条　在涉密岗位工作的人员(以下简称涉密人员),按照涉密程度分为核心涉密人员、重要涉密人员和一般涉密人员,实行分类管理。

任用、聘用涉密人员应当按照有关规定进行审查。

涉密人员应当具有良好的政治素质和品行,具有胜任涉密岗位所要求的工作能力。

涉密人员的合法权益受法律保护。

第三十六条　涉密人员上岗应当经过保密教育培训,掌握保密知识技能,签订保密承诺书,严格遵守保密规章制度,不得以任何方式泄露国家秘密。

第三十七条　涉密人员出境应当经有关部门批准,有关机关认为涉密人员出境将对国家安全造成危害或者对国家利益造成重大损失的,不得批准出境。

第三十八条　涉密人员离岗离职实行脱密期管理。涉密人员在脱密期内,应当按照规定履行保密义务,不得违反规定就业,不得以任何方式泄露国家秘密。

第三十九条　机关、单位应当建立健全涉密人员管理制度,明确涉密人员的权利、岗位责任和要求,对涉密人员履行职责情况开展经常性的监督检查。

第四十条　国家工作人员或者其他公民发现国家秘密已经泄露或者可能泄露时,应当立即采取补救措施并及时报告有关机关、单位。机关、单位接到报告后,应当立即作出处理,并及时向保密行政管理部门报告。

第四章　监督管理

第四十一条　国家保密行政管理部门依照法律、行政法规的规定,制定保密规章和国家保密标准。

第四十二条　保密行政管理部门依法组织开展保密宣传教育、保密检查、保密技术防护和泄密案件查处工作,对机关、单位的保密工作进行指导和监督。

第四十三条　保密行政管理部门发现国家秘密确定、变更或者解除不当的,应当及时通知有关机关、单位予以纠正。

第四十四条　保密行政管理部门对机关、单位遵守保密制度的情况进行检查,有关机关、单位应当配合。保密行政管理部门发现机关、单位存在泄密隐患的,应当要求其采取措施,限期整改;对存在泄密隐患的设施、设备、场所,应当责令停止使用;对严重违反保密规定的涉密人员,应当建议有关机关、单位给予处分并调离涉密岗位;发现涉嫌泄露国家秘密的,应当督促、指导有关机关、单位进行调查处理。涉嫌犯罪的,移送司法机关处理。

第四十五条 保密行政管理部门对保密检查中发现的非法获取、持有的国家秘密载体,应当予以收缴。

第四十六条 办理涉嫌泄露国家秘密案件的机关,需要对有关事项是否属于国家秘密以及属于何种密级进行鉴定的,由国家保密行政管理部门或者省、自治区、直辖市保密行政管理部门鉴定。

第四十七条 机关、单位对违反保密规定的人员不依法给予处分的,保密行政管理部门应当建议纠正,对拒不纠正的,提请其上一级机关或者监察机关对该机关、单位负有责任的领导人员和直接责任人员依法予以处理。

第五章　法律责任

第四十八条 违反本法规定,有下列行为之一的,依法给予处分;构成犯罪的,依法追究刑事责任:

(一)非法获取、持有国家秘密载体的;

(二)买卖、转送或者私自销毁国家秘密载体的;

(三)通过普通邮政、快递等无保密措施的渠道传递国家秘密载体的;

(四)邮寄、托运国家秘密载体出境,或者未经有关主管部门批准,携带、传递国家秘密载体出境的;

(五)非法复制、记录、存储国家秘密的;

(六)在私人交往和通信中涉及国家秘密的;

(七)在互联网及其他公共信息网络或者未采取保密措施的有线和无线通信中传递国家秘密的;

(八)将涉密计算机、涉密存储设备接入互联网及其他公共信息网络的;

(九)在未采取防护措施的情况下,在涉密信息系统与互联网及其他公共信息网络之间进行信息交换的;

(十)使用非涉密计算机、非涉密存储设备存储、处理国家秘密信息的;

(十一)擅自卸载、修改涉密信息系统的安全技术程序、管理程序的;

(十二)将未经安全技术处理的退出使用的涉密计算机、涉密存储设备赠送、出售、丢弃或者改作其他用途的。

有前款行为尚不构成犯罪,且不适用处分的人员,由保密行政管理部门督促其所在机关、单位予以处理。

第四十九条 机关、单位违反本法规定,发生重大泄密案件的,由有关机关、单位依法对直接负责的主管人员和其他直接责任人员给予处分;不适用处分的人员,由保密行政管理部门督促其主管部门予以处理。

机关、单位违反本法规定,对应当定密的事项不定密,或者对不应当定密的事项定密,造成严重后果的,由有关机关、单位依法对直接负责的主管人员和其他直接责任人员给予处分。

第五十条 互联网及其他公共信息网络运营商、服务商违反本法第二十八条规定的,由公安机关或者国家安全机关、信息产业主管部门按照各自职责分工依法予以处罚。

第五十一条　保密行政管理部门的工作人员在履行保密管理职责中滥用职权、玩忽职守、徇私舞弊的,依法给予处分;构成犯罪的,依法追究刑事责任。

第六章　附　则

第五十二条　中央军事委员会根据本法制定中国人民解放军保密条例。

第五十三条　本法自 2010 年 10 月 1 日起施行。

5.《中华人民共和国网络安全法》(以下简称《网络安全法》)

《网络安全法》由中华人民共和国第十二届全国人民代表大会常务委员会第二十四次会议于 2016 年 11 月 7 日通过,自 2017 年 6 月 1 日起施行。

第一章　总　则

第一条　为了保障网络安全,维护网络空间主权和国家安全、社会公共利益,保护公民、法人和其他组织的合法权益,促进经济社会信息化健康发展,制定本法。

第二条　在中华人民共和国境内建设、运营、维护和使用网络,以及网络安全的监督管理,适用本法。

第三条　国家坚持网络安全与信息化发展并重,遵循积极利用、科学发展、依法管理、确保安全的方针,推进网络基础设施建设和互联互通,鼓励网络技术创新和应用,支持培养网络安全人才,建立健全网络安全保障体系,提高网络安全保护能力。

第四条　国家制定并不断完善网络安全战略,明确保障网络安全的基本要求和主要目标,提出重点领域的网络安全政策、工作任务和措施。

第五条　国家采取措施,监测、防御、处置来源于中华人民共和国境内外的网络安全风险和威胁,保护关键信息基础设施免受攻击、侵入、干扰和破坏,依法惩治网络违法犯罪活动,维护网络空间安全和秩序。

第六条　国家倡导诚实守信、健康文明的网络行为,推动传播社会主义核心价值观,采取措施提高全社会的网络安全意识和水平,形成全社会共同参与促进网络安全的良好环境。

第七条　国家积极开展网络空间治理、网络技术研发和标准制定、打击网络违法犯罪等方面的国际交流与合作,推动构建和平、安全、开放、合作的网络空间,建立多边、民主、透明的网络治理体系。

第八条　国家网信部门负责统筹协调网络安全工作和相关监督管理工作。国务院电信主管部门、公安部门和其他有关机关依照本法和有关法律、行政法规的规定,在各自职责范围内负责网络安全保护和监督管理工作。

县级以上地方人民政府有关部门的网络安全保护和监督管理职责,按照国家有关规定确定。

第九条　网络运营者开展经营和服务活动,必须遵守法律、行政法规,尊重社会公德,遵守商业道德,诚实信用,履行网络安全保护义务,接受政府和社会的监督,承担社会责任。

第十条　建设、运营网络或者通过网络提供服务,应当依照法律、行政法规的规定和国家标准的强制性要求,采取技术措施和其他必要措施,保障网络安全、稳定运行,有效应对网络安全事件,防范网络违法犯罪活动,维护网络数据的完整性、保密性和可用性。

第十一条　网络相关行业组织按照章程,加强行业自律,制定网络安全行为规范,指导会员加强网络安全保护,提高网络安全保护水平,促进行业健康发展。

第十二条　国家保护公民、法人和其他组织依法使用网络的权利,促进网络接入普及,提升网络服务水平,为社会提供安全、便利的网络服务,保障网络信息依法有序自由流动。

任何个人和组织使用网络应当遵守宪法法律,遵守公共秩序,尊重社会公德,不得危害网络安全,不得利用网络从事危害国家安全、荣誉和利益,煽动颠覆国家政权、推翻社会主义制度,煽动分裂国家、破坏国家统一,宣扬恐怖主义、极端主义,宣扬民族仇恨、民族歧视,传播暴力、淫秽色情信息,编造、传播虚假信息扰乱经济秩序和社会秩序,以及侵害他人名誉、隐私、知识产权和其他合法权益等活动。

第十三条　国家支持研究开发有利于未成年人健康成长的网络产品和服务,依法惩治利用网络从事危害未成年人身心健康的活动,为未成年人提供安全、健康的网络环境。

第十四条　任何个人和组织有权对危害网络安全的行为向网信、电信、公安等部门举报。收到举报的部门应当及时依法作出处理;不属于本部门职责的,应当及时移送有权处理的部门。

有关部门应当对举报人的相关信息予以保密,保护举报人的合法权益。

第二章　网络安全支持与促进

第十五条　国家建立和完善网络安全标准体系。国务院标准化行政主管部门和国务院其他有关部门根据各自的职责,组织制定并适时修订有关网络安全管理以及网络产品、服务和运行安全的国家标准、行业标准。

国家支持企业、研究机构、高等学校、网络相关行业组织参与网络安全国家标准、行业标准的制定。

第十六条　国务院和省、自治区、直辖市人民政府应当统筹规划,加大投入,扶持重点网络安全技术产业和项目,支持网络安全技术的研究开发和应用,推广安全可信的网络产品和服务,保护网络技术知识产权,支持企业、研究机构和高等学校等参与国家网络安全技术创新项目。

第十七条　国家推进网络安全社会化服务体系建设,鼓励有关企业、机构开展网络安全认证、检测和风险评估等安全服务。

第十八条　国家鼓励开发网络数据安全保护和利用技术,促进公共数据资源开放,推动技术创新和经济社会发展。

国家支持创新网络安全管理方式,运用网络新技术,提升网络安全保护水平。

第十九条　各级人民政府及其有关部门应当组织开展经常性的网络安全宣传教育,并指导、督促有关单位做好网络安全宣传教育工作。

大众传播媒介应当有针对性地面向社会进行网络安全宣传教育。

第二十条　国家支持企业和高等学校、职业学校等教育培训机构开展网络安全相关教育与培训,采取多种方式培养网络安全人才,促进网络安全人才交流。

第三章　网络运行安全

第一节　一般规定

第二十一条　国家实行网络安全等级保护制度。网络运营者应当按照网络安全等级保护

制度的要求,履行下列安全保护义务,保障网络免受干扰、破坏或者未经授权的访问,防止网络数据泄露或者被窃取、篡改:

(一)制定内部安全管理制度和操作规程,确定网络安全负责人,落实网络安全保护责任;

(二)采取防范计算机病毒和网络攻击、网络侵入等危害网络安全行为的技术措施;

(三)采取监测、记录网络运行状态、网络安全事件的技术措施,并按照规定留存相关的网络日志不少于六个月;

(四)采取数据分类、重要数据备份和加密等措施;

(五)法律、行政法规规定的其他义务。

第二十二条　网络产品、服务应当符合相关国家标准的强制性要求。网络产品、服务的提供者不得设置恶意程序;发现其网络产品、服务存在安全缺陷、漏洞等风险时,应当立即采取补救措施,按照规定及时告知用户并向有关主管部门报告。

网络产品、服务的提供者应当为其产品、服务持续提供安全维护;在规定或者当事人约定的期限内,不得终止提供安全维护。

网络产品、服务具有收集用户信息功能的,其提供者应当向用户明示并取得同意;涉及用户个人信息的,还应当遵守本法和有关法律、行政法规关于个人信息保护的规定。

第二十三条　网络关键设备和网络安全专用产品应当按照相关国家标准的强制性要求,由具备资格的机构安全认证合格或者安全检测符合要求后,方可销售或者提供。国家网信部门会同国务院有关部门制定、公布网络关键设备和网络安全专用产品目录,并推动安全认证和安全检测结果互认,避免重复认证、检测。

第二十四条　网络运营者为用户办理网络接入、域名注册服务,办理固定电话、移动电话等入网手续,或者为用户提供信息发布、即时通信等服务,在与用户签订协议或者确认提供服务时,应当要求用户提供真实身份信息。用户不提供真实身份信息的,网络运营者不得为其提供相关服务。

国家实施网络可信身份战略,支持研究开发安全、方便的电子身份认证技术,推动不同电子身份认证之间的互认。

第二十五条　网络运营者应当制定网络安全事件应急预案,及时处置系统漏洞、计算机病毒、网络攻击、网络侵入等安全风险;在发生危害网络安全的事件时,立即启动应急预案,采取相应的补救措施,并按照规定向有关主管部门报告。

第二十六条　开展网络安全认证、检测、风险评估等活动,向社会发布系统漏洞、计算机病毒、网络攻击、网络侵入等网络安全信息,应当遵守国家有关规定。

第二十七条　任何个人和组织不得从事非法侵入他人网络、干扰他人网络正常功能、窃取网络数据等危害网络安全的活动;不得提供专门用于从事侵入网络、干扰网络正常功能及防护措施、窃取网络数据等危害网络安全活动的程序、工具;明知他人从事危害网络安全的活动的,不得为其提供技术支持、广告推广、支付结算等帮助。

第二十八条　网络运营者应当为公安机关、国家安全机关依法维护国家安全和侦查犯罪的活动提供技术支持和协助。

第二十九条　国家支持网络运营者之间在网络安全信息收集、分析、通报和应急处置等方面进行合作,提高网络运营者的安全保障能力。

有关行业组织建立健全本行业的网络安全保护规范和协作机制,加强对网络安全风险的分析评估,定期向会员进行风险警示,支持、协助会员应对网络安全风险。

第三十条　网信部门和有关部门在履行网络安全保护职责中获取的信息,只能用于维护网络安全的需要,不得用于其他用途。

第二节　关键信息基础设施的运行安全

第三十一条　国家对公共通信和信息服务、能源、交通、水利、金融、公共服务、电子政务等重要行业和领域,以及其他一旦遭到破坏、丧失功能或者数据泄露,可能严重危害国家安全、国计民生、公共利益的关键信息基础设施,在网络安全等级保护制度的基础上,实行重点保护。关键信息基础设施的具体范围和安全保护办法由国务院制定。

国家鼓励关键信息基础设施以外的网络运营者自愿参与关键信息基础设施保护体系。

第三十二条　按照国务院规定的职责分工,负责关键信息基础设施安全保护工作的部门分别编制并组织实施本行业、本领域的关键信息基础设施安全规划,指导和监督关键信息基础设施运行安全保护工作。

第三十三条　建设关键信息基础设施应当确保其具有支持业务稳定、持续运行的性能,并保证安全技术措施同步规划、同步建设、同步使用。

第三十四条　除本法第二十一条的规定外,关键信息基础设施的运营者还应当履行下列安全保护义务:

(一)设置专门安全管理机构和安全管理负责人,并对该负责人和关键岗位的人员进行安全背景审查;

(二)定期对从业人员进行网络安全教育、技术培训和技能考核;

(三)对重要系统和数据库进行容灾备份;

(四)制定网络安全事件应急预案,并定期进行演练;

(五)法律、行政法规规定的其他义务。

第三十五条　关键信息基础设施的运营者采购网络产品和服务,可能影响国家安全的,应当通过国家网信部门会同国务院有关部门组织的国家安全审查。

第三十六条　关键信息基础设施的运营者采购网络产品和服务,应当按照规定与提供者签订安全保密协议,明确安全和保密义务与责任。

第三十七条　关键信息基础设施的运营者在中华人民共和国境内运营中收集和产生的个人信息和重要数据应当在境内存储。因业务需要,确需向境外提供的,应当按照国家网信部门会同国务院有关部门制定的办法进行安全评估;法律、行政法规另有规定的,依照其规定。

第三十八条　关键信息基础设施的运营者应当自行或者委托网络安全服务机构对其网络的安全性和可能存在的风险每年至少进行一次检测评估,并将检测评估情况和改进措施报送相关负责关键信息基础设施安全保护工作的部门。

第三十九条　国家网信部门应当统筹协调有关部门对关键信息基础设施的安全保护采取下列措施:

(一)对关键信息基础设施的安全风险进行抽查检测,提出改进措施,必要时可以委托网络安全服务机构对网络存在的安全风险进行检测评估;

(二)定期组织关键信息基础设施的运营者进行网络安全应急演练,提高应对网络安全事件的水平和协同配合能力;

(三)促进有关部门、关键信息基础设施的运营者以及有关研究机构、网络安全服务机构等之间的网络安全信息共享；

（四）对网络安全事件的应急处置与网络功能的恢复等，提供技术支持和协助。

第四章　网络信息安全

第四十条　网络运营者应当对其收集的用户信息严格保密，并建立健全用户信息保护制度。

第四十一条　网络运营者收集、使用个人信息，应当遵循合法、正当、必要的原则，公开收集、使用规则，明示收集、使用信息的目的、方式和范围，并经被收集者同意。

网络运营者不得收集与其提供的服务无关的个人信息，不得违反法律、行政法规的规定和双方的约定收集、使用个人信息，并应当依照法律、行政法规的规定和与用户的约定，处理其保存的个人信息。

第四十二条　网络运营者不得泄露、篡改、毁损其收集的个人信息；未经被收集者同意，不得向他人提供个人信息。但是，经过处理无法识别特定个人且不能复原的除外。

网络运营者应当采取技术措施和其他必要措施，确保其收集的个人信息安全，防止信息泄露、毁损、丢失。在发生或者可能发生个人信息泄露、毁损、丢失的情况时，应当立即采取补救措施，按照规定及时告知用户并向有关主管部门报告。

第四十三条　个人发现网络运营者违反法律、行政法规的规定或者双方的约定收集、使用其个人信息的，有权要求网络运营者删除其个人信息；发现网络运营者收集、存储的其个人信息有错误的，有权要求网络运营者予以更正。网络运营者应当采取措施予以删除或者更正。

第四十四条　任何个人和组织不得窃取或者以其他非法方式获取个人信息，不得非法出售或者非法向他人提供个人信息。

第四十五条　依法负有网络安全监督管理职责的部门及其工作人员，必须对在履行职责中知悉的个人信息、隐私和商业秘密严格保密，不得泄露、出售或者非法向他人提供。

第四十六条　任何个人和组织应当对其使用网络的行为负责，不得设立用于实施诈骗，传授犯罪方法，制作或者销售违禁物品、管制物品等违法犯罪活动的网站、通信群组，不得利用网络发布涉及实施诈骗，制作或者销售违禁物品、管制物品以及其他违法犯罪活动的信息。

第四十七条　网络运营者应当加强对其用户发布的信息的管理，发现法律、行政法规禁止发布或者传输的信息的，应当立即停止传输该信息，采取消除等处置措施，防止信息扩散，保存有关记录，并向有关主管部门报告。

第四十八条　任何个人和组织发送的电子信息、提供的应用软件，不得设置恶意程序，不得含有法律、行政法规禁止发布或者传输的信息。

电子信息发送服务提供者和应用软件下载服务提供者，应当履行安全管理义务，知道其用户有前款规定行为的，应当停止提供服务，采取消除等处置措施，保存有关记录，并向有关主管部门报告。

第四十九条　网络运营者应当建立网络信息安全投诉、举报制度，公布投诉、举报方式等信息，及时受理并处理有关网络信息安全的投诉和举报。

网络运营者对网信部门和有关部门依法实施的监督检查，应当予以配合。

第五十条　国家网信部门和有关部门依法履行网络信息安全监督管理职责，发现法律、行政法规禁止发布或者传输的信息的，应当要求网络运营者停止传输，采取消除等处置措施，保存有关记录；对来源于中华人民共和国境外的上述信息，应当通知有关机构采取技术措施和其他必要措施阻断传播。

第五章　监测预警与应急处置

第五十一条　国家建立网络安全监测预警和信息通报制度。国家网信部门应当统筹协调有关部门加强网络安全信息收集、分析和通报工作，按照规定统一发布网络安全监测预警信息。

第五十二条　负责关键信息基础设施安全保护工作的部门，应当建立健全本行业、本领域的网络安全监测预警和信息通报制度，并按照规定报送网络安全监测预警信息。

第五十三条　国家网信部门协调有关部门建立健全网络安全风险评估和应急工作机制，制定网络安全事件应急预案，并定期组织演练。

负责关键信息基础设施安全保护工作的部门应当制定本行业、本领域的网络安全事件应急预案，并定期组织演练。

网络安全事件应急预案应当按照事件发生后的危害程度、影响范围等因素对网络安全事件进行分级，并规定相应的应急处置措施。

第五十四条　网络安全事件发生的风险增大时，省级以上人民政府有关部门应当按照规定的权限和程序，并根据网络安全风险的特点和可能造成的危害，采取下列措施：

（一）要求有关部门、机构和人员及时收集、报告有关信息，加强对网络安全风险的监测；

（二）组织有关部门、机构和专业人员，对网络安全风险信息进行分析评估，预测事件发生的可能性、影响范围和危害程度；

（三）向社会发布网络安全风险预警，发布避免、减轻危害的措施。

第五十五条　发生网络安全事件，应当立即启动网络安全事件应急预案，对网络安全事件进行调查和评估，要求网络运营者采取技术措施和其他必要措施，消除安全隐患，防止危害扩大，并及时向社会发布与公众有关的警示信息。

第五十六条　省级以上人民政府有关部门在履行网络安全监督管理职责中，发现网络存在较大安全风险或者发生安全事件的，可以按照规定的权限和程序对该网络的运营者的法定代表人或者主要负责人进行约谈。网络运营者应当按照要求采取措施，进行整改，消除隐患。

第五十七条　因网络安全事件，发生突发事件或者生产安全事故的，应当依照《中华人民共和国突发事件应对法》、《中华人民共和国安全生产法》等有关法律、行政法规的规定处置。

第五十八条　因维护国家安全和社会公共秩序，处置重大突发社会安全事件的需要，经国务院决定或者批准，可以在特定区域对网络通信采取限制等临时措施。

第六章　法律责任

第五十九条　网络运营者不履行本法第二十一条、第二十五条规定的网络安全保护义务的，由有关主管部门责令改正，给予警告；拒不改正或者导致危害网络安全等后果的，处一万元以上十万元以下罚款，对直接负责的主管人员处五千元以上五万元以下罚款。

关键信息基础设施的运营者不履行本法第三十三条、第三十四条、第三十六条、第三十八条规定的网络安全保护义务的，由有关主管部门责令改正，给予警告；拒不改正或者导致危害网络安全等后果的，处十万元以上一百万元以下罚款，对直接负责的主管人员处一万元以上十万元以下罚款。

第六十条　违反本法第二十二条第一款、第二款和第四十八条第一款规定,有下列行为之一的,由有关主管部门责令改正,给予警告;拒不改正或者导致危害网络安全等后果的,处五万元以上五十万元以下罚款,对直接负责的主管人员处一万元以上十万元以下罚款:

(一)设置恶意程序的;

(二)对其产品、服务存在的安全缺陷、漏洞等风险未立即采取补救措施,或者未按照规定及时告知用户并向有关主管部门报告的;

(三)擅自终止为其产品、服务提供安全维护的。

第六十一条　网络运营者违反本法第二十四条第一款规定,未要求用户提供真实身份信息,或者对不提供真实身份信息的用户提供相关服务的,由有关主管部门责令改正;拒不改正或者情节严重的,处五万元以上五十万元以下罚款,并可以由有关主管部门责令暂停相关业务、停业整顿、关闭网站、吊销相关业务许可证或者吊销营业执照,对直接负责的主管人员和其他直接责任人员处一万元以上十万元以下罚款。

第六十二条　违反本法第二十六条规定,开展网络安全认证、检测、风险评估等活动,或者向社会发布系统漏洞、计算机病毒、网络攻击、网络侵入等网络安全信息的,由有关主管部门责令改正,给予警告;拒不改正或者情节严重的,处一万元以上十万元以下罚款,并可以由有关主管部门责令暂停相关业务、停业整顿、关闭网站、吊销相关业务许可证或者吊销营业执照,对直接负责的主管人员和其他直接责任人员处五千元以上五万元以下罚款。

第六十三条　违反本法第二十七条规定,从事危害网络安全的活动,或者提供专门用于从事危害网络安全活动的程序、工具,或者为他人从事危害网络安全的活动提供技术支持、广告推广、支付结算等帮助,尚不构成犯罪的,由公安机关没收违法所得,处五日以下拘留,可以并处五万元以上五十万元以下罚款;情节较重的,处五日以上十五日以下拘留,可以并处十万元以上一百万元以下罚款。

单位有前款行为的,由公安机关没收违法所得,处十万元以上一百万元以下罚款,并对直接负责的主管人员和其他直接责任人员依照前款规定处罚。

违反本法第二十七条规定,受到治安管理处罚的人员,五年内不得从事网络安全管理和网络运营关键岗位的工作;受到刑事处罚的人员,终身不得从事网络安全管理和网络运营关键岗位的工作。

第六十四条　网络运营者、网络产品或者服务的提供者违反本法第二十二条第三款、第四十一条至第四十三条规定,侵害个人信息依法得到保护的权利的,由有关主管部门责令改正,可以根据情节单处或者并处警告、没收违法所得、处违法所得一倍以上十倍以下罚款,没有违法所得的,处一百万元以下罚款,对直接负责的主管人员和其他直接责任人员处一万元以上十万元以下罚款;情节严重的,并可以责令暂停相关业务、停业整顿、关闭网站、吊销相关业务许可证或者吊销营业执照。

违反本法第四十四条规定,窃取或者以其他非法方式获取、非法出售或者非法向他人提供个人信息,尚不构成犯罪的,由公安机关没收违法所得,并处违法所得一倍以上十倍以下罚款,没有违法所得的,处一百万元以下罚款。

第六十五条　关键信息基础设施的运营者违反本法第三十五条规定,使用未经安全审查或者安全审查未通过的网络产品或者服务的,由有关主管部门责令停止使用,处采购金额一倍以上十倍以下罚款；对直接负责的主管人员和其他直接责任人员处一万元以上十万元以下罚款。

第六十六条　关键信息基础设施的运营者违反本法第三十七条规定，在境外存储网络数据，或者向境外提供网络数据的，由有关主管部门责令改正，给予警告，没收违法所得，处五万元以上五十万元以下罚款，并可以责令暂停相关业务、停业整顿、关闭网站、吊销相关业务许可证或者吊销营业执照；对直接负责的主管人员和其他直接责任人员处一万元以上十万元以下罚款。

第六十七条　违反本法第四十六条规定，设立用于实施违法犯罪活动的网站、通讯群组，或者利用网络发布涉及实施违法犯罪活动的信息，尚不构成犯罪的，由公安机关处五日以下拘留，可以并处一万元以上十万元以下罚款；情节较重的，处五日以上十五日以下拘留，可以并处五万元以上五十万元以下罚款。关闭用于实施违法犯罪活动的网站、通讯群组。

单位有前款行为的，由公安机关处十万元以上五十万元以下罚款，并对直接负责的主管人员和其他直接责任人员依照前款规定处罚。

第六十八条　网络运营者违反本法第四十七条规定，对法律、行政法规禁止发布或者传输的信息未停止传输、采取消除等处置措施、保存有关记录的，由有关主管部门责令改正，给予警告，没收违法所得；拒不改正或者情节严重的，处十万元以上五十万元以下罚款，并可以责令暂停相关业务、停业整顿、关闭网站、吊销相关业务许可证或者吊销营业执照，对直接负责的主管人员和其他直接责任人员处一万元以上十万元以下罚款。

电子信息发送服务提供者、应用软件下载服务提供者，不履行本法第四十八条第二款规定的安全管理义务的，依照前款规定处罚。

第六十九条　网络运营者违反本法规定，有下列行为之一的，由有关主管部门责令改正；拒不改正或者情节严重的，处五万元以上五十万元以下罚款，对直接负责的主管人员和其他直接责任人员，处一万元以上十万元以下罚款：

（一）不按照有关部门的要求对法律、行政法规禁止发布或者传输的信息，采取停止传输、消除等处置措施的；

（二）拒绝、阻碍有关部门依法实施的监督检查的；

（三）拒不向公安机关、国家安全机关提供技术支持和协助的。

第七十条　发布或者传输本法第十二条第二款和其他法律、行政法规禁止发布或者传输的信息的，依照有关法律、行政法规的规定处罚。

第七十一条　有本法规定的违法行为的，依照有关法律、行政法规的规定记入信用档案，并予以公示。

第七十二条　国家机关政务网络的运营者不履行本法规定的网络安全保护义务的，由其上级机关或者有关机关责令改正；对直接负责的主管人员和其他直接责任人员依法给予处分。

第七十三条　网信部门和有关部门违反本法第三十条规定，将在履行网络安全保护职责中获取的信息用于其他用途的，对直接负责的主管人员和其他直接责任人员依法给予处分。

网信部门和有关部门的工作人员玩忽职守、滥用职权、徇私舞弊，尚不构成犯罪的，依法给予处分。

第七十四条　违反本法规定，给他人造成损害的，依法承担民事责任。

违反本法规定，构成违反治安管理行为的，依法给予治安管理处罚；构成犯罪的，依法追究刑事责任。

第七十五条　境外的机构、组织、个人从事攻击、侵入、干扰、破坏等危害中华人民共和国的关键信息基础设施的活动,造成严重后果的,依法追究法律责任;国务院公安部门和有关部门并可以决定对该机构、组织、个人采取冻结财产或者其他必要的制裁措施。

第七章　附　则

第七十六条　本法下列用语的含义:

(一)网络,是指由计算机或者其他信息终端及相关设备组成的按照一定的规则和程序对信息进行收集、存储、传输、交换、处理的系统。

(二)网络安全,是指通过采取必要措施,防范对网络的攻击、侵入、干扰、破坏和非法使用以及意外事故,使网络处于稳定可靠运行的状态,以及保障网络数据的完整性、保密性、可用性的能力。

(三)网络运营者,是指网络的所有者、管理者和网络服务提供者。

(四)网络数据,是指通过网络收集、存储、传输、处理和产生的各种电子数据。

(五)个人信息,是指以电子或者其他方式记录的能够单独或者与其他信息结合识别自然人个人身份的各种信息,包括但不限于自然人的姓名、出生日期、身份证件号码、个人生物识别信息、住址、电话号码等。

第七十七条　存储、处理涉及国家秘密信息的网络的运行安全保护,除应当遵守本法外,还应当遵守保密法律、行政法规的规定。

第七十八条　军事网络的安全保护,由中央军事委员会另行规定。

第七十九条　本法自 2017 年 6 月 1 日起施行。

6.《中华人民共和国数据安全法》(以下简称《数据安全法》)

《数据安全法》由中华人民共和国第十三届全国人民代表大会常务委员会第二十九次会议于 2021 年 6 月 10 日通过,自 2021 年 9 月 1 日起施行。

第一章　总　则

第一条　为了规范数据处理活动,保障数据安全,促进数据开发利用,保护个人、组织的合法权益,维护国家主权、安全和发展利益,制定本法。

第二条　在中华人民共和国境内开展数据处理活动及其安全监管,适用本法。

在中华人民共和国境外开展数据处理活动,损害中华人民共和国国家安全、公共利益或者公民、组织合法权益的,依法追究法律责任。

第三条　本法所称数据,是指任何以电子或者其他方式对信息的记录。

数据处理,包括数据的收集、存储、使用、加工、传输、提供、公开等。

数据安全,是指通过采取必要措施,确保数据处于有效保护和合法利用的状态,以及具备保障持续安全状态的能力。

第四条　维护数据安全,应当坚持总体国家安全观,建立健全数据安全治理体系,提高数据安全保障能力。

第五条　中央国家安全领导机构负责国家数据安全工作的决策和议事协调,研究制定、指导实施国家数据安全战略和有关重大方针政策,统筹协调国家数据安全的重大事项和重要工作,建立国家数据安全工作协调机制。

第六条　各地区、各部门对本地区、本部门工作中收集和产生的数据及数据安全负责。

工业、电信、交通、金融、自然资源、卫生健康、教育、科技等主管部门承担本行业、本领域数据安全监管职责。

公安机关、国家安全机关等依照本法和有关法律、行政法规的规定,在各自职责范围内承担数据安全监管职责。

国家网信部门依照本法和有关法律、行政法规的规定,负责统筹协调网络数据安全和相关监管工作。

第七条　国家保护个人、组织与数据有关的权益,鼓励数据依法合理有效利用,保障数据依法有序自由流动,促进以数据为关键要素的数字经济发展。

第八条　开展数据处理活动,应当遵守法律、法规,尊重社会公德和伦理,遵守商业道德和职业道德,诚实守信,履行数据安全保护义务,承担社会责任,不得危害国家安全、公共利益,不得损害个人、组织的合法权益。

第九条　国家支持开展数据安全知识宣传普及,提高全社会的数据安全保护意识和水平,推动有关部门、行业组织、科研机构、企业、个人等共同参与数据安全保护工作,形成全社会共同维护数据安全和促进发展的良好环境。

第十条　相关行业组织按照章程,依法制定数据安全行为规范和团体标准,加强行业自律,指导会员加强数据安全保护,提高数据安全保护水平,促进行业健康发展。

第十一条　国家积极开展数据安全治理、数据开发利用等领域的国际交流与合作,参与数据安全相关国际规则和标准的制定,促进数据跨境安全、自由流动。

第十二条　任何个人、组织都有权对违反本法规定的行为向有关主管部门投诉、举报。收到投诉、举报的部门应当及时依法处理。

有关主管部门应当对投诉、举报人的相关信息予以保密,保护投诉、举报人的合法权益。

第二章　数据安全与发展

第十三条　国家统筹发展和安全,坚持以数据开发利用和产业发展促进数据安全,以数据安全保障数据开发利用和产业发展。

第十四条　国家实施大数据战略,推进数据基础设施建设,鼓励和支持数据在各行业、各领域的创新应用。

省级以上人民政府应当将数字经济发展纳入本级国民经济和社会发展规划,并根据需要制定数字经济发展规划。

第十五条　国家支持开发利用数据提升公共服务的智能化水平。提供智能化公共服务,应当充分考虑老年人、残疾人的需求,避免对老年人、残疾人的日常生活造成障碍。

第十六条　国家支持数据开发利用和数据安全技术研究,鼓励数据开发利用和数据安全等领域的技术推广和商业创新,培育、发展数据开发利用和数据安全产品、产业体系。

第十七条　国家推进数据开发利用技术和数据安全标准体系建设。国务院标准化行政主管部门和国务院有关部门根据各自的职责,组织制定并适时修订有关数据开发利用技术、产品和数据安全相关标准。国家支持企业、社会团体和教育、科研机构等参与标准制定。

第十八条　国家促进数据安全检测评估、认证等服务的发展,支持数据安全检测评估、认证等专业机构依法开展服务活动。

国家支持有关部门、行业组织、企业、教育和科研机构、有关专业机构等在数据安全风险评估、防范、处置等方面开展协作。

第十九条　国家建立健全数据交易管理制度,规范数据交易行为,培育数据交易市场。

第二十条　国家支持教育、科研机构和企业等开展数据开发利用技术和数据安全相关教育和培训,采取多种方式培养数据开发利用技术和数据安全专业人才,促进人才交流。

第三章　数据安全制度

第二十一条　国家建立数据分类分级保护制度,根据数据在经济社会发展中的重要程度,以及一旦遭到篡改、破坏、泄露或者非法获取、非法利用,对国家安全、公共利益或者个人、组织合法权益造成的危害程度,对数据实行分类分级保护。国家数据安全工作协调机制统筹协调有关部门制定重要数据目录,加强对重要数据的保护。

关系国家安全、国民经济命脉、重要民生、重大公共利益等数据属于国家核心数据,实行更加严格的管理制度。

各地区、各部门应当按照数据分类分级保护制度,确定本地区、本部门以及相关行业、领域的重要数据具体目录,对列入目录的数据进行重点保护。

第二十二条　国家建立集中统一、高效权威的数据安全风险评估、报告、信息共享、监测预警机制。国家数据安全工作协调机制统筹协调有关部门加强数据安全风险信息的获取、分析、研判、预警工作。

第二十三条　国家建立数据安全应急处置机制。发生数据安全事件,有关主管部门应当依法启动应急预案,采取相应的应急处置措施,防止危害扩大,消除安全隐患,并及时向社会发布与公众有关的警示信息。

第二十四条　国家建立数据安全审查制度,对影响或者可能影响国家安全的数据处理活动进行国家安全审查。

依法作出的安全审查决定为最终决定。

第二十五条　国家对与维护国家安全和利益、履行国际义务相关的属于管制物项的数据依法实施出口管制。

第二十六条　任何国家或者地区在与数据和数据开发利用技术等有关的投资、贸易等方面对中华人民共和国采取歧视性的禁止、限制或者其他类似措施的,中华人民共和国可以根据实际情况对该国家或者地区对等采取措施。

第四章　数据安全保护义务

第二十七条　开展数据处理活动应当依照法律、法规的规定,建立健全全流程数据安全管理制度,组织开展数据安全教育培训,采取相应的技术措施和其他必要措施,保障数据安全。利用互联网等信息网络开展数据处理活动,应当在网络安全等级保护制度的基础上,履行上述数据安全保护义务。

重要数据的处理者应当明确数据安全负责人和管理机构,落实数据安全保护责任。

第二十八条　开展数据处理活动以及研究开发数据新技术,应当有利于促进经济社会发展,增进人民福祉,符合社会公德和伦理。

第二十九条　开展数据处理活动应当加强风险监测,发现数据安全缺陷、漏洞等风险时,应当立即采取补救措施;发生数据安全事件时,应当立即采取处置措施,按照规定及时告知用户并向有关主管部门报告。

第三十条　重要数据的处理者应当按照规定对其数据处理活动定期开展风险评估,并向有关主管部门报送风险评估报告。

风险评估报告应当包括处理的重要数据的种类、数量,开展数据处理活动的情况,面临的数据安全风险及其应对措施等。

第三十一条　关键信息基础设施的运营者在中华人民共和国境内运营中收集和产生的重要数据的出境安全管理,适用《中华人民共和国网络安全法》的规定;其他数据处理者在中华人民共和国境内运营中收集和产生的重要数据的出境安全管理办法,由国家网信部门会同国务院有关部门制定。

第三十二条　任何组织、个人收集数据,应当采取合法、正当的方式,不得窃取或者以其他非法方式获取数据。

法律、行政法规对收集、使用数据的目的、范围有规定的,应当在法律、行政法规规定的目的和范围内收集、使用数据。

第三十三条　从事数据交易中介服务的机构提供服务,应当要求数据提供方说明数据来源,审核交易双方的身份,并留存审核、交易记录。

第三十四条　法律、行政法规规定提供数据处理相关服务应当取得行政许可的,服务提供者应当依法取得许可。

第三十五条　公安机关、国家安全机关因依法维护国家安全或者侦查犯罪的需要调取数据,应当按照国家有关规定,经过严格的批准手续,依法进行,有关组织、个人应当予以配合。

第三十六条　中华人民共和国主管机关根据有关法律和中华人民共和国缔结或者参加的国际条约、协定,或者按照平等互惠原则,处理外国司法或者执法机构关于提供数据的请求。非经中华人民共和国主管机关批准,境内的组织、个人不得向外国司法或者执法机构提供存储于中华人民共和国境内的数据。

第五章　政务数据安全与开放

第三十七条　国家大力推进电子政务建设,提高政务数据的科学性、准确性、时效性,提升运用数据服务经济社会发展的能力。

第三十八条　国家机关为履行法定职责的需要收集、使用数据,应当在其履行法定职责的范围内依照法律、行政法规规定的条件和程序进行;对在履行职责中知悉的个人隐私、个人信息、商业秘密、保密商务信息等数据应当依法予以保密,不得泄露或者非法向他人提供。

第三十九条　国家机关应当依照法律、行政法规的规定,建立健全数据安全管理制度,落实数据安全保护责任,保障政务数据安全。

第四十条　国家机关委托他人建设、维护电子政务系统,存储、加工政务数据,应当经过严格的批准程序,并应当监督受托方履行相应的数据安全保护义务。受托方应当依照法律、法规的规定和合同约定履行数据安全保护义务,不得擅自留存、使用、泄露或者向他人提供政务数据。

第四十一条　国家机关应当遵循公正、公平、便民的原则,按照规定及时、准确地公开政务数据。依法不予公开的除外。

第四十二条　国家制定政务数据开放目录,构建统一规范、互联互通、安全可控的政务数据开放平台,推动政务数据开放利用。

第四十三条　法律、法规授权的具有管理公共事务职能的组织为履行法定职责开展数据处理活动,适用本章规定。

第六章　法律责任

第四十四条　有关主管部门在履行数据安全监管职责中,发现数据处理活动存在较大安全风险的,可以按照规定的权限和程序对有关组织、个人进行约谈,并要求有关组织、个人采取措施进行整改,消除隐患。

第四十五条　开展数据处理活动的组织、个人不履行本法第二十七条、第二十九条、第三十条规定的数据安全保护义务的,由有关主管部门责令改正,给予警告,可以并处五万元以上五十万元以下罚款,对直接负责的主管人员和其他直接责任人员可以处一万元以上十万元以下罚款;拒不改正或者造成大量数据泄露等严重后果的,处五十万元以上二百万元以下罚款,并可以责令暂停相关业务、停业整顿、吊销相关业务许可证或者吊销营业执照,对直接负责的主管人员和其他直接责任人员处五万元以上二十万元以下罚款。

违反国家核心数据管理制度,危害国家主权、安全和发展利益的,由有关主管部门处二百万元以上一千万元以下罚款,并根据情况责令暂停相关业务、停业整顿、吊销相关业务许可证或者吊销营业执照;构成犯罪的,依法追究刑事责任。

第四十六条　违反本法第三十一条规定,向境外提供重要数据的,由有关主管部门责令改正,给予警告,可以并处十万元以上一百万元以下罚款,对直接负责的主管人员和其他直接责任人员可以处一万元以上十万元以下罚款;情节严重的,处一百万元以上一千万元以下罚款,并可以责令暂停相关业务、停业整顿、吊销相关业务许可证或者吊销营业执照,对直接负责的主管人员和其他直接责任人员处十万元以上一百万元以下罚款。

第四十七条　从事数据交易中介服务的机构未履行本法第三十三条规定的义务的,由有关主管部门责令改正,没收违法所得,处违法所得一倍以上十倍以下罚款,没有违法所得或者违法所得不足十万元的,处十万元以上一百万元以下罚款,并可以责令暂停相关业务、停业整顿、吊销相关业务许可证或者吊销营业执照;对直接负责的主管人员和其他直接责任人员处一万元以上十万元以下罚款。

第四十八条　违反本法第三十五条规定,拒不配合数据调取的,由有关主管部门责令改正,给予警告,并处五万元以上五十万元以下罚款,对直接负责的主管人员和其他直接责任人员处一万元以上十万元以下罚款。

违反本法第三十六条规定,未经主管机关批准向外国司法或者执法机构提供数据的,由有关主管部门给予警告,可以并处十万元以上一百万元以下罚款,对直接负责的主管人员和其他直接责任人员可以处一万元以上十万元以下罚款;造成严重后果的,处一百万元以上五百万元以下罚款,并可以责令暂停相关业务、停业整顿、吊销相关业务许可证或者吊销营业执照,对直接负责的主管人员和其他直接责任人员处五万元以上五十万元以下罚款。

第四十九条　国家机关不履行本法规定的数据安全保护义务的,对直接负责的主管人员和其他直接责任人员依法给予处分。

第五十条　履行数据安全监管职责的国家工作人员玩忽职守、滥用职权、徇私舞弊的,依法给予处分。

第五十一条　窃取或者以其他非法方式获取数据,开展数据处理活动排除、限制竞争,或者损害个人、组织合法权益的,依照有关法律、行政法规的规定处罚。

第五十二条　违反本法规定,给他人造成损害的,依法承担民事责任。

违反本法规定,构成违反治安管理行为的,依法给予治安管理处罚;构成犯罪的,依法追究刑事责任。

第七章　附则

第五十三条　开展涉及国家秘密的数据处理活动,适用《中华人民共和国保守国家秘密法》等法律、行政法规的规定。

在统计、档案工作中开展数据处理活动,开展涉及个人信息的数据处理活动,还应当遵守有关法律、行政法规的规定。

第五十四条　军事数据安全保护的办法,由中央军事委员会依据本法另行制定。

第五十五条　本法自 2021 年 9 月 1 日起施行。

7.《中华人民共和国个人信息保护法》(以下简称《个人信息保护法》,部分引用)

《个人信息保护法》由中华人民共和国第十三届全国人民代表大会常务委员会第三十次会议于 2021 年 8 月 20 日通过,自 2021 年 11 月 1 日起施行。其中与信息安全相关的条文如下:

第十条　任何组织、个人不得非法收集、使用、加工、传输他人个人信息,不得非法买卖、提供或者公开他人个人信息;不得从事危害国家安全、公共利益的个人信息处理活动。

第十三条　符合下列情形之一的,个人信息处理者方可处理个人信息:

(一)取得个人的同意;

(二)为订立、履行个人作为一方当事人的合同所必需,或者按照依法制定的劳动规章制度和依法签订的集体合同实施人力资源管理所必需;

(三)为履行法定职责或者法定义务所必需;

(四)为应对突发公共卫生事件,或者紧急情况下为保护自然人的生命健康和财产安全所必需;

(五)为公共利益实施新闻报道、舆论监督等行为,在合理的范围内处理个人信息;

(六)依照本法规定在合理的范围内处理个人自行公开或者其他已经合法公开的个人信息;

(七)法律、行政法规规定的其他情形。

依照本法其他有关规定,处理个人信息应当取得个人同意,但是有前款第二项至第七项规定情形的,不需取得个人同意。

第十四条　基于个人同意处理个人信息的,该同意应当由个人在充分知情的前提下自愿、明确作出。法律、行政法规规定处理个人信息应当取得个人单独同意或者书面同意的,从其规定。

个人信息的处理目的、处理方式和处理的个人信息种类发生变更的,应当重新取得个人同意。

第十五条　基于个人同意处理个人信息的,个人有权撤回其同意。个人信息处理者应当提供便捷的撤回同意的方式。

个人撤回同意,不影响撤回前基于个人同意已进行的个人信息处理活动的效力。

第十六条　个人信息处理者不得以个人不同意处理其个人信息或者撤回同意为由,拒绝提供产品或者服务;处理个人信息属于提供产品或者服务所必需的除外。

第十七条　个人信息处理者在处理个人信息前,应当以显著方式、清晰易懂的语言真实、准确、完整地向个人告知下列事项:

(一)个人信息处理者的名称或者姓名和联系方式;

(二)个人信息的处理目的、处理方式,处理的个人信息种类、保存期限;

(三)个人行使本法规定权利的方式和程序;

(四)法律、行政法规规定应当告知的其他事项。

前款规定事项发生变更的,应当将变更部分告知个人。

个人信息处理者通过制定个人信息处理规则的方式告知第一款规定事项的,处理规则应当公开,并且便于查阅和保存。

第十八条　个人信息处理者处理个人信息,有法律、行政法规规定应当保密或者不需要告知的情形的,可以不向个人告知前条第一款规定的事项。

紧急情况下为保护自然人的生命健康和财产安全无法及时向个人告知的,个人信息处理者应当在紧急情况消除后及时告知。

第二十二条　个人信息处理者因合并、分立、解散、被宣告破产等原因需要转移个人信息的,应当向个人告知接收方的名称或者姓名和联系方式。接收方应当继续履行个人信息处理者的义务。接收方变更原先的处理目的、处理方式的,应当依照本法规定重新取得个人同意。

第二十三条　个人信息处理者向其他个人信息处理者提供其处理的个人信息的,应当向个人告知接收方的名称或者姓名、联系方式、处理目的、处理方式和个人信息的种类,并取得个人的单独同意。接收方应当在上述处理目的、处理方式和个人信息的种类等范围内处理个人信息。接收方变更原先的处理目的、处理方式的,应当依照本法规定重新取得个人同意。

第二十八条　敏感个人信息是一旦泄露或者非法使用,容易导致自然人的人格尊严受到侵害或者人身、财产安全受到危害的个人信息,包括生物识别、宗教信仰、特定身份、医疗健康、金融账户、行踪轨迹等信息,以及不满十四周岁未成年人的个人信息。

只有在具有特定的目的和充分的必要性,并采取严格保护措施的情形下,个人信息处理者方可处理敏感个人信息。

第二十九条　处理敏感个人信息应当取得个人的单独同意;法律、行政法规规定处理敏感个人信息应当取得书面同意的,从其规定。

第三十条　个人信息处理者处理敏感个人信息的,除本法第十七条第一款规定的事项外,还应当向个人告知处理敏感个人信息的必要性以及对个人权益的影响;依照本法规定可以不向个人告知的除外。

第三十八条　个人信息处理者因业务等需要,确需向中华人民共和国境外提供个人信息的,应当具备下列条件之一:

(一)依照本法第四十条的规定通过国家网信部门组织的安全评估;

(二)按照国家网信部门的规定经专业机构进行个人信息保护认证;

(三)按照国家网信部门制定的标准合同与境外接收方订立合同,约定双方的权利和义务;

（四）法律、行政法规或者国家网信部门规定的其他条件。

中华人民共和国缔结或者参加的国际条约、协定对向中华人民共和国境外提供个人信息的条件等有规定的，可以按照其规定执行。

个人信息处理者应当采取必要措施，保障境外接收方处理个人信息的活动达到本法规定的个人信息保护标准。

第三十九条　个人信息处理者向中华人民共和国境外提供个人信息的，应当向个人告知境外接收方的名称或者姓名、联系方式、处理目的、处理方式、个人信息的种类以及个人向境外接收方行使本法规定权利的方式和程序等事项，并取得个人的单独同意。

第四十条　关键信息基础设施运营者和处理个人信息达到国家网信部门规定数量的个人信息处理者，应当将在中华人民共和国境内收集和产生的个人信息存储在境内。确需向境外提供的，应当通过国家网信部门组织的安全评估；法律、行政法规和国家网信部门规定可以不进行安全评估的，从其规定。

第四十一条　中华人民共和国主管机关根据有关法律和中华人民共和国缔结或者参加的国际条约、协定，或者按照平等互惠原则，处理外国司法或者执法机构关于提供存储于境内个人信息的请求。非经中华人民共和国主管机关批准，个人信息处理者不得向外国司法或者执法机构提供存储于中华人民共和国境内的个人信息。

第四十二条　境外的组织、个人从事侵害中华人民共和国公民的个人信息权益，或者危害中华人民共和国国家安全、公共利益的个人信息处理活动的，国家网信部门可以将其列入限制或者禁止个人信息提供清单，予以公告，并采取限制或者禁止向其提供个人信息等措施。

第四十三条　任何国家或者地区在个人信息保护方面对中华人民共和国采取歧视性的禁止、限制或者其他类似措施的，中华人民共和国可以根据实际情况对该国家或者地区对等采取措施。

第四十四条　个人对其个人信息的处理享有知情权、决定权，有权限制或者拒绝他人对其个人信息进行处理；法律、行政法规另有规定的除外。

第四十五条　个人有权向个人信息处理者查阅、复制其个人信息；有本法第十八条第一款、第三十五条规定情形的除外。

个人请求查阅、复制其个人信息的，个人信息处理者应当及时提供。

个人请求将个人信息转移至其指定的个人信息处理者，符合国家网信部门规定条件的，个人信息处理者应当提供转移的途径。

第四十六条　个人发现其个人信息不准确或者不完整的，有权请求个人信息处理者更正、补充。

个人请求更正、补充其个人信息的，个人信息处理者应当对其个人信息予以核实，并及时更正、补充。

第四十七条　有下列情形之一的，个人信息处理者应当主动删除个人信息；个人信息处理者未删除的，个人有权请求删除：

（一）处理目的已实现、无法实现或者为实现处理目的不再必要；

（二）个人信息处理者停止提供产品或者服务，或者保存期限已届满；

（三）个人撤回同意；

（四）个人信息处理者违反法律、行政法规或者违反约定处理个人信息；

（五）法律、行政法规规定的其他情形。

法律、行政法规规定的保存期限未届满，或者删除个人信息从技术上难以实现的，个人信息处理者应当停止除存储和采取必要的安全保护措施之外的处理。

8.《中华人民共和国反恐怖主义法》（以下简称《反恐怖主义法》，部分引用）

《反恐怖主义法》由中华人民共和国第十二届全国人民代表大会常务委员会第十八次会议于 2015 年 12 月 27 日通过，自 2016 年 1 月 1 日起施行，2018 年 4 月进行修正。其中与信息安全相关的条文如下：

第十八条 电信业务经营者、互联网服务提供者应当为公安机关、国家安全机关依法进行防范、调查恐怖活动提供技术接口和解密等技术支持和协助。

第十九条 电信业务经营者、互联网服务提供者应当依照法律、行政法规规定，落实网络安全、信息内容监督制度和安全技术防范措施，防止含有恐怖主义、极端主义内容的信息传播；发现含有恐怖主义、极端主义内容的信息的，应当立即停止传输，保存相关记录，删除相关信息，并向公安机关或者有关部门报告。

网信、电信、公安、国家安全等主管部门对含有恐怖主义、极端主义内容的信息，应当按照职责分工，及时责令有关单位停止传输、删除相关信息，或者关闭相关网站、关停相关服务。有关单位应当立即执行，并保存相关记录，协助进行调查。对互联网上跨境传输的含有恐怖主义、极端主义内容的信息，电信主管部门应当采取技术措施，阻断传播。

第五十一条 公安机关调查恐怖活动嫌疑，有权向有关单位和个人收集、调取相关信息和材料。有关单位和个人应当如实提供。

第五十二条 公安机关调查恐怖活动嫌疑，经县级以上公安机关负责人批准，可以查询嫌疑人员的存款、汇款、债券、股票、基金份额等财产，可以采取查封、扣押、冻结措施。查封、扣押、冻结的期限不得超过二个月，情况复杂的，可以经上一级公安机关负责人批准延长一个月。

第六十三条 恐怖事件发生、发展和应对处置信息，由恐怖事件发生地的省级反恐怖主义工作领导机构统一发布；跨省、自治区、直辖市发生的恐怖事件，由指定的省级反恐怖主义工作领导机构统一发布。

任何单位和个人不得编造、传播虚假恐怖事件信息；不得报道、传播可能引起模仿的恐怖活动的实施细节；不得发布恐怖事件中残忍、不人道的场景；在恐怖事件的应对处置过程中，除新闻媒体经负责发布信息的反恐怖主义工作领导机构批准外，不得报道、传播现场应对处置的工作人员、人质身份信息和应对处置行动情况。

9.《中华人民共和国反间谍法》（以下简称《反间谍法》，部分引用）

《反间谍法》由中华人民共和国第十二届全国人民代表大会常务委员会第十一次会议于 2014 年 11 月 1 日通过，自公布之日起施行。其中与信息安全相关的条文如下：

第四条 中华人民共和国公民有维护国家的安全、荣誉和利益的义务，不得有危害国家的安全、荣誉和利益的行为。

一切国家机关和武装力量、各政党和各社会团体及各企业事业组织，都有防范、制止间谍行为，维护国家安全的义务。

国家安全机关在反间谍工作中必须依靠人民的支持，动员、组织人民防范、制止危害国家安全的间谍行为。

第二十三条　任何公民和组织都应当保守所知悉的有关反间谍工作的国家秘密。

第二十四条　任何个人和组织都不得非法持有属于国家秘密的文件、资料和其他物品。

10.《中华人民共和国电子签名法》(以下简称《电子签名法》,部分引用)

《电子签名法》由中华人民共和国第十届全国人民代表大会常务委员会第十一次会议于2004年8月28日通过,自2005年4月1日起施行,2015年4月24日进行第一次修正,2019年4月23日进行第二次修正。其中与信息安全相关的条文如下:

第二条　本法所称电子签名,是指数据电文中以电子形式所含、所附用于识别签名人身份并表明签名人认可其中内容的数据。

本法所称数据电文,是指以电子、光学、磁或者类似手段生成、发送、接收或者储存的信息。

第三条　民事活动中的合同或者其他文件、单证等文书,当事人可以约定使用或者不使用电子签名、数据电文。

当事人约定使用电子签名、数据电文的文书,不得仅因为其采用电子签名、数据电文的形式而否定其法律效力。

前款规定不适用下列文书:

(一)涉及婚姻、收养、继承等人身关系的;

(二)涉及停止供水、供热、供气等公用事业服务的;

(三)法律、行政法规规定的不适用电子文书的其他情形。

第七条　数据电文不得仅因为其是以电子、光学、磁或者类似手段生成、发送、接收或者储存的而被拒绝作为证据使用。

第十四条　可靠的电子签名与手写签名或者盖章具有同等的法律效力。

第二十七条　电子签名人知悉电子签名制作数据已经失密或者可能已经失密未及时告知有关各方、并终止使用电子签名制作数据,未向电子认证服务提供者提供真实、完整和准确的信息,或者有其他过错,给电子签名依赖方、电子认证服务提供者造成损失的,承担赔偿责任。

第二十八条　电子签名人或者电子签名依赖方因依据电子认证服务提供者提供的电子签名认证服务从事民事活动遭受损失,电子认证服务提供者不能证明自己无过错的,承担赔偿责任。

11.《中华人民共和国电子商务法》(以下简称《电子商务法》,部分引用)

《电子商务法》由中华人民共和国第十三届全国人民代表大会常务委员会第五次会议于2018年8月31日通过,自2019年1月1日起施行。其中与信息安全相关的条文如下:

第二条　中华人民共和国境内的电子商务活动,适用本法。

本法所称电子商务,是指通过互联网等信息网络销售商品或者提供服务的经营活动。

法律、行政法规对销售商品或者提供服务有规定的,适用其规定。金融类产品和服务,利用信息网络提供新闻信息、音视频节目、出版以及文化产品等内容方面的服务,不适用本法。

第五条　电子商务经营者从事经营活动,应当遵循自愿、平等、公平、诚信的原则,遵守法律和商业道德,公平参与市场竞争,履行消费者权益保护、环境保护、知识产权保护、网络安全与个人信息保护等方面的义务,承担产品和服务质量责任,接受政府和社会的监督。

第二十五条　有关主管部门依照法律、行政法规的规定要求电子商务经营者提供有关电子商务数据信息的,电子商务经营者应当提供。有关主管部门应当采取必要措施保护电子商务经营者提供的数据信息的安全,并对其中的个人信息、隐私和商业秘密严格保密,不得泄露、出售或者非法向他人提供。

第三十条　电子商务平台经营者应当采取技术措施和其他必要措施保证其网络安全、稳定运行,防范网络违法犯罪活动,有效应对网络安全事件,保障电子商务交易安全。

电子商务平台经营者应当制定网络安全事件应急预案,发生网络安全事件时,应当立即启动应急预案,采取相应的补救措施,并向有关主管部门报告。

第三十一条　电子商务平台经营者应当记录、保存平台上发布的商品和服务信息、交易信息,并确保信息的完整性、保密性、可用性。商品和服务信息、交易信息保存时间自交易完成之日起不少于三年;法律、行政法规另有规定的,依照其规定。

第四十一条　电子商务平台经营者应当建立知识产权保护规则,与知识产权权利人加强合作,依法保护知识产权。

第四十二条　知识产权权利人认为其知识产权受到侵害的,有权通知电子商务平台经营者采取删除、屏蔽、断开链接、终止交易和服务等必要措施。通知应当包括构成侵权的初步证据。

电子商务平台经营者接到通知后,应当及时采取必要措施,并将该通知转送平台内经营者;未及时采取必要措施的,对损害的扩大部分与平台内经营者承担连带责任。

因通知错误造成平台内经营者损害的,依法承担民事责任。恶意发出错误通知,造成平台内经营者损失的,加倍承担赔偿责任。

第四十三条　平台内经营者接到转送的通知后,可以向电子商务平台经营者提交不存在侵权行为的声明。声明应当包括不存在侵权行为的初步证据。

电子商务平台经营者接到声明后,应当将该声明转送发出通知的知识产权权利人,并告知其可以向有关主管部门投诉或者向人民法院起诉。电子商务平台经营者在转送声明到达知识产权权利人后十五日内,未收到权利人已经投诉或者起诉通知的,应当及时终止所采取的措施。

第四十四条　电子商务平台经营者应当及时公示收到的本法第四十二条、第四十三条规定的通知、声明及处理结果。

第四十五条　电子商务平台经营者知道或者应当知道平台内经营者侵犯知识产权的,应当采取删除、屏蔽、断开链接、终止交易和服务等必要措施;未采取必要措施的,与侵权人承担连带责任。

第四十六条　除本法第九条第二款规定的服务外,电子商务平台经营者可以按照平台服务协议和交易规则,为经营者之间的电子商务提供仓储、物流、支付结算、交收等服务。电子商务平台经营者为经营者之间的电子商务提供服务,应当遵守法律、行政法规和国家有关规定,不得采取集中竞价、做市商等集中交易方式进行交易,不得进行标准化合约交易。

第五十七条　用户应当妥善保管交易密码、电子签名数据等安全工具。用户发现安全工具遗失、被盗用或者未经授权的支付的,应当及时通知电子支付服务提供者。

未经授权的支付造成的损失,由电子支付服务提供者承担;电子支付服务提供者能够证明未经授权的支付是因用户的过错造成的,不承担责任。

电子支付服务提供者发现支付指令未经授权,或者收到用户支付指令未经授权的通知时,应当立即采取措施防止损失扩大。电子支付服务提供者未及时采取措施导致损失扩大的,对损失扩大部分承担责任。

2.2.2　行政法规选编

1.《中华人民共和国保守国家秘密法实施条例》

2014年1月17日,中华人民共和国国务院令第646号公布了《中华人民共和国保守国家秘密法实施条例》,自2014年3月1日起施行。

第一章　总则

第一条　根据《中华人民共和国保守国家秘密法》(以下简称保密法)的规定,制定本条例。

第二条　国家保密行政管理部门主管全国的保密工作。县级以上地方各级保密行政管理部门在上级保密行政管理部门指导下,主管本行政区域的保密工作。

第三条　中央国家机关在其职权范围内管理或者指导本系统的保密工作,监督执行保密法律法规,可以根据实际情况制定或者会同有关部门制定主管业务方面的保密规定。

第四条　县级以上人民政府应当加强保密基础设施建设和关键保密科技产品的配备。

省级以上保密行政管理部门应当加强关键保密科技产品的研发工作。

保密行政管理部门履行职责所需的经费,应当列入本级人民政府财政预算。机关、单位开展保密工作所需经费应当列入本机关、本单位的年度财政预算或者年度收支计划。

第五条　机关、单位不得将依法应当公开的事项确定为国家秘密,不得将涉及国家秘密的信息公开。

第六条　机关、单位实行保密工作责任制。机关、单位负责人对本机关、本单位的保密工作负责,工作人员对本岗位的保密工作负责。

机关、单位应当根据保密工作需要设立保密工作机构或者指定人员专门负责保密工作。

机关、单位及其工作人员履行保密工作责任制情况应当纳入年度考评和考核内容。

第七条　各级保密行政管理部门应当组织开展经常性的保密宣传教育。机关、单位应当定期对本机关、本单位工作人员进行保密形势、保密法律法规、保密技术防范等方面的教育培训。

第二章　国家秘密的范围和密级

第八条　国家秘密及其密级的具体范围(以下称保密事项范围)应当明确规定国家秘密具体事项的名称、密级、保密期限、知悉范围。

保密事项范围应当根据情况变化及时调整。制定、修订保密事项范围应当充分论证,听取有关机关、单位和相关领域专家的意见。

第九条　机关、单位负责人为本机关、本单位的定密责任人,根据工作需要,可以指定其他人员为定密责任人。

专门负责定密的工作人员应当接受定密培训,熟悉定密职责和保密事项范围,掌握定密程序和方法。

第十条　定密责任人在职责范围内承担有关国家秘密确定、变更和解除工作。具体职责是:

(一)审核批准本机关、本单位产生的国家秘密的密级、保密期限和知悉范围;

（二）对本机关、本单位产生的尚在保密期限内的国家秘密进行审核,作出是否变更或者解除的决定;

（三）对是否属于国家秘密和属于何种密级不明确的事项先行拟定密级,并按照规定的程序报保密行政管理部门确定。

第十一条 中央国家机关、省级机关以及设区的市、自治州级机关可以根据保密工作需要或者有关机关、单位的申请,在国家保密行政管理部门规定的定密权限、授权范围内作出定密授权。

定密授权应当以书面形式作出。授权机关应当对被授权机关、单位履行定密授权的情况进行监督。

中央国家机关、省级机关作出的授权,报国家保密行政管理部门备案;设区的市、自治州级机关作出的授权,报省、自治区、直辖市保密行政管理部门备案。

第十二条 机关、单位应当在国家秘密产生的同时,由承办人依据有关保密事项范围拟定密级、保密期限和知悉范围,报定密责任人审核批准,并采取相应保密措施。

第十三条 机关、单位对所产生的国家秘密,应当按照保密事项范围的规定确定具体的保密期限;保密事项范围没有规定具体保密期限的,可以根据工作需要,在保密法规定的保密期限内确定;不能确定保密期限的,应当确定解密条件。

国家秘密的保密期限,自标明的制发日起计算;不能标明制发日的,确定该国家秘密的机关、单位应当书面通知知悉范围内的机关、单位和人员,保密期限自通知之日起计算。

第十四条 机关、单位应当按照保密法的规定,严格限定国家秘密的知悉范围,对知悉机密级以上国家秘密的人员,应当作出书面记录。

第十五条 国家秘密载体以及属于国家秘密的设备、产品的明显部位应当标注国家秘密标志。国家秘密标志应当标注密级和保密期限。国家秘密的密级和保密期限发生变更的,应当及时对原国家秘密标志作出变更。

无法标注国家秘密标志的,确定该国家秘密的机关、单位应当书面通知知悉范围内的机关、单位和人员。

第十六条 机关、单位对所产生的国家秘密,认为符合保密法有关解密或者延长保密期限规定的,应当及时解密或者延长保密期限。

机关、单位对不属于本机关、本单位产生的国家秘密,认为符合保密法有关解密或者延长保密期限规定的,可以向原定密机关、单位或者其上级机关、单位提出建议。

已经依法移交各级国家档案馆的属于国家秘密的档案,由原定密机关、单位按照国家有关规定进行解密审核。

第十七条 机关、单位被撤销或者合并的,该机关、单位所确定国家秘密的变更和解除,由承担其职能的机关、单位负责,也可以由其上级机关、单位或者保密行政管理部门指定的机关、单位负责。

第十八条 机关、单位发现本机关、本单位国家秘密的确定、变更和解除不当的,应当及时纠正;上级机关、单位发现下级机关、单位国家秘密的确定、变更和解除不当的,应当及时通知其纠正,也可以直接纠正。

第十九条 机关、单位对符合保密法的规定,但保密事项范围没有规定的不明确事项,应当先行拟定密级、保密期限和知悉范围,采取相应的保密措施,并自拟定之日起 10 日内报有关部门确定。拟定为绝密级的事项和中央国家机关拟定的机密级、秘密级的事项,报国家保密行政管理部门确定;其他机关、单位拟定的机密级、秘密级的事项,报省、自治区、直辖市保密行政管理部门确定。

保密行政管理部门接到报告后,应当在 10 日内作出决定。省、自治区、直辖市保密行政管理部门还应当将所作决定及时报国家保密行政管理部门备案。

第二十条　机关、单位对已定密事项是否属于国家秘密或者属于何种密级有不同意见的,可以向原定密机关、单位提出异议,由原定密机关、单位作出决定。

机关、单位对原定密机关、单位未予处理或者对作出的决定仍有异议的,按照下列规定办理:

(一)确定为绝密级的事项和中央国家机关确定的机密级、秘密级的事项,报国家保密行政管理部门确定。

(二)其他机关、单位确定的机密级、秘密级的事项,报省、自治区、直辖市保密行政管理部门确定;对省、自治区、直辖市保密行政管理部门作出的决定有异议的,可以报国家保密行政管理部门确定。

在原定密机关、单位或者保密行政管理部门作出决定前,对有关事项应当按照主张密级中的最高密级采取相应的保密措施。

第三章　保密制度

第二十一条　国家秘密载体管理应当遵守下列规定:

(一)制作国家秘密载体,应当由机关、单位或者经保密行政管理部门保密审查合格的单位承担,制作场所应当符合保密要求。

(二)收发国家秘密载体,应当履行清点、编号、登记、签收手续。

(三)传递国家秘密载体,应当通过机要交通、机要通信或者其他符合保密要求的方式进行。

(四)复制国家秘密载体或者摘录、引用、汇编属于国家秘密的内容,应当按照规定报批,不得擅自改变原件的密级、保密期限和知悉范围,复制件应当加盖复制机关、单位戳记,并视同原件进行管理。

(五)保存国家秘密载体的场所、设施、设备,应当符合国家保密要求。

(六)维修国家秘密载体,应当由本机关、本单位专门技术人员负责。确需外单位人员维修的,应当由本机关、本单位的人员现场监督;确需在本机关、本单位以外维修的,应当符合国家保密规定。

(七)携带国家秘密载体外出,应当符合国家保密规定,并采取可靠的保密措施;携带国家秘密载体出境的,应当按照国家保密规定办理批准和携带手续。

第二十二条　销毁国家秘密载体应当符合国家保密规定和标准,确保销毁的国家秘密信息无法还原。

销毁国家秘密载体应当履行清点、登记、审批手续,并送交保密行政管理部门设立的销毁工作机构或者保密行政管理部门指定的单位销毁。机关、单位确因工作需要,自行销毁少量国家秘密载体的,应当使用符合国家保密标准的销毁设备和方法。

第二十三条　涉密信息系统按照涉密程度分为绝密级、机密级、秘密级。机关、单位应当根据涉密信息系统存储、处理信息的最高密级确定系统的密级,按照分级保护要求采取相应的安全保密防护措施。

第二十四条　涉密信息系统应当由国家保密行政管理部门设立或者授权的保密测评机构进行检测评估,并经设区的市、自治州级以上保密行政管理部门审查合格,方可投入使用。

公安、国家安全机关的涉密信息系统投入使用的管理办法,由国家保密行政管理部门会同国务院公安、国家安全部门另行规定。

第二十五条　机关、单位应当加强涉密信息系统的运行使用管理,指定专门机构或者人员负责运行维护、安全保密管理和安全审计,定期开展安全保密检查和风险评估。

涉密信息系统的密级、主要业务应用、使用范围和使用环境等发生变化或者涉密信息系统不再使用的,应当按照国家保密规定及时向保密行政管理部门报告,并采取相应措施。

第二十六条　机关、单位采购涉及国家秘密的工程、货物和服务的,应当根据国家保密规定确定密级,并符合国家保密规定和标准。机关、单位应当对提供工程、货物和服务的单位提出保密管理要求,并与其签订保密协议。

政府采购监督管理部门、保密行政管理部门应当依法加强对涉及国家秘密的工程、货物和服务采购的监督管理。

第二十七条　举办会议或者其他活动涉及国家秘密的,主办单位应当采取下列保密措施:

(一)根据会议、活动的内容确定密级,制定保密方案,限定参加人员范围;

(二)使用符合国家保密规定和标准的场所、设施、设备;

(三)按照国家保密规定管理国家秘密载体;

(四)对参加人员提出具体保密要求。

第二十八条　企业事业单位从事国家秘密载体制作、复制、维修、销毁,涉密信息系统集成或者武器装备科研生产等涉及国家秘密的业务(以下简称涉密业务),应当由保密行政管理部门或者保密行政管理部门会同有关部门进行保密审查。保密审查不合格的,不得从事涉密业务。

第二十九条　从事涉密业务的企业事业单位应当具备下列条件:

(一)在中华人民共和国境内依法成立 3 年以上的法人,无违法犯罪记录;

(二)从事涉密业务的人员具有中华人民共和国国籍;

(三)保密制度完善,有专门的机构或者人员负责保密工作;

(四)用于涉密业务的场所、设施、设备符合国家保密规定和标准;

(五)具有从事涉密业务的专业能力;

(六)法律、行政法规和国家保密行政管理部门规定的其他条件。

第三十条　涉密人员的分类管理、任(聘)用审查、脱密期管理、权益保障等具体办法,由国家保密行政管理部门会同国务院有关主管部门制定。

第四章　监督管理

第三十一条　机关、单位应当向同级保密行政管理部门报送本机关、本单位年度保密工作情况。下级保密行政管理部门应当向上级保密行政管理部门报送本行政区域年度保密工作情况。

第三十二条　保密行政管理部门依法对机关、单位执行保密法律法规的下列情况进行检查：

　　（一）保密工作责任制落实情况；

　　（二）保密制度建设情况；

　　（三）保密宣传教育培训情况；

　　（四）涉密人员管理情况；

　　（五）国家秘密确定、变更和解除情况；

　　（六）国家秘密载体管理情况；

　　（七）信息系统和信息设备保密管理情况；

　　（八）互联网使用保密管理情况；

　　（九）保密技术防护设施设备配备使用情况；

　　（十）涉密场所及保密要害部门、部位管理情况；

　　（十一）涉密会议、活动管理情况；

　　（十二）信息公开保密审查情况。

　　第三十三条　保密行政管理部门在保密检查过程中，发现有泄密隐患的，可以查阅有关材料、询问人员、记录情况；对有关设施、设备、文件资料等可以依法先行登记保存，必要时进行保密技术检测。有关机关、单位及其工作人员对保密检查应当予以配合。

　　保密行政管理部门实施检查后，应当出具检查意见，对需要整改的，应当明确整改内容和期限。

　　第三十四条　机关、单位发现国家秘密已经泄露或者可能泄露的，应当立即采取补救措施，并在 24 小时内向同级保密行政管理部门和上级主管部门报告。

　　地方各级保密行政管理部门接到泄密报告的，应当在 24 小时内逐级报至国家保密行政管理部门。

　　第三十五条　保密行政管理部门对公民举报、机关和单位报告、保密检查发现、有关部门移送的涉嫌泄露国家秘密的线索和案件，应当依法及时调查或者组织、督促有关机关、单位调查处理。调查工作结束后，认为有违反保密法律法规的事实，需要追究责任的，保密行政管理部门可以向有关机关、单位提出处理建议。有关机关、单位应当及时将处理结果书面告知同级保密行政管理部门。

　　第三十六条　保密行政管理部门收缴非法获取、持有的国家秘密载体，应当进行登记并出具清单，查清密级、数量、来源、扩散范围等，并采取相应的保密措施。

　　保密行政管理部门可以提请公安、工商行政管理等有关部门协助收缴非法获取、持有的国家秘密载体，有关部门应当予以配合。

　　第三十七条　国家保密行政管理部门或者省、自治区、直辖市保密行政管理部门应当依据保密法律法规和保密事项范围，对办理涉嫌泄露国家秘密案件的机关提出鉴定的事项是否属于国家秘密、属于何种密级作出鉴定。

　　保密行政管理部门受理鉴定申请后，应当自受理之日起 30 日内出具鉴定结论；不能按期出具鉴定结论的，经保密行政管理部门负责人批准，可以延长 30 日。

　　第三十八条　保密行政管理部门及其工作人员应当按照法定的职权和程序开展保密审查、保密检查和泄露国家秘密案件查处工作，做到科学、公正、严格、高效，不得利用职权谋取利益。

第五章　法律责任

第三十九条　机关、单位发生泄露国家秘密案件不按照规定报告或者未采取补救措施的，对直接负责的主管人员和其他直接责任人员依法给予处分。

第四十条　在保密检查或者泄露国家秘密案件查处中，有关机关、单位及其工作人员拒不配合，弄虚作假，隐匿、销毁证据，或者以其他方式逃避、妨碍保密检查或者泄露国家秘密案件查处的，对直接负责的主管人员和其他直接责任人员依法给予处分。

企业事业单位及其工作人员协助机关、单位逃避、妨碍保密检查或者泄露国家秘密案件查处的，由有关主管部门依法予以处罚。

第四十一条　经保密审查合格的企业事业单位违反保密管理规定的，由保密行政管理部门责令限期整改，逾期不改或者整改后仍不符合要求的，暂停涉密业务；情节严重的，停止涉密业务。

第四十二条　涉密信息系统未按照规定进行检测评估和审查而投入使用的，由保密行政管理部门责令改正，并建议有关机关、单位对直接负责的主管人员和其他直接责任人员依法给予处分。

第四十三条　机关、单位委托未经保密审查的单位从事涉密业务的，由有关机关、单位对直接负责的主管人员和其他直接责任人员依法给予处分。

未经保密审查的单位从事涉密业务的，由保密行政管理部门责令停止违法行为；有违法所得的，由工商行政管理部门没收违法所得。

第四十四条　保密行政管理部门未依法履行职责，或者滥用职权、玩忽职守、徇私舞弊的，对直接负责的主管人员和其他直接责任人员依法给予处分；构成犯罪的，依法追究刑事责任。

第六章　附则

第四十五条　本条例自 2014 年 3 月 1 日起施行。1990 年 4 月 25 日国务院批准、1990 年 5 月 25 日国家保密局发布的《中华人民共和国保守国家秘密法实施办法》同时废止。

2.《中华人民共和国计算机信息网络国际联网管理暂行规定》

1996 年 2 月 1 日，中华人民共和国国务院令第 195 号发布《中华人民共和国计算机信息网络国际联网管理暂行规定》，自发布之日起施行，1997 年 5 月 20 日进行修正。

第一条　为了加强对计算机信息网络国际联网的管理，保障国际计算机信息交流的健康发展，制定本规定。

第二条　中华人民共和国境内的计算机信息网络进行国际联网，应当依照本规定办理。

第三条　本规定下列用语的含义是：

（一）计算机信息网络国际联网（以下简称国际联网），是指中华人民共和国境内的计算机信息网络为实现信息的国际交流，同外国的计算机信息网络相联接。

（二）互联网络，是指直接进行国际联网的计算机信息网络；互联单位，是指负责互联网络运行的单位。

（三）接入网络，是指通过接入互联网络进行国际联网的计算机信息网络；接入单位，是指负责接入网络运行的单位。

第四条　国家对国际联网实行统筹规划、统一标准、分级管理、促进发展的原则。

第五条　国务院信息化工作领导小组（以下简称领导小组），负责协调、解决有关国际联网工作中的重大问题。

领导小组办公室按照本规定制定具体管理办法，明确国际出入口信道提供单位、互联单位、接入单位和用户的权利、义务和责任，并负责对国际联网工作的检查监督。

第六条　计算机信息网络直接进行国际联网，必须使用邮电部国家公用电信网提供的国际出入口信道。

任何单位和个人不得自行建立或者使用其他信道进行国际联网。

第七条　已经建立的互联网络，根据国务院有关规定调整后，分别由邮电部、电子工业部、国家教育委员会和中国科学院管理。

新建互联网络，必须报经国务院批准。

第八条　接入网络必须通过互联网络进行国际联网。

接入单位拟从事国际联网经营活动的，应当向有权受理从事国际联网经营活动申请的互联单位主管部门或者主管单位申请领取国际联网经营许可证；未取得国际联网经营许可证的，不得从事国际联网经营业务。

接入单位拟从事非经营活动的，应当报经有权受理从事非经营活动申请的互联单位主管部门或者主管单位审批；未经批准的，不得接入互联网络进行国际联网。

申请领取国际联网经营许可证或者办理审批手续时，应当提供其计算机信息网络的性质、应用范围和主机地址等资料。

国际联网经营许可证的格式，由领导小组统一制定。

第九条　从事国际联网经营活动的和从事非经营活动的接入单位都必须具备下列条件：

（一）是依法设立的企业法人或者事业法人；

（二）具有相应的计算机信息网络、装备以及相应的技术人员和管理人员；

（三）具有健全的安全保密管理制度和技术保护措施；

（四）符合法律和国务院规定的其他条件。

接入单位从事国际联网经营活动的，除必须具备本条前款规定条件外，还应当具备为用户提供长期服务的能力。

从事国际联网经营活动的接入单位的情况发生变化，不再符合本条第一款、第二款规定条件的，其国际联网经营许可证由发证机构予以吊销；从事非经营活动的接入单位的情况发生变化，不再符合本条第一款规定条件的，其国际联网资格由审批机构予以取消。

第十条　个人、法人和其他组织（以下统称用户）使用的计算机或者计算机信息网络，需要进行国际联网的，必须通过接入网络进行国际联网。

前款规定的计算机或者计算机信息网络，需要接入网络的，应当征得接入单位的同意，并办理登记手续。

第十一条　国际出入口信道提供单位、互联单位和接入单位，应当建立相应的网络管理中心，依照法律和国家有关规定加强对本单位及其用户的管理，做好网络信息安全管理工作，确保为用户提供良好、安全的服务。

第十二条　互联单位与接入单位，应当负责本单位及其用户有关国际联网的技术培训和管理教育工作。

第十三条　从事国际联网业务的单位和个人，应当遵守国家有关法律、行政法规，严格执行安全保密制度,不得利用国际联网从事危害国家安全、泄露国家秘密等违法犯罪活动,不得制作、查阅、复制和传播妨碍社会治安的信息和淫秽色情等信息。

第十四条　违反本规定第六条、第八条和第十条的规定的,由公安机关责令停止联网,给予警告,可以并处 15000 元以下的罚款;有违法所得的,没收违法所得。

第十五条　违反本规定,同时触犯其他有关法律、行政法规的,依照有关法律、行政法规的规定予以处罚;构成犯罪的,依法追究刑事责任。

第十六条　与台湾、香港、澳门地区的计算机信息网络的联网,参照本规定执行。

第十七条　本规定自发布之日起施行。

3.《中华人民共和国计算机信息系统安全保护条例》

1994 年 2 月 18 日,中华人民共和国国务院令第 147 号发布《中华人民共和国计算机信息系统安全保护条例》,自发布之日起施行,2011 年 1 月 8 日进行修订。

第一章　总则

第一条　为了保护计算机信息系统的安全,促进计算机的应用和发展,保障社会主义现代化建设的顺利进行,制定本条例。

第二条　本条例所称的计算机信息系统,是指由计算机及其相关的和配套的设备、设施(含网络)构成的,按照一定的应用目标和规则对信息进行采集、加工、存储、传输、检索等处理的人机系统。

第三条　计算机信息系统的安全保护,应当保障计算机及其相关的和配套的设备、设施(含网络)的安全,运行环境的安全,保障信息的安全,保障计算机功能的正常发挥,以维护计算机信息系统的安全运行。

第四条　计算机信息系统的安全保护工作,重点维护国家事务、经济建设、国防建设、尖端科学技术等重要领域的计算机信息系统的安全。

第五条　中华人民共和国境内的计算机信息系统的安全保护,适用本条例。

未联网的微型计算机的安全保护办法,另行制定。

第六条　公安部主管全国计算机信息系统安全保护工作。

国家安全部、国家保密局和国务院其他有关部门,在国务院规定的职责范围内做好计算机信息系统安全保护的有关工作。

第七条　任何组织或者个人,不得利用计算机信息系统从事危害国家利益、集体利益和公民合法利益的活动,不得危害计算机信息系统的安全。

第二章　安全保护制度

第八条　计算机信息系统的建设和应用,应当遵守法律、行政法规和国家其他有关规定。

第九条　计算机信息系统实行安全等级保护。安全等级的划分标准和安全等级保护的具体办法,由公安部会同有关部门制定。

第十条　计算机机房应当符合国家标准和国家有关规定。在计算机机房附近施工,不得危害计算机信息系统的安全。

第十一条　进行国际联网的计算机信息系统,由计算机信息系统的使用单位报省级以上人民政府公安机关备案。

　　第十二条　运输、携带、邮寄计算机信息媒体进出境的,应当如实向海关申报。

　　第十三条　计算机信息系统的使用单位应当建立健全安全管理制度,负责本单位计算机信息系统的安全保护工作。

　　第十四条　对计算机信息系统中发生的案件,有关使用单位应当在 24 小时内向当地县级以上人民政府公安机关报告。

　　第十五条　对计算机病毒和危害社会公共安全的其他有害数据的防治研究工作,由公安部归口管理。

　　第十六条　国家对计算机信息系统安全专用产品的销售实行许可证制度。具体办法由公安部会同有关部门制定。

第三章　安全监督

　　第十七条　公安机关对计算机信息系统安全保护工作行使下列监督职权:

　　(一)监督、检查、指导计算机信息系统安全保护工作;

　　(二)查处危害计算机信息系统安全的违法犯罪案件;

　　(三)履行计算机信息系统安全保护工作的其他监督职责。

　　第十八条　公安机关发现影响计算机信息系统安全的隐患时,应当及时通知使用单位采取安全保护措施。

　　第十九条　公安部在紧急情况下,可以就涉及计算机信息系统安全的特定事项发布专项通令。

第四章　法律责任

　　第二十条　违反本条例的规定,有下列行为之一的,由公安机关处以警告或者停机整顿:

　　(一)违反计算机信息系统安全等级保护制度,危害计算机信息系统安全的;

　　(二)违反计算机信息系统国际联网备案制度的;

　　(三)不按照规定时间报告计算机信息系统中发生的案件的;

　　(四)接到公安机关要求改进安全状况的通知后,在限期内拒不改进的;

　　(五)有危害计算机信息系统安全的其他行为的。

　　第二十一条　计算机机房不符合国家标准和国家其他有关规定的,或者在计算机机房附近施工危害计算机信息系统安全的,由公安机关会同有关单位进行处理。

　　第二十二条　运输、携带、邮寄计算机信息媒体进出境,不如实向海关申报的,由海关依照《中华人民共和国海关法》和本条例以及其他有关法律、法规的规定处理。

　　第二十三条　故意输入计算机病毒以及其他有害数据危害计算机信息系统安全的,或者未经许可出售计算机信息系统安全专用产品的,由公安机关处以警告或者对个人处以 5000 元以下的罚款、对单位处以 1.5 万元以下的罚款;有违法所得的,除予以没收外,可以处以违法所得 1 至 3 倍的罚款。

　　第二十四条　违反本条例的规定,构成违反治安管理行为的,依照《中华人民共和国治安管理处罚法》的有关规定处罚;构成犯罪的,依法追究刑事责任。

　　第二十五条　任何组织或者个人违反本条例的规定,给国家、集体或者他人财产造成损失的,应当依法承担民事责任。

第二十六条　当事人对公安机关依照本条例所作出的具体行政行为不服的,可以依法申请行政复议或者提起行政诉讼。

第二十七条　执行本条例的国家公务员利用职权,索取、收受贿赂或者有其他违法、失职行为,构成犯罪的,依法追究刑事责任;尚不构成犯罪的,给予行政处分。

第五章　附则

第二十八条　本条例下列用语的含义:

计算机病毒,是指编制或者在计算机程序中插入的破坏计算机功能或者毁坏数据,影响计算机使用,并能自我复制的一组计算机指令或者程序代码。

计算机信息系统安全专用产品,是指用于保护计算机信息系统安全的专用硬件和软件产品。

第二十九条　军队的计算机信息系统安全保护工作,按照军队的有关法规执行。

第三十条　公安部可以根据本条例制定实施办法。

第三十一条　本条例自发布之日起施行。

4.《信息网络传播权保护条例》

2006 年 5 月 18 日,中华人民共和国国务院令第 468 号公布《信息网络传播权保护条例》,自 2006 年 7 月 1 日起施行,2013 年 1 月 30 日进行修订。

第一条　为保护著作权人、表演者、录音录像制作者(以下统称权利人)的信息网络传播权,鼓励有益于社会主义精神文明、物质文明建设的作品的创作和传播,根据《中华人民共和国著作权法》(以下简称著作权法),制定本条例。

第二条　权利人享有的信息网络传播权受著作权法和本条例保护。除法律、行政法规另有规定的外,任何组织或者个人将他人的作品、表演、录音录像制品通过信息网络向公众提供,应当取得权利人许可,并支付报酬。

第三条　依法禁止提供的作品、表演、录音录像制品,不受本条例保护。

权利人行使信息网络传播权,不得违反宪法和法律、行政法规,不得损害公共利益。

第四条　为了保护信息网络传播权,权利人可以采取技术措施。

任何组织或者个人不得故意避开或者破坏技术措施,不得故意制造、进口或者向公众提供主要用于避开或者破坏技术措施的装置或者部件,不得故意为他人避开或者破坏技术措施提供技术服务。但是,法律、行政法规规定可以避开的除外。

第五条　未经权利人许可,任何组织或者个人不得进行下列行为:

(一)故意删除或者改变通过信息网络向公众提供的作品、表演、录音录像制品的权利管理电子信息,但由于技术上的原因无法避免删除或者改变的除外;

(二)通过信息网络向公众提供明知或者应知未经权利人许可被删除或者改变权利管理电子信息的作品、表演、录音录像制品。

第六条　通过信息网络提供他人作品,属于下列情形的,可以不经著作权人许可,不向其支付报酬:

(一)为介绍、评论某一作品或者说明某一问题,在向公众提供的作品中适当引用已经发表的作品;

(二)为报道时事新闻,在向公众提供的作品中不可避免地再现或者引用已经发表的作品;

(三)为学校课堂教学或者科学研究,向少数教学、科研人员提供少量已经发表的作品;

(四)国家机关为执行公务,在合理范围内向公众提供已经发表的作品;

(五)将中国公民、法人或者其他组织已经发表的、以汉语言文字创作的作品翻译成的少数民族语言文字作品,向中国境内少数民族提供;

(六)不以营利为目的,以盲人能够感知的独特方式向盲人提供已经发表的文字作品;

(七)向公众提供在信息网络上已经发表的关于政治、经济问题的时事性文章;

(八)向公众提供在公众集会上发表的讲话。

第七条　图书馆、档案馆、纪念馆、博物馆、美术馆等可以不经著作权人许可,通过信息网络向本馆馆舍内服务对象提供本馆收藏的合法出版的数字作品和依法为陈列或者保存版本的需要以数字化形式复制的作品,不向其支付报酬,但不得直接或者间接获得经济利益。当事人另有约定的除外。

前款规定的为陈列或者保存版本需要以数字化形式复制的作品,应当是已经损毁或者濒临损毁、丢失或者失窃,或者其存储格式已经过时,并且在市场上无法购买或者只能以明显高于标定的价格购买的作品。

第八条　为通过信息网络实施九年制义务教育或者国家教育规划,可以不经著作权人许可,使用其已经发表作品的片断或者短小的文字作品、音乐作品或者单幅的美术作品、摄影作品制作课件,由制作课件或者依法取得课件的远程教育机构通过信息网络向注册学生提供,但应当向著作权人支付报酬。

第九条　为扶助贫困,通过信息网络向农村地区的公众免费提供中国公民、法人或者其他组织已经发表的种植养殖、防病治病、防灾减灾等与扶助贫困有关的作品和适应基本文化需求的作品,网络服务提供者应当在提供前公告拟提供的作品及其作者、拟支付报酬的标准。自公告之日起 30 日内,著作权人不同意提供的,网络服务提供者不得提供其作品;自公告之日起满30 日,著作权人没有异议的,网络服务提供者可以提供其作品,并按照公告的标准向著作权人支付报酬。网络服务提供者提供著作权人的作品后,著作权人不同意提供的,网络服务提供者应当立即删除著作权人的作品,并按照公告的标准向著作权人支付提供作品期间的报酬。

依照前款规定提供作品的,不得直接或者间接获得经济利益。

第十条　依照本条例规定不经著作权人许可、通过信息网络向公众提供其作品的,还应当遵守下列规定:

(一)除本条例第六条第一项至第六项、第七条规定的情形外,不得提供作者事先声明不许提供的作品;

(二)指明作品的名称和作者的姓名(名称);

(三)依照本条例规定支付报酬;

(四)采取技术措施,防止本条例第七条、第八条、第九条规定的服务对象以外的其他人获得著作权人的作品,并防止本条例第七条规定的服务对象的复制行为对著作权人利益造成实质性损害;

(五)不得侵犯著作权人依法享有的其他权利。

第十一条　通过信息网络提供他人表演、录音录像制品的,应当遵守本条例第六条至第十条的规定。

第十二条　属于下列情形的,可以避开技术措施,但不得向他人提供避开技术措施的技

术、装置或者部件,不得侵犯权利人依法享有的其他权利:

(一)为学校课堂教学或者科学研究,通过信息网络向少数教学、科研人员提供已经发表的作品、表演、录音录像制品,而该作品、表演、录音录像制品只能通过信息网络获取;

(二)不以营利为目的,通过信息网络以盲人能够感知的独特方式向盲人提供已经发表的文字作品,而该作品只能通过信息网络获取;

(三)国家机关依照行政、司法程序执行公务;

(四)在信息网络上对计算机及其系统或者网络的安全性能进行测试。

第十三条　著作权行政管理部门为了查处侵犯信息网络传播权的行为,可以要求网络服务提供者提供涉嫌侵权的服务对象的姓名(名称)、联系方式、网络地址等资料。

第十四条　对提供信息存储空间或者提供搜索、链接服务的网络服务提供者,权利人认为其服务所涉及的作品、表演、录音录像制品,侵犯自己的信息网络传播权或者被删除、改变了自己的权利管理电子信息的,可以向该网络服务提供者提交书面通知,要求网络服务提供者删除该作品、表演、录音录像制品,或者断开与该作品、表演、录音录像制品的链接。通知书应当包含下列内容:

(一)权利人的姓名(名称)、联系方式和地址;

(二)要求删除或者断开链接的侵权作品、表演、录音录像制品的名称和网络地址;

(三)构成侵权的初步证明材料。

权利人应当对通知书的真实性负责。

第十五条　网络服务提供者接到权利人的通知书后,应当立即删除涉嫌侵权的作品、表演、录音录像制品,或者断开与涉嫌侵权的作品、表演、录音录像制品的链接,并同时将通知书转送提供作品、表演、录音录像制品的服务对象;服务对象网络地址不明、无法转送的,应当将通知书的内容同时在信息网络上公告。

第十六条　服务对象接到网络服务提供者转送的通知书后,认为其提供的作品、表演、录音录像制品未侵犯他人权利的,可以向网络服务提供者提交书面说明,要求恢复被删除的作品、表演、录音录像制品,或者恢复与被断开的作品、表演、录音录像制品的链接。书面说明应当包含下列内容:

(一)服务对象的姓名(名称)、联系方式和地址;

(二)要求恢复的作品、表演、录音录像制品的名称和网络地址;

(三)不构成侵权的初步证明材料。

服务对象应当对书面说明的真实性负责。

第十七条　网络服务提供者接到服务对象的书面说明后,应当立即恢复被删除的作品、表演、录音录像制品,或者可以恢复与被断开的作品、表演、录音录像制品的链接,同时将服务对象的书面说明转送权利人。权利人不得再通知网络服务提供者删除该作品、表演、录音录像制品,或者断开与该作品、表演、录音录像制品的链接。

第十八条　违反本条例规定,有下列侵权行为之一的,根据情况承担停止侵害、消除影响、赔礼道歉、赔偿损失等民事责任;同时损害公共利益的,可以由著作权行政管理部门责令停止侵权行为,没收违法所得,非法经营额 5 万元以上的,可处非法经营额 1 倍以上 5 倍以下的罚款;没有非法经营额或者非法经营额 5 万元以下的,根据情节轻重,可处 25 万元以下的罚款;情节严重的,著作权行政管理部门可以没收主要用于提供网络服务的计算机等设备;构成犯罪

的,依法追究刑事责任:

(一)通过信息网络擅自向公众提供他人的作品、表演、录音录像制品的;

(二)故意避开或者破坏技术措施的;

(三)故意删除或者改变通过信息网络向公众提供的作品、表演、录音录像制品的权利管理电子信息,或者通过信息网络向公众提供明知或者应知未经权利人许可而被删除或者改变权利管理电子信息的作品、表演、录音录像制品的;

(四)为扶助贫困通过信息网络向农村地区提供作品、表演、录音录像制品超过规定范围,或者未按照公告的标准支付报酬,或者在权利人不同意提供其作品、表演、录音录像制品后未立即删除的;

(五)通过信息网络提供他人的作品、表演、录音录像制品,未指明作品、表演、录音录像制品的名称或者作者、表演者、录音录像制作者的姓名(名称),或者未支付报酬,或者未依照本条例规定采取技术措施防止服务对象以外的其他人获得他人的作品、表演、录音录像制品,或者未防止服务对象的复制行为对权利人利益造成实质性损害的。

第十九条　违反本条例规定,有下列行为之一的,由著作权行政管理部门予以警告,没收违法所得,没收主要用于避开、破坏技术措施的装置或者部件;情节严重的,可以没收主要用于提供网络服务的计算机等设备;非法经营额 5 万元以上的,可处非法经营额 1 倍以上 5 倍以下的罚款;没有非法经营额或者非法经营额 5 万元以下的,根据情节轻重,可处 25 万元以下的罚款;构成犯罪的,依法追究刑事责任:

(一)故意制造、进口或者向他人提供主要用于避开、破坏技术措施的装置或者部件,或者故意为他人避开或者破坏技术措施提供技术服务的;

(二)通过信息网络提供他人的作品、表演、录音录像制品,获得经济利益的;

(三)为扶助贫困通过信息网络向农村地区提供作品、表演、录音录像制品,未在提供前公告作品、表演、录音录像制品的名称和作者、表演者、录音录像制作者的姓名(名称)以及报酬标准的。

第二十条　网络服务提供者根据服务对象的指令提供网络自动接入服务,或者对服务对象提供的作品、表演、录音录像制品提供自动传输服务,并具备下列条件的,不承担赔偿责任:

(一)未选择并且未改变所传输的作品、表演、录音录像制品;

(二)向指定的服务对象提供该作品、表演、录音录像制品,并防止指定的服务对象以外的其他人获得。

第二十一条　网络服务提供者为提高网络传输效率,自动存储从其他网络服务提供者获得的作品、表演、录音录像制品,根据技术安排自动向服务对象提供,并具备下列条件的,不承担赔偿责任:

(一)未改变自动存储的作品、表演、录音录像制品;

(二)不影响提供作品、表演、录音录像制品的原网络服务提供者掌握服务对象获取该作品、表演、录音录像制品的情况;

(三)在原网络服务提供者修改、删除或者屏蔽该作品、表演、录音录像制品时,根据技术安排自动予以修改、删除或者屏蔽。

第二十二条　网络服务提供者为服务对象提供信息存储空间,供服务对象通过信息网络向公众提供作品、表演、录音录像制品,并具备下列条件的,不承担赔偿责任:

(一)明确标示该信息存储空间是为服务对象所提供,并公开网络服务提供者的名称、联系人、网络地址;

(二)未改变服务对象所提供的作品、表演、录音录像制品;

(三)不知道也没有合理的理由应当知道服务对象提供的作品、表演、录音录像制品侵权;

(四)未从服务对象提供作品、表演、录音录像制品中直接获得经济利益;

(五)在接到权利人的通知书后,根据本条例规定删除权利人认为侵权的作品、表演、录音录像制品。

第二十三条　网络服务提供者为服务对象提供搜索或者链接服务,在接到权利人的通知书后,根据本条例规定断开与侵权的作品、表演、录音录像制品的链接的,不承担赔偿责任;但是,明知或者应知所链接的作品、表演、录音录像制品侵权的,应当承担共同侵权责任。

第二十四条　因权利人的通知导致网络服务提供者错误删除作品、表演、录音录像制品,或者错误断开与作品、表演、录音录像制品的链接,给服务对象造成损失的,权利人应当承担赔偿责任。

第二十五条　网络服务提供者无正当理由拒绝提供或者拖延提供涉嫌侵权的服务对象的姓名(名称)、联系方式、网络地址等资料的,由著作权行政管理部门予以警告;情节严重的,没收主要用于提供网络服务的计算机等设备。

第二十六条　本条例下列用语的含义:

信息网络传播权,是指以有线或者无线方式向公众提供作品、表演或者录音录像制品,使公众可以在其个人选定的时间和地点获得作品、表演或者录音录像制品的权利。

技术措施,是指用于防止、限制未经权利人许可浏览、欣赏作品、表演、录音录像制品的或者通过信息网络向公众提供作品、表演、录音录像制品的有效技术、装置或者部件。

权利管理电子信息,是指说明作品及其作者、表演及其表演者、录音录像制品及其制作者的信息,作品、表演、录音录像制品权利人的信息和使用条件的信息,以及表示上述信息的数字或者代码。

第二十七条　本条例自 2006 年 7 月 1 日起施行。

5.《计算机软件保护条例》

2001 年 12 月 20 日,中华人民共和国国务院令第 339 号公布《计算机软件保护条例》,自 2002 年 1 月 1 日起施行,2011 年 1 月 8 日进行第一次修订,2013 年 1 月 30 日进行第二次修订。

第一章　总则

第一条　为了保护计算机软件著作权人的权益,调整计算机软件在开发、传播和使用中发生的利益关系,鼓励计算机软件的开发与应用,促进软件产业和国民经济信息化的发展,根据《中华人民共和国著作权法》,制定本条例。

第二条　本条例所称计算机软件(以下简称软件),是指计算机程序及其有关文档。

第三条　本条例下列用语的含义:

(一)计算机程序,是指为了得到某种结果而可以由计算机等具有信息处理能力的装置执行的代码化指令序列,或者可以被自动转换成代码化指令序列的符号化指令序列或者符号化语句序列。同一计算机程序的源程序和目标程序为同一作品。

(二)文档,是指用来描述程序的内容、组成、设计、功能规格、开发情况、测试结果及使用方法的文字资料和图表等,如程序设计说明书、流程图、用户手册等。

(三)软件开发者,是指实际组织开发、直接进行开发,并对开发完成的软件承担责任的法人或者其他组织;或者依靠自己具有的条件独立完成软件开发,并对软件承担责任的自然人。

(四)软件著作权人,是指依照本条例的规定,对软件享有著作权的自然人、法人或者其他组织。

第四条 受本条例保护的软件必须由开发者独立开发,并已固定在某种有形物体上。

第五条 中国公民、法人或者其他组织对其所开发的软件,不论是否发表,依照本条例享有著作权。

外国人、无国籍人的软件首先在中国境内发行的,依照本条例享有著作权。

外国人、无国籍人的软件,依照其开发者所属国或者经常居住地国同中国签订的协议或者依照中国参加的国际条约享有的著作权,受本条例保护。

第六条 本条例对软件著作权的保护不延及开发软件所用的思想、处理过程、操作方法或者数学概念等。

第七条 软件著作权人可以向国务院著作权行政管理部门认定的软件登记机构办理登记。软件登记机构发放的登记证明文件是登记事项的初步证明。

办理软件登记应当缴纳费用。软件登记的收费标准由国务院著作权行政管理部门会同国务院价格主管部门规定。

第二章 软件著作权

第八条 软件著作权人享有下列各项权利:

(一)发表权,即决定软件是否公之于众的权利;

(二)署名权,即表明开发者身份,在软件上署名的权利;

(三)修改权,即对软件进行增补、删节,或者改变指令、语句顺序的权利;

(四)复制权,即将软件制作一份或者多份的权利;

(五)发行权,即以出售或者赠与方式向公众提供软件的原件或者复制件的权利;

(六)出租权,即有偿许可他人临时使用软件的权利,但是软件不是出租的主要标的的除外;

(七)信息网络传播权,即以有线或者无线方式向公众提供软件,使公众可以在其个人选定的时间和地点获得软件的权利;

(八)翻译权,即将原软件从一种自然语言文字转换成另一种自然语言文字的权利;

(九)应当由软件著作权人享有的其他权利。

软件著作权人可以许可他人行使其软件著作权,并有权获得报酬。

软件著作权人可以全部或者部分转让其软件著作权,并有权获得报酬。

第九条 软件著作权属于软件开发者,本条例另有规定的除外。

如无相反证明,在软件上署名的自然人、法人或者其他组织为开发者。

第十条 由两个以上的自然人、法人或者其他组织合作开发的软件,其著作权的归属由合作开发者签订书面合同约定。无书面合同或者合同未作明确约定,合作开发的软件可以分割使用的,开发者对各自开发的部分可以单独享有著作权;但是,行使著作权时,不得扩展到合作开发的软件整体的著作权。合作开发的软件不能分割使用的,其著作权由各合作开发者共同享有,通过协商一致行使;不能协商一致,又无正当理由的,任何一方不得阻止他方行使除转让权以外的其他权利,但是所得收益应当合理分配给所有合作开发者。

第十一条　接受他人委托开发的软件,其著作权的归属由委托人与受托人签订书面合同约定;无书面合同或者合同未作明确约定的,其著作权由受托人享有。

第十二条　由国家机关下达任务开发的软件,著作权的归属与行使由项目任务书或者合同规定;项目任务书或者合同中未作明确规定的,软件著作权由接受任务的法人或者其他组织享有。

第十三条　自然人在法人或者其他组织中任职期间所开发的软件有下列情形之一的,该软件著作权由该法人或者其他组织享有,该法人或者其他组织可以对开发软件的自然人进行奖励:

(一)针对本职工作中明确指定的开发目标所开发的软件;

(二)开发的软件是从事本职工作活动所预见的结果或者自然的结果;

(三)主要使用了法人或者其他组织的资金、专用设备、未公开的专门信息等物质技术条件所开发并由法人或者其他组织承担责任的软件。

第十四条　软件著作权自软件开发完成之日起产生。

自然人的软件著作权,保护期为自然人终生及其死亡后 50 年,截止于自然人死亡后第 50 年的 12 月 31 日;软件是合作开发的,截止于最后死亡的自然人死亡后第 50 年的 12 月 31 日。

法人或者其他组织的软件著作权,保护期为 50 年,截止于软件首次发表后第 50 年的 12 月 31 日,但软件自开发完成之日起 50 年内未发表的,本条例不再保护。

第十五条　软件著作权属于自然人的,该自然人死亡后,在软件著作权的保护期内,软件著作权的继承人可以依照《中华人民共和国继承法》的有关规定,继承本条例第八条规定的除署名权以外的其他权利。

软件著作权属于法人或者其他组织的,法人或者其他组织变更、终止后,其著作权在本条例规定的保护期内由承受其权利义务的法人或者其他组织享有;没有承受其权利义务的法人或者其他组织的,由国家享有。

第十六条　软件的合法复制品所有人享有下列权利:

(一)根据使用的需要把该软件装入计算机等具有信息处理能力的装置内;

(二)为了防止复制品损坏而制作备份复制品。这些备份复制品不得通过任何方式提供给他人使用,并在所有人丧失该合法复制品的所有权时,负责将备份复制品销毁;

(三)为了把该软件用于实际的计算机应用环境或者改进其功能、性能而进行必要的修改;但是,除合同另有约定外,未经该软件著作权人许可,不得向任何第三方提供修改后的软件。

第十七条　为了学习和研究软件内含的设计思想和原理,通过安装、显示、传输或者存储软件等方式使用软件的,可以不经软件著作权人许可,不向其支付报酬。

第三章　软件著作权的许可使用和转让

第十八条　许可他人行使软件著作权的,应当订立许可使用合同。

许可使用合同中软件著作权人未明确许可的权利,被许可人不得行使。

第十九条　许可他人专有行使软件著作权的,当事人应当订立书面合同。

没有订立书面合同或者合同中未明确约定为专有许可的,被许可行使的权利应当视为非专有权利。

第二十条　转让软件著作权的,当事人应当订立书面合同。

第二十一条　订立许可他人专有行使软件著作权的许可合同,或者订立转让软件著作权合同,可以向国务院著作权行政管理部门认定的软件登记机构登记。

第二十二条　中国公民、法人或者其他组织向外国人许可或者转让软件著作权的,应当遵守《中华人民共和国技术进出口管理条例》的有关规定。

第四章　法律责任

第二十三条　除《中华人民共和国著作权法》或者本条例另有规定外,有下列侵权行为的,应当根据情况,承担停止侵害、消除影响、赔礼道歉、赔偿损失等民事责任:

(一)未经软件著作权人许可,发表或者登记其软件的;

(二)将他人软件作为自己的软件发表或者登记的;

(三)未经合作者许可,将与他人合作开发的软件作为自己单独完成的软件发表或者登记的;

(四)在他人软件上署名或者更改他人软件上的署名的;

(五)未经软件著作权人许可,修改、翻译其软件的;

(六)其他侵犯软件著作权的行为。

第二十四条　除《中华人民共和国著作权法》、本条例或者其他法律、行政法规另有规定外,未经软件著作权人许可,有下列侵权行为的,应当根据情况,承担停止侵害、消除影响、赔礼道歉、赔偿损失等民事责任;同时损害社会公共利益的,由著作权行政管理部门责令停止侵权行为,没收违法所得,没收、销毁侵权复制品,可以并处罚款;情节严重的,著作权行政管理部门并可以没收主要用于制作侵权复制品的材料、工具、设备等;触犯刑律的,依照刑法关于侵犯著作权罪、销售侵权复制品罪的规定,依法追究刑事责任:

(一)复制或者部分复制著作权人的软件的;

(二)向公众发行、出租、通过信息网络传播著作权人的软件的;

(三)故意避开或者破坏著作权人为保护其软件著作权而采取的技术措施的;

(四)故意删除或者改变软件权利管理电子信息的;

(五)转让或者许可他人行使著作权人的软件著作权的。

有前款第一项或者第二项行为的,可以并处每件 100 元或者货值金额 1 倍以上 5 倍以下的罚款;有前款第三项、第四项或者第五项行为的,可以并处 20 万元以下的罚款。

第二十五条　侵犯软件著作权的赔偿数额,依照《中华人民共和国著作权法》第四十九条的规定确定。

第二十六条　软件著作权人有证据证明他人正在实施或者即将实施侵犯其权利的行为,如不及时制止,将会使其合法权益受到难以弥补的损害的,可以依照《中华人民共和国著作权法》第五十条的规定,在提起诉讼前向人民法院申请采取责令停止有关行为和财产保全的措施。

第二十七条　为了制止侵权行为,在证据可能灭失或者以后难以取得的情况下,软件著作权人可以依照《中华人民共和国著作权法》第五十一条的规定,在提起诉讼前向人民法院申请保全证据。

第二十八条　软件复制品的出版者、制作者不能证明其出版、制作有合法授权的,或者软件复制品的发行者、出租者不能证明其发行、出租的复制品有合法来源的,应当承担法律责任。

第二十九条　软件开发者开发的软件,由于可供选用的表达方式有限而与已经存在的软件相似的,不构成对已经存在的软件的著作权的侵犯。

第三十条　软件的复制品持有人不知道也没有合理理由应当知道该软件是侵权复制品的,不承担赔偿责任;但是,应当停止使用、销毁该侵权复制品。如果停止使用并销毁该侵权复制品将给复制品使用人造成重大损失的,复制品使用人可以在向软件著作权人支付合理费用后继续使用。

第三十一条　软件著作权侵权纠纷可以调解。

软件著作权合同纠纷可以依据合同中的仲裁条款或者事后达成的书面仲裁协议,向仲裁机构申请仲裁。

当事人没有在合同中订立仲裁条款,事后又没有书面仲裁协议的,可以直接向人民法院提起诉讼。

第五章　附则

第三十二条　本条例施行前发生的侵权行为,依照侵权行为发生时的国家有关规定处理。

第三十三条　本条例自 2002 年 1 月 1 日起施行。1991 年 6 月 4 日国务院发布的《计算机软件保护条例》同时废止。

6.《商用密码管理条例》

1999 年 10 月 7 日,中华人民共和国国务院令第 273 号发布《商用密码管理条例》,自发布之日起施行,2023 年 4 月 14 日进行修订。

第一章　总则

第一条　为了规范商用密码应用和管理,鼓励和促进商用密码产业发展,保障网络与信息安全,维护国家安全和社会公共利益,保护公民、法人和其他组织的合法权益,根据《中华人民共和国密码法》等法律,制定本条例。

第二条　在中华人民共和国境内的商用密码科研、生产、销售、服务、检测、认证、进出口、应用等活动及监督管理,适用本条例。

本条例所称商用密码,是指采用特定变换的方法对不属于国家秘密的信息等进行加密保护、安全认证的技术、产品和服务。

第三条　坚持中国共产党对商用密码工作的领导,贯彻落实总体国家安全观。国家密码管理部门负责管理全国的商用密码工作。县级以上地方各级密码管理部门负责管理本行政区域的商用密码工作。

网信、商务、海关、市场监督管理等有关部门在各自职责范围内负责商用密码有关管理工作。

第四条　国家加强商用密码人才培养,建立健全商用密码人才发展体制机制和人才评价制度,鼓励和支持密码相关学科和专业建设,规范商用密码社会化培训,促进商用密码人才交流。

第五条　各级人民政府及其有关部门应当采取多种形式加强商用密码宣传教育,增强公民、法人和其他组织的密码安全意识。

第六条　商用密码领域的学会、行业协会等社会组织依照法律、行政法规及其章程的规定，开展学术交流、政策研究、公共服务等活动，加强学术和行业自律，推动诚信建设，促进行业健康发展。

密码管理部门应当加强对商用密码领域社会组织的指导和支持。

第二章　科技创新与标准化

第七条　国家建立健全商用密码科学技术创新促进机制，支持商用密码科学技术自主创新，对作出突出贡献的组织和个人按照国家有关规定予以表彰和奖励。

国家依法保护商用密码领域的知识产权。从事商用密码活动，应当增强知识产权意识，提高运用、保护和管理知识产权的能力。

国家鼓励在外商投资过程中基于自愿原则和商业规则开展商用密码技术合作。行政机关及其工作人员不得利用行政手段强制转让商用密码技术。

第八条　国家鼓励和支持商用密码科学技术成果转化和产业化应用，建立和完善商用密码科学技术成果信息汇交、发布和应用情况反馈机制。

第九条　国家密码管理部门组织对法律、行政法规和国家有关规定要求使用商用密码进行保护的网络与信息系统所使用的密码算法、密码协议、密钥管理机制等商用密码技术进行审查鉴定。

第十条　国务院标准化行政主管部门和国家密码管理部门依据各自职责，组织制定商用密码国家标准、行业标准，对商用密码团体标准的制定进行规范、引导和监督。国家密码管理部门依据职责，建立商用密码标准实施信息反馈和评估机制，对商用密码标准实施进行监督检查。

国家推动参与商用密码国际标准化活动，参与制定商用密码国际标准，推进商用密码中国标准与国外标准之间的转化运用，鼓励企业、社会团体和教育、科研机构等参与商用密码国际标准化活动。

其他领域的标准涉及商用密码的，应当与商用密码国家标准、行业标准保持协调。

第十一条　从事商用密码活动，应当符合有关法律、行政法规、商用密码强制性国家标准，以及自我声明公开标准的技术要求。

国家鼓励在商用密码活动中采用商用密码推荐性国家标准、行业标准，提升商用密码的防护能力，维护用户的合法权益。

第三章　检测认证

第十二条　国家推进商用密码检测认证体系建设，鼓励在商用密码活动中自愿接受商用密码检测认证。

第十三条　从事商用密码产品检测、网络与信息系统商用密码应用安全性评估等商用密码检测活动，向社会出具具有证明作用的数据、结果的机构，应当经国家密码管理部门认定，依法取得商用密码检测机构资质。

第十四条　取得商用密码检测机构资质，应当符合下列条件：

（一）具有法人资格；

（二）具有与从事商用密码检测活动相适应的资金、场所、设备设施、专业人员和专业能力；

（三）具有保证商用密码检测活动有效运行的管理体系。

第十五条　申请商用密码检测机构资质，应当向国家密码管理部门提出书面申请，并提交符合本条例第十四条规定条件的材料。

国家密码管理部门应当自受理申请之日起 20 个工作日内，对申请进行审查，并依法作出是否准予认定的决定。

需要对申请人进行技术评审的，技术评审所需时间不计算在本条规定的期限内。国家密码管理部门应当将所需时间书面告知申请人。

第十六条　商用密码检测机构应当按照法律、行政法规和商用密码检测技术规范、规则，在批准范围内独立、公正、科学、诚信地开展商用密码检测，对出具的检测数据、结果负责，并定期向国家密码管理部门报送检测实施情况。

商用密码检测技术规范、规则由国家密码管理部门制定并公布。

第十七条　国务院市场监督管理部门会同国家密码管理部门建立国家统一推行的商用密码认证制度，实行商用密码产品、服务、管理体系认证，制定并公布认证目录和技术规范、规则。

第十八条　从事商用密码认证活动的机构，应当依法取得商用密码认证机构资质。

申请商用密码认证机构资质，应当向国务院市场监督管理部门提出书面申请。申请人除应当符合法律、行政法规和国家有关规定要求的认证机构基本条件外，还应当具有与从事商用密码认证活动相适应的检测、检查等技术能力。

国务院市场监督管理部门在审查商用密码认证机构资质申请时，应当征求国家密码管理部门的意见。

第十九条　商用密码认证机构应当按照法律、行政法规和商用密码认证技术规范、规则，在批准范围内独立、公正、科学、诚信地开展商用密码认证，对出具的认证结论负责。

商用密码认证机构应当对其认证的商用密码产品、服务、管理体系实施有效的跟踪调查，以保证通过认证的商用密码产品、服务、管理体系持续符合认证要求。

第二十条　涉及国家安全、国计民生、社会公共利益的商用密码产品，应当依法列入网络关键设备和网络安全专用产品目录，由具备资格的商用密码检测、认证机构检测认证合格后，方可销售或者提供。

第二十一条　商用密码服务使用网络关键设备和网络安全专用产品的，应当经商用密码认证机构对该商用密码服务认证合格。

第四章　电子认证

第二十二条　采用商用密码技术提供电子认证服务，应当具有与使用密码相适应的场所、设备设施、专业人员、专业能力和管理体系，依法取得国家密码管理部门同意使用密码的证明文件。

第二十三条　电子认证服务机构应当按照法律、行政法规和电子认证服务密码使用技术规范、规则，使用密码提供电子认证服务，保证其电子认证服务密码使用持续符合要求。

电子认证服务密码使用技术规范、规则由国家密码管理部门制定并公布。

第二十四条　采用商用密码技术从事电子政务电子认证服务的机构，应当经国家密码管理部门认定，依法取得电子政务电子认证服务机构资质。

第二十五条　取得电子政务电子认证服务机构资质,应当符合下列条件:

(一)具有企业法人或者事业单位法人资格;

(二)具有与从事电子政务电子认证服务活动及其使用密码相适应的资金、场所、设备设施和专业人员;

(三)具有为政务活动提供长期电子政务电子认证服务的能力;

(四)具有保证电子政务电子认证服务活动及其使用密码安全运行的管理体系。

第二十六条　申请电子政务电子认证服务机构资质,应当向国家密码管理部门提出书面申请,并提交符合本条例第二十五条规定条件的材料。

国家密码管理部门应当自受理申请之日起 20 个工作日内,对申请进行审查,并依法作出是否准予认定的决定。

需要对申请人进行技术评审的,技术评审所需时间不计算在本条规定的期限内。国家密码管理部门应当将所需时间书面告知申请人。

第二十七条　外商投资电子政务电子认证服务,影响或者可能影响国家安全的,应当依法进行外商投资安全审查。

第二十八条　电子政务电子认证服务机构应当按照法律、行政法规和电子政务电子认证服务技术规范、规则,在批准范围内提供电子政务电子认证服务,并定期向主要办事机构所在地省、自治区、直辖市密码管理部门报送服务实施情况。

电子政务电子认证服务技术规范、规则由国家密码管理部门制定并公布。

第二十九条　国家建立统一的电子认证信任机制。国家密码管理部门负责电子认证信任源的规划和管理,会同有关部门推动电子认证服务互信互认。

第三十条　密码管理部门会同有关部门负责政务活动中使用电子签名、数据电文的管理。

政务活动中电子签名、电子印章、电子证照等涉及的电子认证服务,应当由依法设立的电子政务电子认证服务机构提供。

第五章　进出口

第三十一条　涉及国家安全、社会公共利益且具有加密保护功能的商用密码,列入商用密码进口许可清单,实施进口许可。涉及国家安全、社会公共利益或者中国承担国际义务的商用密码,列入商用密码出口管制清单,实施出口管制。

商用密码进口许可清单和商用密码出口管制清单由国务院商务主管部门会同国家密码管理部门和海关总署制定并公布。

大众消费类产品所采用的商用密码不实行进口许可和出口管制制度。

第三十二条　进口商用密码进口许可清单中的商用密码或者出口商用密码出口管制清单中的商用密码,应当向国务院商务主管部门申请领取进出口许可证。

商用密码的过境、转运、通运、再出口,在境外与综合保税区等海关特殊监管区域之间进出,或者在境外与出口监管仓库、保税物流中心等保税监管场所之间进出的,适用前款规定。

第三十三条　进口商用密码进口许可清单中的商用密码或者出口商用密码出口管制清单中的商用密码时,应当向海关交验进出口许可证,并按照国家有关规定办理报关手续。

进出口经营者未向海关交验进出口许可证,海关有证据表明进出口产品可能属于商用密码进口许可清单或者出口管制清单范围的,应当向进出口经营者提出质疑;海关可以向国务院商务主管部门提出组织鉴别,并根据国务院商务主管部门会同国家密码管理部门作出的鉴别结论依法处置。在鉴别或者质疑期间,海关对进出口产品不予放行。

第三十四条　申请商用密码进出口许可,应当向国务院商务主管部门提出书面申请,并提交下列材料:

(一)申请人的法定代表人、主要经营管理人以及经办人的身份证明;

(二)合同或者协议的副本;

(三)商用密码的技术说明;

(四)最终用户和最终用途证明;

(五)国务院商务主管部门规定提交的其他文件。

国务院商务主管部门应当自受理申请之日起 45 个工作日内,会同国家密码管理部门对申请进行审查,并依法作出是否准予许可的决定。

对国家安全、社会公共利益或者外交政策有重大影响的商用密码出口,由国务院商务主管部门会同国家密码管理部门等有关部门报国务院批准。报国务院批准的,不受前款规定时限的限制。

第六章　应用促进

第三十五条　国家鼓励公民、法人和其他组织依法使用商用密码保护网络与信息安全,鼓励使用经检测认证合格的商用密码。

任何组织或者个人不得窃取他人加密保护的信息或者非法侵入他人的商用密码保障系统,不得利用商用密码从事危害国家安全、社会公共利益、他人合法权益等违法犯罪活动。

第三十六条　国家支持网络产品和服务使用商用密码提升安全性,支持并规范商用密码在信息领域新技术、新业态、新模式中的应用。

第三十七条　国家建立商用密码应用促进协调机制,加强对商用密码应用的统筹指导。国家机关和涉及商用密码工作的单位在其职责范围内负责本机关、本单位或者本系统的商用密码应用和安全保障工作。

密码管理部门会同有关部门加强商用密码应用信息收集、风险评估、信息通报和重大事项会商,并加强与网络安全监测预警和信息通报的衔接。

第三十八条　法律、行政法规和国家有关规定要求使用商用密码进行保护的关键信息基础设施,其运营者应当使用商用密码进行保护,制定商用密码应用方案,配备必要的资金和专业人员,同步规划、同步建设、同步运行商用密码保障系统,自行或者委托商用密码检测机构开展商用密码应用安全性评估。

前款所列关键信息基础设施通过商用密码应用安全性评估方可投入运行,运行后每年至少进行一次评估,评估情况按照国家有关规定报送国家密码管理部门或者关键信息基础设施所在地省、自治区、直辖市密码管理部门备案。

第三十九条　法律、行政法规和国家有关规定要求使用商用密码进行保护的关键信息基础设施,使用的商用密码产品、服务应当经检测认证合格,使用的密码算法、密码协议、密钥管理机制等商用密码技术应当通过国家密码管理部门审查鉴定。

第四十条　关键信息基础设施的运营者采购涉及商用密码的网络产品和服务,可能影响国家安全的,应当依法通过国家网信部门会同国家密码管理部门等有关部门组织的国家安全审查。

第四十一条　网络运营者应当按照国家网络安全等级保护制度要求,使用商用密码保护网络安全。国家密码管理部门根据网络的安全保护等级,确定商用密码的使用、管理和应用安全性评估要求,制定网络安全等级保护密码标准规范。

第四十二条　商用密码应用安全性评估、关键信息基础设施安全检测评估、网络安全等级测评应当加强衔接,避免重复评估、测评。

第七章　监督管理

第四十三条　密码管理部门依法组织对商用密码活动进行监督检查,对国家机关和涉及商用密码工作的单位的商用密码相关工作进行指导和监督。

第四十四条　密码管理部门和有关部门建立商用密码监督管理协作机制,加强商用密码监督、检查、指导等工作的协调配合。

第四十五条　密码管理部门和有关部门依法开展商用密码监督检查,可以行使下列职权:

(一)进入商用密码活动场所实施现场检查;

(二)向当事人的法定代表人、主要负责人和其他有关人员调查、了解有关情况;

(三)查阅、复制有关合同、票据、账簿以及其他有关资料。

第四十六条　密码管理部门和有关部门推进商用密码监督管理与社会信用体系相衔接,依法建立推行商用密码经营主体信用记录、信用分级分类监管、失信惩戒以及信用修复等机制。

第四十七条　商用密码检测、认证机构和电子政务电子认证服务机构及其工作人员,应当对其在商用密码活动中所知悉的国家秘密和商业秘密承担保密义务。

密码管理部门和有关部门及其工作人员不得要求商用密码科研、生产、销售、服务、进出口等单位和商用密码检测、认证机构向其披露源代码等密码相关专有信息,并对其在履行职责中知悉的商业秘密和个人隐私严格保密,不得泄露或者非法向他人提供。

第四十八条　密码管理部门和有关部门依法开展商用密码监督管理,相关单位和人员应当予以配合,任何单位和个人不得非法干预和阻挠。

第四十九条　任何单位或者个人有权向密码管理部门和有关部门举报违反本条例的行为。密码管理部门和有关部门接到举报,应当及时核实、处理,并为举报人保密。

第八章　法律责任

第五十条　违反本条例规定,未经认定向社会开展商用密码检测活动,或者未经认定从事电子政务电子认证服务的,由密码管理部门责令改正或者停止违法行为,给予警告,没收违法产品和违法所得;违法所得30万元以上的,可以并处违法所得1倍以上3倍以下罚款;没有违法所得或者违法所得不足30万元的,可以并处10万元以上30万元以下罚款。

违反本条例规定,未经批准从事商用密码认证活动的,由市场监督管理部门会同密码管理部门依照前款规定予以处罚。

第五十一条　商用密码检测机构开展商用密码检测,有下列情形之一的,由密码管理部门责令改正或者停止违法行为,给予警告,没收违法所得;违法所得30万元以上的,可以并处违法所得1倍以上3倍以下罚款;没有违法所得或者违法所得不足30万元的,可以并处10万元

以上 30 万元以下罚款;情节严重的,依法吊销商用密码检测机构资质:

（一）超出批准范围;

（二）存在影响检测独立、公正、诚信的行为;

（三）出具的检测数据、结果虚假或者失实;

（四）拒不报送或者不如实报送实施情况;

（五）未履行保密义务;

（六）其他违反法律、行政法规和商用密码检测技术规范、规则开展商用密码检测的情形。

第五十二条　商用密码认证机构开展商用密码认证,有下列情形之一的,由市场监督管理部门会同密码管理部门责令改正或者停止违法行为,给予警告,没收违法所得;违法所得 30 万元以上的,可以并处违法所得 1 倍以上 3 倍以下罚款;没有违法所得或者违法所得不足 30 万元的,可以并处 10 万元以上 30 万元以下罚款;情节严重的,依法吊销商用密码认证机构资质:

（一）超出批准范围;

（二）存在影响认证独立、公正、诚信的行为;

（三）出具的认证结论虚假或者失实;

（四）未对其认证的商用密码产品、服务、管理体系实施有效的跟踪调查;

（五）未履行保密义务;

（六）其他违反法律、行政法规和商用密码认证技术规范、规则开展商用密码认证的情形。

第五十三条　违反本条例第二十条、第二十一条规定,销售或者提供未经检测认证或者检测认证不合格的商用密码产品,或者提供未经认证或者认证不合格的商用密码服务的,由市场监督管理部门会同密码管理部门责令改正或者停止违法行为,给予警告,没收违法产品和违法所得;违法所得 10 万元以上的,可以并处违法所得 1 倍以上 3 倍以下罚款;没有违法所得或者违法所得不足 10 万元的,可以并处 3 万元以上 10 万元以下罚款。

第五十四条　电子认证服务机构违反法律、行政法规和电子认证服务密码使用技术规范、规则使用密码的,由密码管理部门责令改正或者停止违法行为,给予警告,没收违法所得;违法所得 30 万元以上的,可以并处违法所得 1 倍以上 3 倍以下罚款;没有违法所得或者违法所得不足 30 万元的,可以并处 10 万元以上 30 万元以下罚款;情节严重的,依法吊销电子认证服务使用密码的证明文件。

第五十五条　电子政务电子认证服务机构开展电子政务电子认证服务,有下列情形之一的,由密码管理部门责令改正或者停止违法行为,给予警告,没收违法所得;违法所得 30 万元以上的,可以并处违法所得 1 倍以上 3 倍以下罚款;没有违法所得或者违法所得不足 30 万元的,可以并处 10 万元以上 30 万元以下罚款;情节严重的,责令停业整顿,直至吊销电子政务电子认证服务机构资质:

（一）超出批准范围;

（二）拒不报送或者不如实报送实施情况;

（三）未履行保密义务;

（四）其他违反法律、行政法规和电子政务电子认证服务技术规范、规则提供电子政务电子认证服务的情形。

第五十六条　电子签名人或者电子签名依赖方因依据电子政务电子认证服务机构提供的电子签名认证服务在政务活动中遭受损失,电子政务电子认证服务机构不能证明自己无过错的，承担赔偿责任。

第五十七条　政务活动中电子签名、电子印章、电子证照等涉及的电子认证服务，违反本条例第三十条规定，未由依法设立的电子政务电子认证服务机构提供的，由密码管理部门责令改正，给予警告；拒不改正或者有其他严重情节的，由密码管理部门建议有关国家机关、单位对直接负责的主管人员和其他直接责任人员依法给予处分或者处理。有关国家机关、单位应当将处分或者处理情况书面告知密码管理部门。

第五十八条　违反本条例规定进出口商用密码的，由国务院商务主管部门或者海关依法予以处罚。

第五十九条　窃取他人加密保护的信息，非法侵入他人的商用密码保障系统，或者利用商用密码从事危害国家安全、社会公共利益、他人合法权益等违法活动的，由有关部门依照《中华人民共和国网络安全法》和其他有关法律、行政法规的规定追究法律责任。

第六十条　关键信息基础设施的运营者违反本条例第三十八条、第三十九条规定，未按照要求使用商用密码，或者未按照要求开展商用密码应用安全性评估的，由密码管理部门责令改正，给予警告；拒不改正或者有其他严重情节的，处 10 万元以上 100 万元以下罚款，对直接负责的主管人员处 1 万元以上 10 万元以下罚款。

第六十一条　关键信息基础设施的运营者违反本条例第四十条规定，使用未经安全审查或者安全审查未通过的涉及商用密码的网络产品或者服务的，由有关主管部门责令停止使用，处采购金额 1 倍以上 10 倍以下罚款；对直接负责的主管人员和其他直接责任人员处 1 万元以上 10 万元以下罚款。

第六十二条　网络运营者违反本条例第四十一条规定，未按照国家网络安全等级保护制度要求使用商用密码保护网络安全的，由密码管理部门责令改正，给予警告；拒不改正或者导致危害网络安全等后果的，处 1 万元以上 10 万元以下罚款，对直接负责的主管人员处 5000 元以上 5 万元以下罚款。

第六十三条　无正当理由拒不接受、不配合或者干预、阻挠密码管理部门、有关部门的商用密码监督管理的，由密码管理部门、有关部门责令改正，给予警告；拒不改正或者有其他严重情节的，处 5 万元以上 50 万元以下罚款，对直接负责的主管人员和其他直接责任人员处 1 万元以上 10 万元以下罚款；情节特别严重的，责令停业整顿，直至吊销商用密码许可证件。

第六十四条　国家机关有本条例第六十条、第六十一条、第六十二条、第六十三条所列违法情形的，由密码管理部门、有关部门责令改正，给予警告；拒不改正或者有其他严重情节的，由密码管理部门、有关部门建议有关国家机关对直接负责的主管人员和其他直接责任人员依法给予处分或者处理。有关国家机关应当将处分或者处理情况书面告知密码管理部门、有关部门。

第六十五条　密码管理部门和有关部门的工作人员在商用密码工作中滥用职权、玩忽职守、徇私舞弊，或者泄露、非法向他人提供在履行职责中知悉的商业秘密、个人隐私、举报人信息的，依法给予处分。

第六十六条　违反本条例规定，构成犯罪的，依法追究刑事责任；给他人造成损害的，依法承担民事责任。

第九章　附则

第六十七条　本条例自 2023 年 7 月 1 日起施行。

7.《关键信息基础设施安全保护条例》（部分引用）

2021 年 7 月 30 日,中华人民共和国国务院令第 745 号公布施行《关键信息基础设施安全保护条例》,自 2021 年 9 月 1 日起施行。其中与信息安全相关的条文如下:

第二条　本条例所称关键信息基础设施,是指公共通信和信息服务、能源、交通、水利、金融、公共服务、电子政务、国防科技工业等重要行业和领域的,以及其他一旦遭到破坏、丧失功能或者数据泄露,可能严重危害国家安全、国计民生、公共利益的重要网络设施、信息系统等。

第五条　国家对关键信息基础设施实行重点保护,采取措施,监测、防御、处置来源于中华人民共和国境内外的网络安全风险和威胁,保护关键信息基础设施免受攻击、侵入、干扰和破坏,依法惩治危害关键信息基础设施安全的违法犯罪活动。

任何个人和组织不得实施非法侵入、干扰、破坏关键信息基础设施的活动,不得危害关键信息基础设施安全。

第六条　运营者依照本条例和有关法律、行政法规的规定以及国家标准的强制性要求,在网络安全等级保护的基础上,采取技术保护措施和其他必要措施,应对网络安全事件,防范网络攻击和违法犯罪活动,保障关键信息基础设施安全稳定运行,维护数据的完整性、保密性和可用性。

第十九条　运营者应当优先采购安全可信的网络产品和服务;采购网络产品和服务可能影响国家安全的,应当按照国家网络安全规定通过安全审查。

第二十条　运营者采购网络产品和服务,应当按照国家有关规定与网络产品和服务提供者签订安全保密协议,明确提供者的技术支持和安全保密义务与责任,并对义务与责任履行情况进行监督。

第三十条　网信部门、公安机关、保护工作部门等有关部门,网络安全服务机构及其工作人员对于在关键信息基础设施安全保护工作中获取的信息,只能用于维护网络安全,并严格按照有关法律、行政法规的要求确保信息安全,不得泄露、出售或者非法向他人提供。

第三十一条　未经国家网信部门、国务院公安部门批准或者保护工作部门、运营者授权,任何个人和组织不得对关键信息基础设施实施漏洞探测、渗透性测试等可能影响或者危害关键信息基础设施安全的活动。对基础电信网络实施漏洞探测、渗透性测试等活动,应当事先向国务院电信主管部门报告。

8.《互联网上网服务营业场所管理条例》（部分引用）

2002 年 9 月 29 日,中华人民共和国国务院令第 363 号公布《互联网上网服务营业场所管理条例》,自 2002 年 11 月 15 日起施行,2011 年 1 月 8 日进行第一次修订,2016 年 2 月 6 日进行第二次修订,2019 年 3 月 24 日进行第三次修订,2022 年 3 月 29 日进行第四次修订。其中与信息安全相关的条文如下:

第七条　国家对互联网上网服务营业场所经营单位的经营活动实行许可制度。未经许可,任何组织和个人不得从事互联网上网服务经营活动。

第十四条　互联网上网服务营业场所经营单位和上网消费者不得利用互联网上网服务营

业场所制作、下载、复制、查阅、发布、传播或者以其他方式使用含有下列内容的信息：

（一）反对宪法确定的基本原则的；

（二）危害国家统一、主权和领土完整的；

（三）泄露国家秘密，危害国家安全或者损害国家荣誉和利益的；

（四）煽动民族仇恨、民族歧视，破坏民族团结，或者侵害民族风俗、习惯的；

（五）破坏国家宗教政策，宣扬邪教、迷信的；

（六）散布谣言，扰乱社会秩序，破坏社会稳定的；

（七）宣传淫秽、赌博、暴力或者教唆犯罪的；

（八）侮辱或者诽谤他人，侵害他人合法权益的；

（九）危害社会公德或者民族优秀文化传统的；

（十）含有法律、行政法规禁止的其他内容的。

第十五条　互联网上网服务营业场所经营单位和上网消费者不得进行下列危害信息网络安全的活动：

（一）故意制作或者传播计算机病毒以及其他破坏性程序的；

（二）非法侵入计算机信息系统或者破坏计算机信息系统功能、数据和应用程序的；

（三）进行法律、行政法规禁止的其他活动的。

第十六条　互联网上网服务营业场所经营单位应当通过依法取得经营许可证的互联网接入服务提供者接入互联网，不得采取其他方式接入互联网。

互联网上网服务营业场所经营单位提供上网消费者使用的计算机必须通过局域网的方式接入互联网，不得直接接入互联网。

9.《中华人民共和国电信条例》（部分引用）

2000 年 9 月 25 日，中华人民共和国国务院令第 291 号公布《中华人民共和国电信条例》，自公布之日起施行，2014 年 7 月 29 日进行第一次修订，2016 年 2 月 6 日进行第二次修订。其中与信息安全相关的条文如下：

第六条　电信网络和信息的安全受法律保护。任何组织或者个人不得利用电信网络从事危害国家安全、社会公共利益或者他人合法权益的活动。

第十二条　国务院信息产业主管部门审查经营基础电信业务的申请时，应当考虑国家安全、电信网络安全、电信资源可持续利用、环境保护和电信市场的竞争状况等因素。

颁发《基础电信业务经营许可证》，应当按照国家有关规定采用招标方式。

第五十六条　任何组织或者个人不得利用电信网络制作、复制、发布、传播含有下列内容的信息：

（一）反对宪法所确定的基本原则的；

（二）危害国家安全，泄露国家秘密，颠覆国家政权，破坏国家统一的；

（三）损害国家荣誉和利益的；

（四）煽动民族仇恨、民族歧视，破坏民族团结的；

（五）破坏国家宗教政策，宣扬邪教和封建迷信的；

（六）散布谣言，扰乱社会秩序，破坏社会稳定的；

（七）散布淫秽、色情、赌博、暴力、凶杀、恐怖或者教唆犯罪的；

（八）侮辱或者诽谤他人，侵害他人合法权益的；

(九)含有法律、行政法规禁止的其他内容的。

第五十七条　任何组织或者个人不得有下列危害电信网络安全和信息安全的行为:

(一)对电信网的功能或者存储、处理、传输的数据和应用程序进行删除或者修改;

(二)利用电信网从事窃取或者破坏他人信息、损害他人合法权益的活动;

(三)故意制作、复制、传播计算机病毒或者以其他方式攻击他人电信网络等电信设施;

(四)危害电信网络安全和信息安全的其他行为。

第五十八条　任何组织或者个人不得有下列扰乱电信市场秩序的行为:

(一)采取租用电信国际专线、私设转接设备或者其他方法,擅自经营国际或者香港特别行政区、澳门特别行政区和台湾地区电信业务;

(二)盗接他人电信线路,复制他人电信码号,使用明知是盗接、复制的电信设施或者码号;

(三)伪造、变造电话卡及其他各种电信服务有价凭证;

(四)以虚假、冒用的身份证件办理入网手续并使用移动电话。

第五十九条　电信业务经营者应当按照国家有关电信安全的规定,建立健全内部安全保障制度,实行安全保障责任制。

第六十条　电信业务经营者在电信网络的设计、建设和运行中,应当做到与国家安全和电信网络安全的需求同步规划,同步建设,同步运行。

第六十一条　在公共信息服务中,电信业务经营者发现电信网络中传输的信息明显属于本条例第五十六条所列内容的,应当立即停止传输,保存有关记录,并向国家有关机关报告。

第六十二条　使用电信网络传输信息的内容及其后果由电信用户负责。

电信用户使用电信网络传输的信息属于国家秘密信息的,必须依照保守国家秘密法的规定采取保密措施。

第六十五条　电信用户依法使用电信的自由和通信秘密受法律保护。除因国家安全或者追查刑事犯罪的需要,由公安机关、国家安全机关或者人民检察院依照法律规定的程序对电信内容进行检查外,任何组织或者个人不得以任何理由对电信内容进行检查。

电信业务经营者及其工作人员不得擅自向他人提供电信用户使用电信网络所传输信息的内容。

10.《中华人民共和国反间谍法实施细则》(部分引用)

2017 年 11 月 22 日,中华人民共和国国务院令第 692 号公布《中华人民共和国反间谍法实施细则》,自公布之日起施行。其中与信息安全相关的条文如下:

第三条　《反间谍法》所称"境外机构、组织"包括境外机构、组织在中华人民共和国境内设立的分支(代表)机构和分支组织;所称"境外个人"包括居住在中华人民共和国境内不具有中华人民共和国国籍的人。

第八条　下列行为属于《反间谍法》第三十九条所称"间谍行为以外的其他危害国家安全行为":

(一)组织、策划、实施分裂国家、破坏国家统一,颠覆国家政权、推翻社会主义制度的;

(二)组织、策划、实施危害国家安全的恐怖活动的;

(三)捏造、歪曲事实,发表、散布危害国家安全的文字或者信息,或者制作、传播、出版危害国家安全的音像制品或者其他出版物的;

(四)利用设立社会团体或者企业事业组织,进行危害国家安全活动的;

（五）利用宗教进行危害国家安全活动的；

（六）组织、利用邪教进行危害国家安全活动的；

（七）制造民族纠纷，煽动民族分裂，危害国家安全的；

（八）境外个人违反有关规定，不听劝阻，擅自会见境内有危害国家安全行为或者有危害国家安全行为重大嫌疑的人员的。

第十七条 《反间谍法》第二十四条所称"非法持有属于国家秘密的文件、资料和其他物品"是指：

（一）不应知悉某项国家秘密的人员携带、存放属于该项国家秘密的文件、资料和其他物品的；

（二）可以知悉某项国家秘密的人员，未经办理手续，私自携带、留存属于该项国家秘密的文件、资料和其他物品的。

2.2.3 部门规章选编

1.《国家秘密定密管理暂行规定》

2014 年 3 月 9 日，国家保密局令第 1 号公布《国家秘密定密管理暂行规定》，自公布之日起施行。

第一章 总则

第一条 为加强国家秘密定密管理，规范定密行为，根据《中华人民共和国保守国家秘密法》（以下简称保密法）及其实施条例，制定本规定。

第二条 本规定所称定密，是指国家机关和涉及国家秘密的单位（以下简称机关、单位）依法确定、变更和解除国家秘密的活动。

第三条 机关、单位定密以及定密责任人的确定、定密授权和定密监督等工作，适用本规定。

第四条 机关、单位定密应当坚持最小化、精准化原则，做到权责明确、依据充分、程序规范、及时准确，既确保国家秘密安全，又便利信息资源合理利用。

第五条 机关、单位应当依法开展定密工作，建立健全相关管理制度，定期组织培训和检查，接受保密行政管理部门和上级机关、单位或者业务主管部门的指导和监督。

第二章 定密授权

第六条 中央国家机关、省级机关以及设区的市、自治州一级的机关（以下简称授权机关）可以根据工作需要或者机关、单位申请作出定密授权。

保密行政管理部门应当将授权机关名单在有关范围内公布。

第七条 中央国家机关可以在主管业务工作范围内作出授予绝密级、机密级和秘密级国家秘密定密权的决定。省级机关可以在主管业务工作范围内或者本行政区域内作出授予绝密级、机密级和秘密级国家秘密定密权的决定。设区的市、自治州一级的机关可以在主管业务工作范围内或者本行政区域内作出授予机密级和秘密级国家秘密定密权的决定。

定密授权不得超出授权机关的定密权限。被授权机关、单位不得再行授权。

第八条 授权机关根据工作需要，可以对承担本机关定密权限内的涉密科研、生产或者其他涉密任务的机关、单位,就具体事项作出定密授权。

第九条　没有定密权但经常产生国家秘密事项的机关、单位,或者虽有定密权但经常产生超出其定密权限的国家秘密事项的机关、单位,可以向授权机关申请定密授权。

机关、单位申请定密授权,应当向其上级业务主管部门提出;没有上级业务主管部门的,应当向其上级机关提出。

机关、单位申请定密授权,应当书面说明拟申请的定密权限、事项范围、授权期限以及申请依据和理由。

第十条　授权机关收到定密授权申请后,应当依照保密法律法规和国家秘密及其密级的具体范围(以下简称保密事项范围)进行审查。对符合授权条件的,应当作出定密授权决定;对不符合授权条件的,应当作出不予授权的决定。

定密授权决定应当以书面形式作出,明确被授权机关、单位的名称和具体定密权限、事项范围、授权期限。

第十一条　授权机关应当对被授权机关、单位行使所授定密权情况进行监督,对发现的问题及时纠正。

保密行政管理部门发现定密授权不当或者被授权机关、单位对所授定密权行使不当的,应当通知有关机关、单位纠正。

第十二条　被授权机关、单位不再经常产生授权范围内的国家秘密事项,或者因保密事项范围调整授权事项不再作为国家秘密的,授权机关应当及时撤销定密授权。

因保密事项范围调整授权事项密级发生变化的,授权机关应当重新作出定密授权。

第十三条　中央国家机关、省级机关作出的授权决定和撤销授权决定,报国家保密行政管理部门备案。设区的市、自治州一级的机关作出的授权决定和撤销授权决定,报省、自治区、直辖市保密行政管理部门备案。

机关、单位收到定密授权决定或者撤销定密授权决定后,应当报同级保密行政管理部门备案。

第三章　定密责任人

第十四条　机关、单位负责人为本机关、本单位的定密责任人,对定密工作负总责。

根据工作需要,机关、单位负责人可以指定本机关、本单位其他负责人、内设机构负责人或者其他工作人员为定密责任人,并明确相应的定密权限。

机关、单位指定的定密责任人应当熟悉涉密业务工作,符合在涉密岗位工作的基本条件。

第十五条　机关、单位应当在本机关、本单位内部公布定密责任人名单及其定密权限,并报同级保密行政管理部门备案。

第十六条　机关、单位定密责任人和承办人应当接受定密培训,熟悉定密职责和保密事项范围,掌握定密程序和方法。

第十七条　机关、单位负责人发现其指定的定密责任人未依法履行定密职责的,应当及时纠正;有下列情形之一的,应当作出调整:

(一)定密不当,情节严重的;

(二)因离岗离职无法继续履行定密职责的;

(三)保密行政管理部门建议调整的;

(四)因其他原因不宜从事定密工作的。

第四章　国家秘密确定

第十八条　机关、单位确定国家秘密应当依据保密事项范围进行。保密事项范围没有明确规定但属于保密法第九条、第十条规定情形的,应当确定为国家秘密。

第十九条　下列事项不得确定为国家秘密:

(一)需要社会公众广泛知晓或者参与的;

(二)属于工作秘密、商业秘密、个人隐私的;

(三)已经依法公开或者无法控制知悉范围的;

(四)法律、法规或者国家有关规定要求公开的。

第二十条　机关、单位对所产生的国家秘密事项有定密权的,应当依法确定密级、保密期限和知悉范围。没有定密权的,应当先行采取保密措施,并立即报请有定密权的上级机关、单位确定;没有上级机关、单位的,应当立即提请有相应定密权限的业务主管部门或者保密行政管理部门确定。

机关、单位执行上级机关、单位或者办理其他机关、单位已定密事项所产生的国家秘密事项,根据所执行或者办理的国家秘密事项确定密级、保密期限和知悉范围。

第二十一条　机关、单位确定国家秘密,应当依照法定程序进行并作出书面记录,注明承办人、定密责任人和定密依据。

第二十二条　国家秘密具体的保密期限一般应当以日、月或者年计;不能确定具体的保密期限的,应当确定解密时间或者解密条件。国家秘密的解密条件应当明确、具体、合法。

除保密事项范围有明确规定外,国家秘密的保密期限不得确定为长期。

第二十三条　国家秘密的知悉范围应当在国家秘密载体上标明。不能标明的,应当书面通知知悉范围内的机关、单位或者人员。

第二十四条　国家秘密一经确定,应当同时在国家秘密载体上作出国家秘密标志。国家秘密标志形式为"密级★保密期限"、"密级★解密时间"或者"密级★解密条件"。

在纸介质和电子文件国家秘密载体上作出国家秘密标志的,应当符合有关国家标准。没有国家标准的,应当标注在封面左上角或者标题下方的显著位置。光介质、电磁介质等国家秘密载体和属于国家秘密的设备、产品的国家秘密标志,应当标注在壳体及封面、外包装的显著位置。

国家秘密标志应当与载体不可分离,明显并易于识别。

无法作出或者不宜作出国家秘密标志的,确定该国家秘密的机关、单位应当书面通知知悉范围内的机关、单位或者人员。凡未标明保密期限或者解密条件,且未作书面通知的国家秘密事项,其保密期限按照绝密级事项三十年、机密级事项二十年、秘密级事项十年执行。

第二十五条　两个以上机关、单位共同产生的国家秘密事项,由主办该事项的机关、单位征求协办机关、单位意见后确定。

临时性工作机构的定密工作,由承担该机构日常工作的机关、单位负责。

第五章　国家秘密变更

第二十六条　有下列情形之一的,机关、单位应当对所确定国家秘密事项的密级、保密期限或者知悉范围及时作出变更：

　　（一）定密时所依据的法律法规或者保密事项范围发生变化的；

　　（二）泄露后对国家安全和利益的损害程度发生明显变化的。

　　必要时，上级机关、单位或者业务主管部门可以直接变更下级机关、单位确定的国家秘密事项的密级、保密期限或者知悉范围。

　　第二十七条　机关、单位认为需要延长所确定国家秘密事项保密期限的，应当在保密期限届满前作出决定；延长保密期限使累计保密期限超过保密事项范围规定的，应当报规定该保密事项范围的中央有关机关批准，中央有关机关应当在接到报告后三十日内作出决定。

　　第二十八条　国家秘密知悉范围内的机关、单位，其有关工作人员不在知悉范围内，但因工作需要知悉国家秘密的，应当经机关、单位负责人批准。

　　国家秘密知悉范围以外的机关、单位及其人员，因工作需要知悉国家秘密的，应当经原定密机关、单位同意。

　　原定密机关、单位对扩大知悉范围有明确规定的，应当遵守其规定。

　　扩大国家秘密知悉范围应当作出详细记录。

　　第二十九条　国家秘密变更按照国家秘密确定程序进行并作出书面记录。

　　国家秘密变更后，原定密机关、单位应当及时在原国家秘密标志附近重新作出国家秘密标志。

　　第三十条　机关、单位变更国家秘密的密级、保密期限或者知悉范围的，应当书面通知知悉范围内的机关、单位或者人员。有关机关、单位或者人员接到通知后，应当在国家秘密标志附近标明变更后的密级、保密期限和知悉范围。

　　延长保密期限的书面通知，应当于原定保密期限届满前送达知悉范围内的机关、单位或者人员。

第六章　国家秘密解除

　　第三十一条　机关、单位应当每年对所确定的国家秘密进行审核，有下列情形之一的，及时解密：

　　（一）保密法律法规或者保密事项范围调整后，不再属于国家秘密的；

　　（二）公开后不会损害国家安全和利益，不需要继续保密的。

　　机关、单位经解密审核，对本机关、本单位或者下级机关、单位尚在保密期限内的国家秘密事项决定公开的，正式公布即视为解密。

　　第三十二条　国家秘密的具体保密期限已满、解密时间已到或者符合解密条件的，自行解密。

　　第三十三条　保密事项范围明确规定保密期限为长期的国家秘密事项，机关、单位不得擅自解密；确需解密的，应当报规定该保密事项范围的中央有关机关批准，中央有关机关应当在接到报告后三十日内作出决定。

　　第三十四条　除自行解密的外，国家秘密解除应当按照国家秘密确定程序进行并作出书面记录。

　　国家秘密解除后，有关机关、单位或者人员应当及时在原国家秘密标志附近作出解密标志。

第三十五条　除自行解密和正式公布的外,机关、单位解除国家秘密,应当书面通知知悉范围内的机关、单位或者人员。

第三十六条　机关、单位对所产生的国家秘密事项,解密之后需要公开的,应当依照信息公开程序进行保密审查。

机关、单位对已解密的不属于本机关、本单位产生的国家秘密事项,需要公开的,应当经原定密机关、单位同意。

机关、单位公开已解密的文件资料,不得保留国家秘密标志。对国家秘密标志以及属于敏感信息的内容,应当作删除、遮盖等处理。

第三十七条　机关、单位对拟移交各级国家档案馆的尚在保密期限内的国家秘密档案,应当进行解密审核,对本机关、本单位产生的符合解密条件的档案,应当予以解密。

已依法移交各级国家档案馆的属于国家秘密的档案,其解密办法由国家保密行政管理部门会同国家档案行政管理部门另行制定。

第七章　定密监督

第三十八条　机关、单位应当定期对本机关、本单位定密以及定密责任人履行职责、定密授权等定密制度落实情况进行检查,对发现的问题及时纠正。

第三十九条　机关、单位应当向同级保密行政管理部门报告本机关、本单位年度国家秘密事项统计情况。

下一级保密行政管理部门应当向上一级保密行政管理部门报告本行政区域年度定密工作情况。

第四十条　中央国家机关应当依法对本系统、本行业的定密工作进行指导和监督。

上级机关、单位或者业务主管部门发现下级机关、单位定密不当的,应当及时通知其纠正,也可以直接作出确定、变更或者解除的决定。

第四十一条　保密行政管理部门应当依法对机关、单位定密工作进行指导、监督和检查,对发现的问题及时纠正或者责令整改。

第八章　法律责任

第四十二条　定密责任人和承办人违反本规定,有下列行为之一的,机关、单位应当及时纠正并进行批评教育;造成严重后果的,依纪依法给予处分:

(一)应当确定国家秘密而未确定的;

(二)不应当确定国家秘密而确定的;

(三)超出定密权限定密的;

(四)未按照法定程序定密的;

(五)未按规定标注国家秘密标志的;

(六)未按规定变更国家秘密的密级、保密期限、知悉范围的;

(七)未按要求开展解密审核的;

(八)不应当解除国家秘密而解除的;

(九)应当解除国家秘密而未解除的;

(十)违反本规定的其他行为。

第四十三条　机关、单位未依法履行定密管理职责,导致定密工作不能正常进行的,应当给予通报批评;造成严重后果的,应当依法追究直接负责的主管人员和其他直接责任人员的责任。

第九章　附则

第四十四条　本规定下列用语的含义:

(一)"中央国家机关"包括中国共产党中央机关及部门、各民主党派中央机关、全国人大机关、全国政协机关、最高人民法院、最高人民检察院,国务院及其组成部门、直属特设机构、直属机构、办事机构、直属事业单位、部委管理国家局,以及中央机构编制管理部门直接管理机构编制的群众团体机关;

(二)"省级机关"包括省(自治区、直辖市)党委、人大、政府、政协机关,以及人民法院、人民检察院;

(三)"设区的市和自治州一级的机关"包括地(市、州、盟、区)党委、人大、政府、政协机关,以及人民法院、人民检察院,省(自治区、直辖市)直属机关和人民团体,中央国家机关设在省(自治区、直辖市)的直属机构,省(自治区、直辖市)在地区、盟设立的派出机构;

(四)第九条所指"经常",是指近三年来年均产生六件以上国家秘密事项的情形。

第四十五条　各地区各部门可以依据本规定,制定本地区本部门国家秘密定密管理的具体办法。

第四十六条　公安、国家安全机关定密授权和定密责任人确定的具体办法,由国家保密行政管理部门会同国务院公安、国家安全部门另行制定。

第四十七条　本规定自公布之日起施行。1990 年 9 月 19 日国家保密局令第 2 号发布的《国家秘密保密期限的规定》和 1990 年 10 月 6 日国家保密局、国家技术监督局令第 3 号发布的《国家秘密文件、资料和其他物品标志的规定》同时废止。

2.《保密事项范围制定、修订和使用办法》

2017 年 3 月 9 日,国家保密局令第 1 号公布《保密事项范围制定、修订和使用办法》,自 2017 年 4 月 1 日起施行。

第一章　总则

第一条　为规范国家秘密及其密级的具体范围(以下简称保密事项范围)的制定、修订和使用工作,根据《中华人民共和国保守国家秘密法》(以下简称保密法)及其实施条例,制定本办法。

第二条　保密事项范围由国家保密行政管理部门分别会同外交、公安、国家安全和其他中央有关机关制定、修订。

第三条　制定、修订保密事项范围应当从维护国家安全和利益出发,适应经济社会发展要求,以保密法确定的国家秘密基本范围为遵循,区分不同行业、领域,科学准确划定。

第四条　国家机关和涉及国家秘密的单位(以下简称机关、单位)应当严格依据保密事项范围,规范准确定密,不得比照类推、擅自扩大或者缩小国家秘密事项范围。

第五条　国家保密行政管理部门负责对保密事项范围制定、修订和使用工作进行指导监督。中央有关机关负责组织制定、修订本行业、本领域保密事项范围,并对使用工作进行指导监督。地方各级保密行政管理部门负责对本行政区域内机关、单位使用保密事项范围工作进行指导监督。

第二章　保密事项范围的形式、内容

第六条　保密事项范围名称为"××工作国家秘密范围的规定",包括正文和目录。

第七条　正文应当以条款形式规定保密事项范围的制定依据,本行业、本领域国家秘密的基本范围,与其他保密事项范围的关系,解释机关和施行日期等内容。

第八条　目录作为规定的附件,名称为"××工作国家秘密目录",应当以表格形式列明国家秘密具体事项及其密级、保密期限(解密时间或者解密条件)、产生层级、知悉范围等内容。

第九条　目录规定的国家秘密事项的密级应当为确定的密级。除解密时间和解密条件外,目录规定的保密期限应当为最长保密期限。国家秘密事项的产生层级能够明确的,知悉范围能够限定到机关、单位或者具体岗位的,目录应当作出列举。

对专业性强、弹性较大的条目或者名词,目录应当以备注形式作出说明。

第十条　保密事项范围内容属于国家秘密的,应当根据保密法有关规定确定密级和保密期限。

未经保密事项范围制定机关同意,机关、单位不得擅自公开或者对外提供保密事项范围。

第三章　保密事项范围的制定、修订程序

第十一条　有下列情形的,中央有关机关应当与国家保密行政管理部门会商,组织制定或者修订保密事项范围:

(一)主管行业、领域经常产生国家秘密、尚未制定保密事项范围的;

(二)保密事项范围内容已不适应实际工作需要的;

(三)保密事项范围内容与法律法规规定不相符合的;

(四)因机构改革或者调整,影响保密事项范围适用的;

(五)其他应当制定或者修订的情形。

其他机关、单位认为有上述情形,需要制定、修订保密事项范围的,可以向国家保密行政管理部门或者中央有关机关提出建议。

第十二条　保密事项范围由主管相关行业、领域工作的中央有关机关负责起草;涉及多个部门或者行业、领域的,由承担主要职能的中央有关机关牵头负责起草;不得委托社会中介机构及其他社会组织或者个人起草。

国家保密行政管理部门、中央有关机关应当定期对起草工作进行研究会商。

第十三条　中央有关机关起草保密事项范围,应当进行调查研究,总结梳理本行业、本领域国家秘密事项,广泛征求有关机关、单位和相关领域专家意见。

第十四条　中央有关机关完成起草工作后,应当将保密事项范围送审稿送国家保密行政管理部门审核,同时提交下列材料:

(一)保密事项范围送审稿的说明;

(二)有关机关、单位或者相关领域专家的意见;

(三)其他有关材料,主要包括所在行业、领域国家秘密事项总结梳理情况等。

第十五条　国家保密行政管理部门对保密事项范围送审稿应当从以下方面进行审核:

（一）形式是否符合本办法规定；

（二）所列事项是否符合保密法关于国家秘密的规定；

（三）所列事项是否涵盖所在行业、领域国家秘密；

（四）所列事项是否属于法律法规要求公开或者其他不得确定为国家秘密的事项；

（五）所列事项表述是否准确、规范并具有可操作性；

（六）是否与其他保密事项范围协调、衔接；

（七）其他需要审核的内容。

国家保密行政管理部门可以组织有关专家对保密事项范围送审稿进行评议，听取意见。

第十六条　国家保密行政管理部门审核认为保密事项范围送审稿需要作出修改的，应当与中央有关机关会商议定；需要进一步征求意见的，应当征求有关机关、单位意见；无需修改的，应当会同中央有关机关形成保密事项范围草案和草案说明，并启动会签程序。

第十七条　保密事项范围应当由国家保密行政管理部门、中央有关机关主要负责人共同签署批准。

第十八条　保密事项范围使用中央有关机关的发文字号印发。印发时，应当严格控制发放范围，并注明能否转发以及转发范围。

第四章　保密事项范围的使用

第十九条　机关、单位定密应当符合保密事项范围目录的规定。

第二十条　机关、单位依据保密事项范围目录定密，应当遵循下列要求：

（一）密级应当严格按照目录的规定确定，不得高于或者低于规定的密级；

（二）保密期限应当在目录规定的最长保密期限内合理确定，不得超出最长保密期限；目录明确规定解密条件或解密时间的，从其规定；

（三）知悉范围应当依据目录的规定，根据工作需要限定到具体人员；不能限定到具体人员的，应当限定到具体单位、部门或者岗位。

第二十一条　机关、单位可以依据本行业、本领域和相关行业、领域保密事项范围目录，整理制定国家秘密事项一览表（细目），详细列举本机关、本单位产生的国家秘密事项的具体内容、密级、保密期限（解密条件或者解密时间）、产生部门或者岗位、知悉人员以及载体形式等。

国家秘密事项一览表（细目），应当经本机关、本单位审定后实施，并报同级保密行政管理部门备案。

第二十二条　机关、单位对符合保密法规定，但保密事项范围正文和目录没有规定的不明确事项，应当按照保密法实施条例第十九条的规定办理。

第二十三条　保密行政管理部门进行密级鉴定，需要适用保密事项范围的，应当以保密事项范围的目录作为依据；直接适用正文的，应当征求制定保密事项范围的中央有关机关意见。

第二十四条　中央有关机关应当加强对本行业、本领域保密事项范围使用的教育培训，确保所在行业、领域准确理解保密事项范围的内容、使用要求。

机关、单位应当将保密事项范围的学习、使用纳入定密培训内容，确保定密责任人和承办人熟悉并准确掌握相关保密事项范围内容，严格依据保密事项范围定密。

第二十五条　保密行政管理部门应当加强对机关、单位使用保密事项范围情况的监督检查，发现保密事项范围使用不当的，应当及时通知机关、单位予以纠正。

第五章　保密事项范围的解释、清理

第二十六条　有下列情形的,中央有关机关应当会同国家保密行政管理部门对保密事项范围作出书面解释:

（一）目录内容需要明确具体含义的;

（二）有关事项在目录中没有规定但符合正文规定情形,需要明确适用条件、适用范围的;

（三）不同保密事项范围对同类事项规定不一致的;

（四）其他需要作出解释的情形。

保密事项范围的解释和保密事项范围具有同等效力。

第二十七条　机关、单位认为保密事项范围存在本办法第二十六条规定情形的,可以建议保密事项范围制定机关作出解释。

第二十八条　保密事项范围的解释参照制定、修订程序作出。除涉及特殊国家秘密事项、需控制知悉范围的,应当按照保密事项范围印发范围发放。

第二十九条　国家保密行政管理部门、中央有关机关应当每五年对保密事项范围及其解释进行一次清理,也可以根据工作需要适时组织清理,并作出继续有效、进行修订、宣布废止等处理;对属于国家秘密的保密事项范围及其解释,应当同时作出是否解密的决定。

第三十条　保密事项范围部分内容宣布废止、失效或者由其他保密事项范围替代的,不影响该保密事项范围其他部分的效力。

第六章　附　则

第三十一条　本办法施行前制定实施的保密事项范围,没有目录的应当即行清理,清理之前的继续有效,有关事项的保密期限和知悉范围按照保密法有关规定确定。

第三十二条　本办法由国家保密局负责解释。

第三十三条　本办法自 2017 年 4 月 1 日起施行。

3.《国家秘密鉴定工作规定》

2021 年 7 月 30 日,国家保密局令第 1 号公布《国家秘密鉴定工作规定》,自 2021 年 9 月 1 日起施行。

第一章　总　则

第一条　为了规范国家秘密鉴定工作,根据《中华人民共和国保守国家秘密法》及其实施条例,制定本规定。

第二条　本规定所称国家秘密鉴定,是指保密行政管理部门对涉嫌泄露国家秘密案件中有关事项是否属于国家秘密以及属于何种密级进行鉴别和认定的活动。

第三条　国家秘密鉴定的申请、受理、办理、复核、监督等,适用本规定。

第四条　国家秘密鉴定应当遵循依法、客观、公正的原则,做到事实清楚、依据充分、程序规范、结论准确。

第五条　办理涉嫌泄露国家秘密案件的纪检监察、侦查、公诉、审判机关(以下统称办案机关)可以申请国家秘密鉴定。

国家保密行政管理部门、省(自治区、直辖市)保密行政管理部门负责国家秘密鉴定。

第六条　国家秘密鉴定应当以保密法律法规、保密事项范围和国家秘密确定、变更、解除文件为依据。

第七条　下列事项不得鉴定为国家秘密：

（一）需要公众广泛知晓或者参与的；

（二）属于工作秘密、商业秘密、个人隐私的；

（三）已经依法公开或者泄露前已经无法控制知悉范围的；

（四）法律、法规或者国家有关规定要求公开的；

（五）其他泄露后对国家安全和利益不会造成损害的。

第二章　申请和受理

第八条　中央一级办案机关申请国家秘密鉴定的，应当向国家保密行政管理部门提出。省级及以下办案机关申请国家秘密鉴定的，应当向所在地省（自治区、直辖市）保密行政管理部门提出。

国家保密行政管理部门可以根据工作需要，对省（自治区、直辖市）保密行政管理部门负责鉴定的重大、疑难、复杂事项直接进行鉴定。

第九条　办案机关申请国家秘密鉴定，应当提交下列材料：

（一）申请国家秘密鉴定的公文；

（二）需要进行国家秘密鉴定的事项（以下简称鉴定事项）及鉴定事项清单；

（三）进行国家秘密鉴定需要掌握的有关情况说明，包括案件基本情况、鉴定事项来源、泄露对象和时间、回避建议等。

第十条　申请国家秘密鉴定的公文应当以办案机关名义作出，说明认为相关事项涉嫌属于国家秘密的理由或者依据。

鉴定事项属于咨询意见、聊天记录、讯（询）问笔录、视听资料、电子数据、物品等的，办案机关应当进行筛查和梳理，明确其中涉嫌属于国家秘密、需要申请鉴定的具体内容。

鉴定事项不属于中文的，办案机关应当同时提供中文译本。保密行政管理部门就办案机关提供的中文译本进行鉴定。

第十一条　国家秘密鉴定申请有下列情形之一的，保密行政管理部门不予受理：

（一）申请机关和申请方式不符合本规定第五条、第八条要求的；

（二）办案机关已就同一鉴定事项申请国家秘密鉴定的；

（三）鉴定事项内容明显属于捏造的，或者无法核实真伪、来源的；

（四）未按本规定第九条、第十条提供材料，或者修改、补充后仍不符合要求的；

（五）其他不符合法律、法规、规章规定的情形。

第十二条　保密行政管理部门应当自收到申请国家秘密鉴定的公文之日起 5 日内，对相关材料进行审查，作出是否受理的决定，并告知办案机关。

经审查认为办案机关提交的材料存在瑕疵、不完整或者不能满足鉴定需要的，应当通知办案机关予以修改或者补充。审查受理时间自相关材料修改完成或者补齐之日起计算。

经审查决定不予受理的，应当说明理由并退还相关材料。

第十三条　办案机关不服不予受理决定的，可以在接到通知之日起 10 日内，向作出不予受理决定的保密行政管理部门提出书面异议，并按照本规定第九条、第十条规定提供相关材料。

保密行政管理部门应当在 10 日内,对相关材料进行审查,对符合受理条件的,作出受理决定;对不应受理的,书面告知提出异议的机关并退还相关材料。

省级及以下办案机关提出异议后,对省(自治区、直辖市)保密行政管理部门再次作出的不予受理决定仍有异议的,可以向国家保密行政管理部门提出书面异议。国家保密行政管理部门经审查认为确实不应受理的,书面告知提出异议的机关并退还相关材料;对符合受理条件的,应当要求作出不予受理决定的保密行政管理部门受理鉴定申请。

第三章　鉴定程序

第十四条　受理鉴定申请后,保密行政管理部门应当就下列情况向鉴定事项产生单位征求鉴定意见:

(一)鉴定事项是否由其产生,内容是否真实;

(二)鉴定事项是否已经按照法定程序确定、变更、解除国家秘密,及其时间、理由和依据;

(三)鉴定事项是否应当属于国家秘密及何种密级,是否应当变更或者解除国家秘密,及其理由和依据。

第十五条　存在鉴定事项产生单位不明确,涉及多个机关、单位以及行业、领域,或者有关单位鉴定意见不明确、理由和依据不充分等情形的,保密行政管理部门可以向有关业务主管部门或者相关机关、单位征求鉴定意见。

鉴定事项属于执行、办理已经确定的国家秘密事项的,受理鉴定的保密行政管理部门可以根据工作需要,向原定密单位或者有关业务主管部门征求鉴定意见。

第十六条　国家保密行政管理部门受理鉴定后,对属于地方各级机关、单位产生的鉴定事项,可以征求鉴定事项产生地省(自治区、直辖市)保密行政管理部门鉴定意见。

省(自治区、直辖市)保密行政管理部门受理鉴定后,对属于中央和国家机关产生的鉴定事项,应当直接征求该中央和国家机关鉴定意见;对属于其他地方机关、单位产生的鉴定事项,应当征求相关省(自治区、直辖市)保密行政管理部门鉴定意见。

第十七条　保密行政管理部门征求机关、单位鉴定意见的,机关、单位应当予以配合,按照要求及时提出鉴定意见或者提供相关材料。

第十八条　鉴定事项重大、疑难、复杂或者专业性强、涉及专门技术等问题的,保密行政管理部门可以向相关领域专家进行咨询,为作出国家秘密鉴定结论提供参考。

第十九条　对拟鉴定为国家秘密的事项,保密行政管理部门可以根据工作需要,组织有关机关、单位或者专家对其泄露后已经或者可能造成的危害进行评估。

第二十条　国家秘密鉴定结论应当按照保密法律法规和保密事项范围等鉴定依据,在分析研判有关意见基础上,报保密行政管理部门负责人审批后作出。

第二十一条　省(自治区、直辖市)保密行政管理部门对中央和国家机关、其他省(自治区、直辖市)保密行政管理部门答复的鉴定意见有异议的,或者认为本地区产生的绝密级事项鉴定依据不明确、有争议的,报国家保密行政管理部门审核后,作出鉴定结论。

第二十二条　保密行政管理部门作出鉴定结论应当出具国家秘密鉴定书。国家秘密鉴定书应当包括以下内容:

(一)鉴定事项名称或者内容;

（二）鉴定依据和鉴定结论；

（三）其他需要说明的情况；

（四）鉴定机关名称和鉴定日期。

国家秘密鉴定书应当加盖保密行政管理部门印章。

第二十三条　保密行政管理部门应当在受理国家秘密鉴定申请后 30 日内作出鉴定结论并出具国家秘密鉴定书。因鉴定事项疑难、复杂等不能按期出具国家秘密鉴定书的，经保密行政管理部门负责人批准，可以适当延长工作时限，延长时限最长不超过 30 日。

保密行政管理部门征求有关机关、单位鉴定意见，进行专家咨询时，应当明确答复期限，一般不超过 15 日；对鉴定事项数量较多、疑难、复杂等情况的，经双方协商，可以延长 15 日。

机关、单位提出鉴定意见，专家咨询等时间不计入保密行政管理部门国家秘密鉴定办理期限。

第四章　复核

第二十四条　办案机关有明确理由或者证据证明保密行政管理部门作出的鉴定结论可能错误的，可以向国家保密行政管理部门申请复核。

第二十五条　办案机关申请复核的，应当提交申请复核的公文，说明申请复核的内容和理由，按照本规定第九条、第十条要求提供相关材料，并附需要进行复核的国家秘密鉴定书。

第二十六条　国家保密行政管理部门受理复核申请后，应当向作出鉴定结论的保密行政管理部门调阅鉴定档案、了解有关情况，对其鉴定程序是否规范、依据是否明确、理由是否充分、结论是否准确等进行审核，并根据需要征求有关机关、单位鉴定意见，进行专家咨询或者组织开展危害评估。

第二十七条　国家秘密鉴定复核结论应当按照保密法律法规和保密事项范围等鉴定依据，在分析研判原鉴定情况以及有关意见基础上，报国家保密行政管理部门主要负责人审批后作出。

国家保密行政管理部门的复核结论为最终结论。

第二十八条　国家保密行政管理部门作出复核结论应当出具国家秘密鉴定复核决定书。

国家秘密鉴定复核决定书维持原国家秘密鉴定结论的，应当说明依据或者理由；改变原国家秘密鉴定结论的，应当作出最终的鉴定结论并说明依据或者理由。

国家秘密鉴定复核决定书应当以国家保密行政管理部门名义作出，并加盖印章，抄送作出原国家秘密鉴定结论的省（自治区、直辖市）保密行政管理部门。

第二十九条　国家保密行政管理部门应当在受理国家秘密鉴定复核申请后 60 日内作出复核结论并出具复核决定书。因鉴定事项疑难、复杂等不能按期出具国家秘密鉴定复核决定书的，经国家保密行政管理部门主要负责人批准，可以适当延长工作时限，延长时限最长不超过 30 日。

征求机关、单位鉴定意见，专家咨询时限按照本规定第二十三条第二、三款办理。

第五章　监督管理

第三十条　国家秘密鉴定工作人员与案件有利害关系或者其他关系可能影响公正鉴定的，应当自行回避；办案机关发现上述情形的，有权申请其回避。国家秘密鉴定工作人员的回避,由其所属保密行政管理部门决定。

机关、单位配合开展国家秘密鉴定工作的人员以及有关专家与案件有利害关系或者其他关系可能影响公正鉴定的,应当回避。

第三十一条　保密行政管理部门向机关、单位征求鉴定意见以及组织专家咨询时,应当对鉴定事项作以下处理:

（一）对涉及不同机关、单位或者行业、领域的内容进行拆分,不向机关、单位或者专家提供与其无关、不应由其知悉的内容;

（二）对涉嫌违法犯罪的责任单位或者责任人姓名等作遮盖、删除处理,不向机关、单位或者专家透露案情以及案件办理情况。

第三十二条　保密行政管理部门及其工作人员,配合开展国家秘密鉴定工作的机关、单位及其工作人员,以及有关专家,应当对国家秘密鉴定工作以及工作中知悉的国家秘密、工作秘密、商业秘密、个人隐私予以保密。

保密行政管理部门在征求鉴定意见、组织专家咨询等过程中,应当向有关机关、单位或者专家明确保密要求,必要时组织签订书面保密承诺。

第三十三条　国家秘密鉴定结论与机关、单位定密情况不一致的,保密行政管理部门应当通知机关、单位予以变更或者纠正;对机关、单位未依法履行定密管理职责、情节严重的,予以通报。

第三十四条　省（自治区、直辖市）保密行政管理部门应当将年度国家秘密鉴定工作情况和作出的国家秘密鉴定结论报国家保密行政管理部门。

第三十五条　保密行政管理部门依法办理国家秘密鉴定,不受其他机关、单位,社会团体和个人干涉。

保密行政管理部门未依法履行职责,或者滥用职权、玩忽职守、徇私舞弊的,对负有责任的领导人员和直接责任人员依法进行处理;构成犯罪的,依法追究刑事责任。

第三十六条　在国家秘密鉴定工作中,负有配合鉴定义务的机关、单位及其工作人员拒不配合,弄虚作假,故意出具错误鉴定意见,造成严重后果的,对直接负责的主管人员和其他直接责任人员依法进行处理;构成犯罪的,依法追究刑事责任。

第六章　附　则

第三十七条　保密行政管理部门办理涉嫌泄露国家秘密案件时,可以根据工作需要,按照本规定直接进行国家秘密鉴定。

鉴定事项产生单位属于军队或者鉴定事项涉嫌属于军事秘密的,由军队相关军级以上单位保密工作机构进行国家秘密鉴定或者协助提出鉴定意见。

第三十八条　执行本规定所需要的文书式样,由国家保密行政管理部门统一制定。工作中需要的其他文书,国家保密行政管理部门没有制定式样的,省（自治区、直辖市）保密行政管理部门可以自行制定式样。

第三十九条　本规定由国家保密局负责解释。

第四十条　本规定自 2021 年 9 月 1 日起施行。2013 年 7 月 15 日国家保密局发布的《密级鉴定工作规定》（国保发〔2013〕5 号）同时废止。

4.《泄密案件查处办法》

2017 年 12 月 29 日,国家保密局令第 2 号公布《泄密案件查处办法》,自 2018 年 1 月 1 日起施行。

第一章　总则

第一条　为保守国家秘密,维护国家安全和利益,规范和加强保密行政管理部门泄密案件查处工作,根据《中华人民共和国保守国家秘密法》(以下简称保密法)及其实施条例等法律法规,制定本办法。

第二条　保密行政管理部门对公民举报、机关和单位报告、保密检查发现、有关部门移送的涉嫌泄露国家秘密的案件线索,依法调查或者组织、督促有关机关、单位调查处理,适用本办法。

第三条　查处泄密案件,应当坚持教育和惩处相结合,以事实为依据,以法律为准绳,做到事实清楚,证据确实、充分,定性准确,程序合法,处理适当。

第四条　本办法所称"泄露国家秘密"是指违反保密法律、法规和规章的下列行为之一:

(一)使国家秘密被不应知悉者知悉的;

(二)使国家秘密超出了限定的接触范围,而不能证明未被不应知悉者知悉的。

第五条　存在下列情形之一的,按泄露国家秘密处理:

(一)属于国家秘密的文件资料或者其他物品下落不明的,自发现之日起,绝密级 10 日内,机密级、秘密级 60 日内查无下落的;

(二)未采取符合国家保密规定或者标准的保密措施,在互联网及其他公共信息网络、有线和无线通信中传递国家秘密的;

(三)使用连接互联网或者其他公共信息网络的计算机、移动存储介质等信息设备存储、处理国家秘密,且该信息设备被远程控制的。

第六条　泄密案件查处工作主要包括:

(一)查明所泄露的国家秘密事项的内容与密级;

(二)查明案件事实、主要情节和有关责任人员;

(三)要求有关机关、单位采取必要的补救措施;

(四)根据有关法律、法规和规章等对责任人员提出处理建议,并督促机关、单位作出处理;

(五)针对案件暴露出的问题,督促机关、单位加强和改进保密工作。

第七条　泄密案件查处实行分级办理、各负其责的工作制度。国家保密行政管理部门主管全国的泄密案件查处工作。地方各级保密行政管理部门在上级保密行政管理部门指导下,负责本行政区域的泄密案件查处工作。

有关机关、单位在保密行政管理部门的组织、督促、指导下,对泄密案件进行查处,并采取相应整改补救措施。

第八条　上级保密行政管理部门对下级保密行政管理部门,地方保密行政管理部门对本行政区域内机关、单位泄密案件查处工作进行指导、监督。发现查处不当的,应当及时予以纠正。

第九条　办案人员与案件有利害关系或者其他关系可能影响案件公正处理的,应当自行回避;案件当事人有权要求其回避。

办案人员的回避,由其所属保密行政管理部门决定。保密行政管理部门负责人的回避,由上一级保密行政管理部门决定。

第十条　保密行政管理部门及其办案人员对案件查处工作中获取的国家秘密、工作秘密、商业秘密及个人隐私,应当保密。

第二章　管辖

第十一条　泄密案件由泄密行为发生地县级以上保密行政管理部门管辖。由有关机关、单位所在地或者案件当事人居住地保密行政管理部门管辖更便于查处工作开展的,可以由有关机关、单位所在地或者案件当事人居住地保密行政管理部门管辖。

移交有关机关、单位所在地或者案件当事人居住地保密行政管理部门管辖的泄密案件,泄密行为发生地保密行政管理部门在移交前应当及时收集证据,并配合开展调查取证工作。

第十二条　国家保密行政管理部门依法调查或者组织、督促查处下列泄密案件:

(一)中央和国家机关发生的;

(二)涉及多个省(自治区、直辖市)的;

(三)全国范围内重大、复杂案件。

第十三条　省(自治区、直辖市)保密行政管理部门依法调查或者组织、督促查处下列泄密案件:

(一)省级机关及省(自治区、直辖市)直属机关发生的;

(二)涉及本行政区域内多个市(地、州、盟)或者部门的;

(三)中央和国家机关设在省(自治区、直辖市)的直属机构发生的;

(四)本辖区内重大、复杂案件。

第十四条　中央和国家机关认为本系统发生泄密案件的有关单位情况特殊,不宜由地方保密行政管理部门查处的,可以向国家保密行政管理部门提交书面材料说明理由,由国家保密行政管理部门决定。

第十五条　对于重大、复杂的泄密案件,上级保密行政管理部门可以指定管辖;具有管辖权的保密行政管理部门由于特殊原因不能调查或者组织、督促查处的,可以报请上一级保密行政管理部门指定管辖;同级保密行政管理部门之间因管辖权发生争议的,应当本着有利于开展查处工作的原则协商解决,必要时报请共同的上级保密行政管理部门指定管辖。

上级保密行政管理部门应当在接到指定管辖申请之日起7个工作日内,作出指定管辖决定,并书面通知被指定管辖的保密行政管理部门和其他有关保密行政管理部门。原受理案件的保密行政管理部门收到上级保密行政管理部门书面通知后,应当立即将案卷材料移送被指定管辖的保密行政管理部门,并书面通知有关机关、单位。

第十六条　保密行政管理部门发现案件不属于本部门管辖的,应当自发现之日起7个工作日内移送具有管辖权的保密行政管理部门或者其他部门。

接受移送的保密行政管理部门对管辖权有异议的,应当报请上一级保密行政管理部门指定管辖,不得再自行移送。

第三章　证据

第十七条　可以用于证明案件事实的材料,都是证据。证据包括:

（一）物证；

（二）书证；

（三）证人证言；

（四）案件当事人陈述；

（五）视听资料、电子数据；

（六）保密检查、勘验笔录，技术核查报告；

（七）密级鉴定书。

第十八条　保密行政管理部门在案件调查过程中，应当合法、及时、客观、全面地收集、调取证据材料，并予以审查、核实。

第十九条　收集、调取的物证应当是原物。在原物不便搬运、不易保存，依法应当由有关机关、单位保管、处理或者依法应当返还时，可以拍摄或者制作足以反映原物外形或者内容的照片、录像。物证的照片、录像，经与原物核实无误或者经鉴定证明为真实的，可以作为证据使用。

第二十条　收集、调取的书证应当是原件。在取得原件确有困难时，可以使用副本或者复制件。

书证的副本、复制件，经与原件核实无误的，可以作为证据使用。书证有更改或者更改迹象不能作出合理解释的，或者书证的副本、复制件不能反映书证原件及其内容的，不能作为证据使用。

第二十一条　办案人员应当收集电子数据的原始载体。收集原始载体确有困难时，可以拷贝复制或者进行镜像备份。

第二十二条　书证的副本、复制件，视听资料、电子数据的复制件，物证的照片、录像，应当附原件、原物存放处的文字说明。

第四章　受理

第二十三条　保密行政管理部门对公民举报、机关和单位报告、保密检查发现、有关部门移送的涉嫌泄露国家秘密的案件线索，应当依法及时受理。

第二十四条　保密行政管理部门受理涉嫌泄露国家秘密的案件线索举报，举报人不愿意公开个人或者单位信息的，应当在受理登记时注明，并为其保密。

保密行政管理部门应当对举报人提供的有关证据材料、物品等进行登记，出具接收清单，并妥善保管；必要时，可以拍照、录音或者录像。

第二十五条　保密行政管理部门受理涉嫌泄露国家秘密的案件线索，应当分别作出处理：

（一）已经或者可能泄露国家秘密的，应当进行初查；

（二）经核实，存在违反保密法律法规行为，但情节显著轻微，没有造成危害后果的，可以责成有关机关、单位对责任人员进行批评教育；

（三）没有泄密事实或者案件线索无法核实的，不予处理。

第二十六条　保密行政管理部门受理涉嫌泄露国家秘密的案件线索，发现需要采取补救措施的，应当立即责令有关机关、单位和人员停止违法行为，采取有效措施，防止泄密范围扩大。

第五章　初查与立案

第二十七条　保密行政管理部门在决定是否立案前,应当对涉嫌泄露国家秘密的案件线索进行初查,了解是否存在泄密事实。初查内容包括:

(一)案件线索涉及人员的主体身份及基本情况;

(二)案件线索所反映的问题是否属实,是否造成国家秘密泄露,是否达到刑事立案标准。

第二十八条　初查结束后,应当形成初查情况报告,内容包括案件线索情况、初查情况和处理建议。

第二十九条　保密行政管理部门应当根据初查情况分别作出处理:

(一)确有泄露国家秘密事实,且已经达到刑事立案标准的,应当移送有关部门查处;

(二)确有泄露国家秘密事实,尚未达到刑事立案标准,且具有管辖权的,应当予以立案,不具有管辖权的,应当移交具有管辖权的保密行政管理部门处理;

(三)确有泄露国家秘密事实,但案件线索内容不全或者有误,通知案件线索移送部门或者举报人、报告人补充,经补充案件线索内容仍不具备查处条件的,暂不予以立案,有关材料存档备查;

(四)未造成国家秘密泄露,但存在违反保密法律法规事实的,应当督促、指导有关机关、单位进行调查处理,必要时保密行政管理部门可以直接调查;

(五)未违反保密法律法规,但存在其他涉嫌违法或者违纪事实的,移交有关职能部门处理;

(六)案件线索反映的情况失实的,不予处理,必要时可以向有关机关、单位和案件当事人说明情况。

第三十条　初查时限为2个月,必要时可以延长1个月。重大、复杂的案件线索,在延长期内仍不能初查完毕的,经保密行政管理部门负责人批准后可以延长。

初查时限自接到案件线索之日算起,至呈报初查情况报告之日止。

第三十一条　经初查应当予以立案的,办案人员应当填报立案表,并附案件线索材料、初查情况报告,报请保密行政管理部门负责人审批。

第三十二条　保密行政管理部门在立案后,应当制作立案通知书,通知有关机关、单位;通知立案可能影响案件查处工作的,可以直接通知其上级主管部门。

第六章　调查与处理

第三十三条　案件立案后,保密行政管理部门应当指派2名以上办案人员进行调查或者指导、督促有关机关、单位进行调查。

对于重大、复杂案件,保密行政管理部门可以组织相关部门成立专案组,开展案件调查。

第三十四条　案件调查内容包括:

(一)案件当事人的基本情况;

(二)案件当事人是否实施违反保密法律法规行为;

(三)实施违反保密法律法规行为的时间、地点、手段、后果以及其他情节;

(四)有无法定从重、从轻、减轻或者免予处理的情形;

(五)与案件有关的其他事实。

第三十五条　保密行政管理部门直接调查、检查时,办案人员不得少于 2 人,并应当出示证件,表明身份。

第三十六条　机关、单位应当积极配合案件调查工作,提供相关证据。

机关、单位应当对案件当事人出国(境)进行审查,可能影响案件查处的,不得批准其出国(境)。

第三十七条　案件当事人应当自觉接受、配合调查,如实说明情况;不得与同案人或者知情人串通情况,不得对抗调查;不得将案件查处情况告知他人。

第三十八条　办案人员在案件调查过程中可以询问案件当事人、证人或者其他案件关系人,并制作询问笔录。询问应当个别进行。

第三十九条　询问内容应当包括:

(一)被询问人的基本情况;

(二)被询问人与案件当事人或者与案件的联系;

(三)证明案件当事人是否负有责任以及责任轻重的事实;

(四)所证明的事实发生的原因、时间、地点、手段、情节等;

(五)其他与案件有关的内容。

第四十条　询问笔录应当采取问答式,如实对办案人员的提问和被询问人的回答进行记录。记录被询问人的陈述应当详细具体,忠于原意。对于被询问人声明记忆不清的情节,笔录中应当如实反映。

询问笔录应当交被询问人核对,对没有阅读能力的,应当向其宣读。记录有误或者遗漏的,应当允许被询问人更正或者补充。被询问人确认笔录无误后,应当在询问笔录上逐页签名。拒绝签名的,询问人员应当在询问笔录中注明。

询问时,可以全程录音、录像,并保持录音、录像资料的完整性。

第四十一条　案件当事人、证人或者其他案件关系人请求自行提供书面材料的,应当准许。必要时,办案人员也可以要求案件当事人、证人或者其他案件关系人自行书写。

案件当事人、证人或者其他案件关系人应当在其提供的书面材料结尾处签名。打印的书面材料应当逐页签名。办案人员收到书面材料后,应当在首页注明收到日期,并签名。

第四十二条　询问案件当事人时,办案人员应当听取案件当事人的陈述和申辩。对其陈述和申辩,应当进行核查。

第四十三条　办案人员在案件调查过程中可以查阅、复制与案件有关的文件资料、会议记录、工作笔记等材料,查阅、了解案件当事人的身份信息、现实表现情况等信息,有关机关、单位和个人应当予以配合。

第四十四条　办案人员在案件调查过程中可以对与泄密案件有关的场所、物品进行检查。检查时,被检查人或者见证人应当在场。

办案人员可以根据检查情况制作检查笔录。检查笔录由办案人员、被检查人或者见证人签名;被检查人或者见证人不在场、拒绝签名的,办案人员应当在检查笔录中注明。

第四十五条　在案件调查过程中对国家秘密载体或者相关设施、设备、文件资料等登记保存,依照《中华人民共和国行政强制法》相关规定进行。办案人员应当会同持有人或者见证人查点清楚,当场开列登记保存清单一式二份,写明登记保存对象的名称、规格、数量、特征、登记保存地点等,由办案人员和持有人或者见证人签名后,各执一份。

对于登记保存在有关机关、单位的设施、设备,应当采取足以防止有关证据灭失或者转移的措施。

第四十六条　对涉及计算机、移动存储介质等信息设备的泄密案件,保密行政管理部门可以组织或者委托具有技术核查取证职能的部门或者单位进行技术核查取证。

第四十七条　案件调查过程中,需要对有关事项是否属于国家秘密以及属于何种密级进行鉴定的,应当及时提请具有密级鉴定权的保密行政管理部门鉴定。

第四十八条　案件调查过程中,保密行政管理部门发现有关机关、单位存在泄密隐患的,应当立即要求其采取措施,限期整改;对存在泄密隐患的设施、设备、场所,依法责令停止使用。

第四十九条　经调查,证据不足无法认定存在泄密事实的,经保密行政管理部门负责人批准,应当作出撤销案件的决定。撤销案件的决定应当及时书面通知有关机关、单位。

第五十条　经调查,保密行政管理部门认为案件当事人实施的违反保密法律法规行为涉嫌构成犯罪的,应当连同案件材料及时移送有关部门查处。

第五十一条　调查结束后,保密行政管理部门认为存在泄密事实,需要追究责任的,应当向有关机关、单位提出人员处理建议。有关机关、单位应当及时将处理结果书面告知同级保密行政管理部门。

有关机关、单位对责任人员不依法给予处分的,保密行政管理部门应当依法建议纠正。对拒不纠正的,保密行政管理部门应当依法提请其上一级机关或者监察机关对该机关、单位负有责任的领导人员和直接责任人员依法予以处理。

第五十二条　保密行政管理部门应当针对案件暴露出的问题,督促有关机关、单位采取整改措施,加强和改进保密工作。

机关、单位应当在规定时限内将整改情况书面报送保密行政管理部门。保密行政管理部门可以对机关、单位的整改情况进行复查。

第七章　结案

第五十三条　泄密案件调查终结应当具备下列条件:

(一)泄露国家秘密的事实已经调查清楚;

(二)已经采取必要的补救措施;

(三)已经对案件相关责任人员作出处理,或者移送有关部门查处;

(四)有关机关、单位已经采取整改措施。

第五十四条　办案人员在案件调查处理工作完成后,应当提交结案报告,经立案的保密行政管理部门负责人批准后结案。结案报告应当包括以下内容:

(一)泄密案件的发生、发现经过;

(二)案件涉及国家秘密的密级、数量、载体形式以及概要内容;

(三)泄密案件已经或者可能造成的危害;

(四)案件发生的主要原因;

(五)已经采取的补救措施;

(六)责任人员处理情况;

(七)有关机关、单位整改情况;

(八)其他需要说明的情况。

第五十五条　泄密案件查处时限为 3 个月,自立案之日起 3 个月未能查结的,经查处泄密案件的保密行政管理部门负责人批准可延长 1 个月。

在延长期内仍不能查结的,查处泄密案件的保密行政管理部门应当向上一级保密行政管理部门说明原因,逾期未说明原因或者理由不充分的,上一级保密行政管理部门应当予以检查、督促。

第八章　配合机制

第五十六条　省(自治区、直辖市)保密行政管理部门与中央和国家机关保密工作机构在泄密案件查处工作中应当相互配合。

设区的市、自治州一级及以下地方保密行政管理部门需要中央和国家机关保密工作机构配合工作的,应当报请所属省(自治区、直辖市)保密行政管理部门协调。

第五十七条　保密行政管理部门应当加强与同级纪检监察、网信、审判、检察、公安、国家安全等机关的协调配合,建立健全协调配合机制,共同做好泄密案件查处工作。

第五十八条　在泄密案件查处工作中需要军地双方配合的,军队相应保密工作部门和地方保密行政管理部门可以直接联系,相互之间应当支持配合。

第九章　法律责任

第五十九条　在泄密案件查处工作中,有关机关、单位及其工作人员拒不配合,弄虚作假,隐匿、销毁证据,以其他方式逃避、妨碍案件查处的,对直接负责的主管人员和其他直接责任人员依法给予处分。

企事业单位及其工作人员协助机关、单位逃避、妨碍案件查处的,由有关主管部门依法予以处罚。

第六十条　保密行政管理部门办理泄密案件,未依法履行职责,或者滥用职权、玩忽职守、徇私舞弊的,对直接负责的主管人员和其他直接责任人员依法给予处分;构成犯罪的,依法追究刑事责任。

第十章　附则

第六十一条　机关、单位工作人员实施保密法第四十八条规定的其他违法行为,保密行政管理部门可以参照本办法调查或者组织、督促机关、单位调查处理。

第六十二条　执行本办法所需要的文书式样,由国家保密行政管理部门统一制定。国家保密行政管理部门没有制定式样,执法工作中需要的其他文书,省(自治区、直辖市)保密行政管理部门可以自行制定式样。

第六十三条　本办法由国家保密局负责解释。

第六十四条　本办法自 2018 年 1 月 1 日起施行。国家保密局 1992 年 11 月 20 日印发的《泄密事件查处办法(试行)》同时废止。

5.《涉密信息系统集成资质管理办法》

2020 年 12 月 10 日,国家保密局令第 1 号公布《涉密信息系统集成资质管理办法》,自2021 年 3 月 1 日起施行。

第一章　总则

第一条　为了加强涉密信息系统集成资质管理,确保国家秘密安全,根据《中华人民共和国保守国家秘密法》、《中华人民共和国行政许可法》、《中华人民共和国行政处罚法》、《中华人民共和国保守国家秘密法实施条例》等有关法律法规,制定本办法。

第二条　本办法所称涉密信息系统集成(以下简称涉密集成),是指涉密信息系统的规划、设计、建设、监理和运行维护等活动。

涉密集成资质是指保密行政管理部门许可企业事业单位从事涉密信息系统集成业务的法定资格。

第三条　涉密集成资质的申请、受理、审查、决定、使用和监督管理,适用本办法。

第四条　从事涉密集成业务的企业事业单位应当依照本办法,取得涉密集成资质。

国家机关和涉及国家秘密的单位(以下简称机关、单位)应当选择具有涉密集成资质的单位(以下简称资质单位)承接涉密集成业务。

第五条　涉密集成资质管理应当遵循依法管理、安全保密、科学发展、公平公正的原则。

第六条　国家保密行政管理部门主管全国涉密集成资质管理工作,省级保密行政管理部门主管本行政区域内涉密集成资质管理工作。

省级以上保密行政管理部门根据工作需要,可以委托下一级保密行政管理部门开展审查工作,或者组织机构协助开展工作。

第七条　省级以上保密行政管理部门应当指定专门机构承担保密资质管理日常工作。

第八条　省级以上保密行政管理部门建立保密资质审查专家库,组织开展入库审查、培训考核等工作。

第九条　实施涉密集成资质许可不收取任何费用,所需经费纳入同级财政预算。

第二章　等级与条件

第十条　涉密集成资质分为甲级和乙级两个等级。

甲级资质单位可以从事绝密级、机密级和秘密级涉密集成业务;乙级资质单位可以从事机密级、秘密级涉密集成业务。

第十一条　涉密集成资质包括总体集成、系统咨询、软件开发、安防监控、屏蔽室建设、运行维护、数据恢复、工程监理,以及国家保密行政管理部门许可的其他涉密集成业务。取得总体集成业务种类许可的,除从事系统集成业务外,还可从事软件开发、安防监控和所承建系统的运行维护业务。

资质单位应当在保密行政管理部门许可的业务种类范围内承接涉密集成业务。承接涉密系统咨询、工程监理业务的,不得承接所咨询、监理业务的其他涉密集成业务。

第十二条　申请单位应当具备以下基本条件:

(一)在中华人民共和国境内依法成立三年以上的法人;

(二)无犯罪记录且近三年内未被吊销保密资质(资格),法定代表人、主要负责人、实际控制人未被列入失信人员名单;

(三)法定代表人、主要负责人、实际控制人、董(监)事会人员、高级管理人员以及从事涉密集成业务人员具有中华人民共和国国籍,无境外永久居留权或者长期居留许可,与境外人员无

婚姻关系,国家另有规定的除外;

(四)具有从事涉密集成业务的专业能力;

(五)法律、行政法规和国家保密行政管理部门规定的其他条件。

第十三条　申请单位应当具备以下保密条件:

(一)有专门机构或者人员负责保密工作;

(二)保密制度完善;

(三)从事涉密集成业务的人员经过保密教育培训,具备必要的保密知识和技能;

(四)用于涉密集成业务的场所、设施、设备符合国家保密规定和标准;

(五)有专门的保密工作经费;

(六)法律、行政法规和国家保密行政管理部门规定的其他保密条件。

第十四条　申请单位应当无外国投资者直接投资,且通过间接方式投资的外国投资者在申请单位中的出资比例最终不得超过 20%;申请单位及其股东的实际控制人不得为外国投资者,外国投资者在申请单位母公司中的出资比例最终不得超过 20%。

在新三板挂牌的企业申请资质以及资质有效期内的,还应当符合以下条件:

(一)参与挂牌交易的股份比例不高于总股本的 30%;

(二)实际控制人在申请期间及资质有效期内保持控制地位不变。

第十五条　申请单位应当建立完善的内部管理和信息披露制度,未经国务院有关主管部门或者省级人民政府有关主管部门批准,外国投资者不得接触、知悉国家秘密信息。

第十六条　申请单位申请不同等级和业务种类的涉密集成资质,应当符合涉密集成资质具体条件的要求。

第三章　申请、受理、审查与决定

第十七条　申请甲级资质的,应当向国家保密行政管理部门提出申请;申请乙级资质的,应当向注册地的省级保密行政管理部门提出申请。申请单位应当提交以下材料:

(一)《涉密信息系统集成资质申请书》(以下简称申请书);

(二)企业营业执照或者事业单位法人证书;

(三)在登记机关备案的章程;

(四)法定代表人、主要负责人、实际控制人、董(监)事会人员、高级管理人员以及从事涉密集成业务的其他人员情况;

(五)资本结构和股权情况;

(六)生产经营和办公场所产权证书或者租赁合同;

(七)近三年集成业务合同清单;

(八)涉密集成业务场所和保密设施、设备情况;

(九)基本管理制度、保密制度以及保密体系运行情况。

申请书及相关材料不得涉及国家秘密,申请单位应当对申请材料的真实性和完整性负责。

第十八条　保密行政管理部门收到申请材料后,应当在五日内完成审查。申请材料齐全且符合法定形式的,应当受理并发出受理通知书;申请材料不齐全或者不符合法定形式的,应当一次告知申请单位十五日内补正材料;逾期未告知申请单位补正的,自收到申请材料之日起即为受理。申请单位十五日内不予补正的,视为放弃本次行政许可申请。

第十九条 资质审查分为书面审查、现场审查。确有需要的,可以组织专家开展评审。

第二十条 对作出受理决定的,保密行政管理部门应当对提交的申请材料进行书面审查。

第二十一条 对书面审查合格的单位,保密行政管理部门应当指派两名以上工作人员,并可以结合工作实际指派一名以上审查专家,依据涉密集成资质审查细则和评分标准,对保密制度、保密工作机构、保密监督管理、涉密人员管理、保密技术防护以及从事涉密集成业务的专业能力等情况进行现场审查。

涉密集成资质审查细则和评分标准由国家保密行政管理部门另行规定。

第二十二条 现场审查应当按照以下程序进行:

(一)提前五日以传真、电子邮件等形式书面通知申请单位现场审查时间;

(二)听取申请单位情况汇报和对有关事项的说明;

(三)审查有关材料;

(四)与主要负责人、保密工作负责人及有关人员谈话了解情况;

(五)组织涉密人员进行保密知识测试;

(六)对涉密场所、涉密设备等进行实地查看;

(七)汇总现场审查情况,形成现场审查报告;

(八)通报审查情况,申请单位法定代表人或者主要负责人在现场审查报告上签字确认。

第二十三条 申请单位具有下列情形之一的,保密行政管理部门应当终止审查:

(一)隐瞒有关情况或者提供虚假材料的;

(二)采取贿赂、请托等不正当手段,影响审查工作公平公正进行的;

(三)无正当理由拒绝按通知时间接受现场审查的;

(四)现场审查中发现不符合评分标准基本项的;

(五)其他违反保密法律法规的行为。

第二十四条 申请单位书面审查、现场审查合格的,保密行政管理部门应当准予行政许可。

申请单位具有下列情形之一的,保密行政管理部门应当作出不予行政许可的书面决定,说明理由并告知申请单位相关权利:

(一)书面审查不合格的;

(二)现场审查不合格的;

(三)终止审查的;

(四)法律、行政法规规定的不予行政许可的其他情形。

第二十五条 保密行政管理部门应当自受理申请之日起二十日内,对申请单位作出准予行政许可或者不予行政许可的决定。二十日内不能作出决定的,经本行政机关负责人批准,可以延长十日,并应当将延长期限的理由告知申请单位。

保密行政管理部门组织开展专家评审、鉴定所需时间不计入行政许可期限。

第二十六条 保密行政管理部门作出准予行政许可的决定的,自作出决定之日起十日内向申请单位颁发《涉密信息系统集成资质证书》(以下简称《资质证书》)。

第二十七条 《资质证书》有效期为五年,分为正本和副本,正本和副本具有同等法律效力。样式由国家保密行政管理部门统一制作,主要包括以下内容:

(一)单位名称;

（二）法定代表人；

（三）注册地址；

（四）证书编号；

（五）资质等级；

（六）业务种类；

（七）发证机关；

（八）有效期和发证日期。

第二十八条 《资质证书》有效期满，需要继续从事涉密集成业务的，应当在有效期届满三个月前向保密行政管理部门提出延续申请，保密行政管理部门应当按照本办法有关规定开展审查，申请单位未按规定期限提出延续申请的，视为重新申请。

有效期届满且未准予延续前，不得签订新的涉密集成业务合同。对于已经签订合同但未完成的涉密业务，在确保安全保密的条件下可以继续完成。

第二十九条 省级保密行政管理部门应当将许可的乙级资质单位报国家保密行政管理部门备案。

准予行政许可和注销、吊销、撤销以及暂停资质的决定，由作出决定的保密行政管理部门在一定范围内予以发布。

第四章 监督与管理

第三十条 省级以上保密行政管理部门应当加强对下一级保密行政管理部门以及协助开展审查工作的专门机构的监督检查，及时纠正资质管理中的违法违规行为。

第三十一条 保密行政管理部门应当开展"双随机"抽查、飞行检查等形式的保密检查，对资质单位从事涉密集成业务和保密管理情况进行监督。

第三十二条 机关、单位委托资质单位从事涉密集成业务，应当查验其《资质证书》，签订保密协议，提出保密要求，采取保密措施，加强涉密业务实施现场的监督检查。

第三十三条 资质单位与其他单位合作开展涉密集成业务的，合作单位应当具有相应的涉密集成资质且取得委托方书面同意。

资质单位不得将涉密集成业务分包或者转包给无相应涉密资质的单位。

第三十四条 资质单位承接涉密集成业务的，应当在签订合同后三十日内，向业务所在地省级保密行政管理部门备案，接受保密监督管理。

第三十五条 乙级资质单位拟在注册地的省级行政区域外承接涉密集成业务的，应当向业务所在地的省级保密行政管理部门备案，接受保密监督管理。

第三十六条 资质单位实行年度自检制度，应当于每年 3 月 31 日前向作出准予行政许可决定的保密行政管理部门报送上一年度自检报告。

第三十七条 资质单位下列事项发生变更的，应当在变更前向保密行政管理部门书面报告：

（一）注册资本或者股权结构；

（二）控股股东或者实际控制人；

（三）单位性质或者隶属关系；

（四）用于涉密集成业务的场所。

保密行政管理部门应当对资质单位变更事项进行书面审查。通过审查的,资质单位应当按照审定事项实施变更,并在变更完成后十日内提交情况报告。

拟公开上市的,应当资质剥离后重新申请;对影响或者可能影响国家安全的外商投资,应当按照外商投资安全审查制度进行安全审查。

资质单位发生控股股东或者实际控制人、单位性质或者隶属关系、用于涉密集成业务的场所等事项变更的,保密行政管理部门应当组织现场审查。

第三十八条　资质单位下列事项发生变更的,应当在变更后十日内向保密行政管理部门书面报告:

(一)单位名称;

(二)注册地址或者经营地址;

(三)经营范围;

(四)法定代表人、董(监)事会人员或者高级管理人员。

资质单位变更完成需换发《资质证书》的,由保密行政管理部门审核后重新颁发。

第三十九条　保密行政管理部门在现场审查、保密检查过程中,发现申请单位或者资质单位存在涉嫌泄露国家秘密的案件线索,应当根据工作需要,按照泄密案件管辖权限,经保密行政管理部门负责人批准,由具备执法资格的人员对有关设施、设备、载体等采取登记保存措施,依法开展调查工作。

保密行政管理部门调查结束后,认定申请单位或者资质单位存在违反保密法律法规事实的,违法行为发生地的保密行政管理部门应当按照本办法作出处理,并将违法事实、处理结果抄告受理申请或者准予行政许可的保密行政管理部门。

第四十条　有下列情形之一的,作出准予行政许可决定的保密行政管理部门或者其上级保密行政管理部门,依据职权可以撤销行政许可:

(一)保密行政管理部门滥用职权、玩忽职守作出准予行政许可决定的;

(二)超越法定职权作出准予行政许可决定的;

(三)违反法定程序作出准予行政许可决定的;

(四)对不具备申请资格或者不符合法定条件的申请单位准予行政许可的;

(五)依法可以撤销行政许可的其他情形。

资质单位采取欺骗、贿赂等不正当手段取得资质的,保密行政管理部门应当撤销其资质,停止其涉密业务。自撤销之日起,三年内不得再次申请。

第四十一条　资质单位具有下列情形之一的,作出准予行政许可决定的保密行政管理部门应当注销其资质:

(一)《资质证书》有效期届满未延续的;

(二)法人资格依法终止的;

(三)主动申请注销资质的;

(四)行政许可依法被撤销、撤回,或者行政许可证件依法被吊销的;

(五)因不可抗力导致行政许可事项无法实施的;

(六)法律、行政法规规定的应当注销资质的其他情形。

第四十二条　申请单位或者资质单位对保密行政管理部门作出的决定不服的,可以依法申请行政复议或者提起行政诉讼。

第五章　法律责任

第四十三条　资质单位违反本办法的,依照本办法有关规定处理;构成犯罪的,依法追究刑事责任。

第四十四条　资质单位具有下列情形之一的,保密行政管理部门应当责令其在二十日内完成整改,逾期不改或者整改后仍不符合要求的,应当给予六个月以上十二个月以下暂停资质的处罚:

(一)未经委托方书面同意,擅自与其他涉密集成资质单位合作开展涉密集成业务的;

(二)超出行政许可的业务种类范围承接涉密集成业务的;

(三)发生需要报告的事项,未及时报告的;

(四)承接涉密集成业务,未按规定备案的;

(五)未按本办法提交年度自检报告的;

(六)不符合其他保密管理规定,存在泄密隐患的。

第四十五条　资质单位不再符合申请条件,或者具有下列情形之一的,保密行政管理部门应当吊销其资质,停止其涉密业务:

(一)涂改、出卖、出租、出借《资质证书》,或者以其他方式伪造、非法转让《资质证书》的;

(二)将涉密集成业务分包或者转包给无相应涉密资质单位的;

(三)发现国家秘密已经泄露或者可能泄露,未按法定时限报告的;

(四)拒绝接受保密检查的;

(五)资质暂停期间,承接新的涉密集成业务的;

(六)资质暂停期满,仍不符合保密管理规定的;

(七)发生泄密案件的;

(八)其他违反保密法律法规的行为。

第四十六条　申请单位隐瞒有关情况或者提供虚假材料的,保密行政管理部门应当作出不予受理或者不予行政许可的决定。自不予受理或者不予行政许可之日起,一年内不得再次申请。

第四十七条　未经保密行政管理部门许可的单位从事涉密集成业务的,由保密行政管理部门责令停止违法行为,非法获取、持有的国家秘密载体,应当予以收缴;有违法所得的,由市场监督管理部门没收违法所得;构成犯罪的,依法追究刑事责任。

第四十八条　机关、单位委托未经保密行政管理部门许可的单位从事涉密集成业务的,应当由有关机关、单位对直接负责的主管人员和其他直接责任人员依法给予处分;构成犯罪的,依法追究刑事责任。

第四十九条　保密行政管理部门及其工作人员未依法履行职责,或者滥用职权、玩忽职守、徇私舞弊的,对直接负责的主管人员和其他直接责任人员依法给予政务处分;构成犯罪的,依法追究刑事责任。

第六章　附则

第五十条　机关、单位自行开展涉密信息系统集成业务,可以由本机关、单位内部信息化工作机构承担,接受同级保密行政管理部门监督指导。

第五十一条　申请单位资本结构包含香港特别行政区、澳门特别行政区、台湾地区投资者以及定居在国外中国公民投资者的,参照本办法管理。国家另有规定的,从其规定。

第五十二条　本办法规定的实施行政许可的期限以工作日计算,不含法定节假日。

第五十三条　本办法由国家保密局负责解释。

第五十四条　本办法自 2021 年 3 月 1 日起施行。国家保密局发布的《涉密信息系统集成资质管理办法》(国保发〔2013〕7 号,国保发〔2019〕13 号修订)同时废止。

附件:(略)

6.《国家秘密载体印制资质管理办法》

2020 年 12 月 22 日,国家保密局、国家市场监督管理总局令第 2 号公布《国家秘密载体印制资质管理办法》,自 2021 年 3 月 1 日起施行。

第一章　总则

第一条　为了加强国家秘密载体印制资质管理,确保国家秘密安全,根据《中华人民共和国保守国家秘密法》、《中华人民共和国行政许可法》、《中华人民共和国行政处罚法》、《中华人民共和国保守国家秘密法实施条例》等有关法律法规,制定本办法。

第二条　本办法所称国家秘密载体印制(以下简称涉密印制),是指以印刷、复制等方式制作国家秘密载体的行为。

涉密印制资质是指保密行政管理部门许可企业事业单位从事国家秘密载体印制业务的法定资格。

第三条　涉密印制资质的申请、受理、审查、决定、使用和监督管理,适用本办法。

第四条　从事涉密印制业务的企业事业单位应当依照本办法,取得涉密印制资质。

国家机关和涉及国家秘密的单位(以下简称机关、单位)应当选择具有涉密印制资质的单位(以下简称资质单位)承接涉密印制业务。

第五条　涉密印制资质管理应当遵循依法管理、安全保密、科学发展、公平公正的原则。

第六条　国家保密行政管理部门主管全国涉密印制资质管理工作,省级保密行政管理部门主管本行政区域内涉密印制资质管理工作。

省级以上保密行政管理部门根据工作需要,可以委托下一级保密行政管理部门开展审查工作,或者组织机构协助开展工作。

第七条　省级以上保密行政管理部门应当指定专门机构承担保密资质管理日常工作。

第八条　省级以上保密行政管理部门建立保密资质审查专家库,组织开展入库审查、培训考核等工作。

第九条　实施涉密印制资质许可不收取任何费用,所需经费纳入同级财政预算。

第二章　等级与条件

第十条　涉密印制资质分为甲级和乙级两个等级。

甲级资质单位可以从事绝密级、机密级、秘密级涉密印制业务;乙级资质单位可以从事机密级、秘密级涉密印制业务。

第十一条　涉密印制资质包括涉密文件资料、国家统一考试试卷、涉密防伪票据证书、涉密光电磁介质、涉密档案数字化加工,以及国家保密行政管理部门许可的其他涉密印制业务。

资质单位应当在保密行政管理部门许可的业务种类范围内承接涉密印制业务。

第十二条　申请单位应当具备以下基本条件：

（一）在中华人民共和国境内注册的法人，从事印制业务三年以上，甲级资质申请单位还应当具备相应乙级资质三年以上；

（二）无犯罪记录且近三年内未被吊销保密资质（资格），法定代表人、主要负责人、实际控制人未被列入失信人员名单；

（三）法定代表人、主要负责人、实际控制人、董（监）事会人员、高级管理人员以及从事涉密印制业务人员具有中华人民共和国国籍，无境外永久居留权或者长期居留许可，与境外人员无婚姻关系，国家另有规定的除外；

（四）具有从事涉密印制业务的专业能力；

（五）法律、行政法规和国家保密行政管理部门规定的其他条件。

第十三条　申请单位应当具备以下保密条件：

（一）有专门机构或者人员负责保密工作；

（二）保密制度完善；

（三）从事涉密印制业务的人员经过保密教育培训，具备必要的保密知识和技能；

（四）用于涉密印制业务的场所、设施、设备符合国家保密规定和标准；

（五）有专门的保密工作经费；

（六）法律、行政法规和国家保密行政管理部门规定的其他保密条件。

第十四条　申请涉密文件资料、涉密光电磁介质、涉密档案数字化加工资质的单位不得有外国投资者投资。在新三板挂牌的企业申请资质以及资质有效期内的，还应当符合以下条件：

（一）参与挂牌交易的股份比例不高于总股本的 30%；

（二）实际控制人在申请期间及资质有效期内保持控制地位不变。

第十五条　申请国家统一考试试卷、涉密防伪票据证书资质的单位不得由外国投资者控股。

第十六条　申请单位应当建立完善的内部管理和信息披露制度，未经国务院有关主管部门或省级人民政府有关主管部门批准，外国投资者不得接触、知悉国家秘密信息。

第十七条　申请单位申请不同等级和业务种类的涉密印制资质，应当符合涉密印制资质具体条件的要求。

第三章　申请、受理、审查与决定

第十八条　申请甲级资质的，应当向国家保密行政管理部门提出申请；申请乙级资质的，应当向注册地的省级保密行政管理部门提出申请。申请单位应当提交以下材料：

（一）《国家秘密载体印制资质申请书》（以下简称申请书）；

（二）企业营业执照或者事业单位法人证书；

（三）在登记机关备案的章程；

（四）从事印刷、复制等经营活动的许可证明；

（五）法定代表人、主要负责人、实际控制人、董（监）事会人员、高级管理人员以及从事涉密印制业务的其他人员情况；

（六）资本结构和股权情况；

（七）上一年度企业年度报告；

（八）生产经营和办公场所的产权证书或者租赁合同；

（九）近三年印制业务合同清单；

（十）涉密印制业务设备、场所和保密设施、设备情况；

（十一）基本管理制度、保密制度以及保密体系运行情况。

申请书及相关材料不得涉及国家秘密，申请单位应当对申请材料的真实性和完整性负责。

第十九条　保密行政管理部门收到申请材料后，应当在五日内完成审查。申请材料齐全且符合法定形式的，应当受理并发出受理通知书；申请材料不齐全或者不符合法定形式的，应当一次告知申请单位十五日内补正材料；逾期未告知申请单位补正的，自收到申请材料之日起即为受理。申请单位十五日内不予补正的，视为放弃本次行政许可申请。

第二十条　资质审查分为书面审查、现场审查。确有需要的，可以组织专家开展评审。

第二十一条　对作出受理决定的，保密行政管理部门应当对提交的申请材料进行书面审查。

第二十二条　对书面审查合格的单位，保密行政管理部门应当指派两名以上工作人员，并可以结合工作实际指派一名以上审查专家，依据涉密印制资质审查细则和评分标准，对保密制度、保密工作机构、保密监督管理、涉密人员管理、保密技术防护以及从事涉密印制业务的专业能力等情况进行现场审查。

涉密印制资质审查细则和评分标准由国家保密行政管理部门另行规定。

第二十三条　现场审查应当按照以下程序进行：

（一）提前五日以传真、电子邮件等形式书面通知申请单位现场审查时间；

（二）听取申请单位情况汇报和对有关事项的说明；

（三）审查有关材料；

（四）与主要负责人、保密工作负责人及有关人员谈话了解情况；

（五）组织涉密人员进行保密知识测试；

（六）对涉密场所、涉密设备等进行实地查看；

（七）汇总现场审查情况，形成现场审查报告；

（八）通报审查情况，申请单位法定代表人或者主要负责人在现场审查报告上签字确认。

第二十四条　申请单位具有下列情形之一的，保密行政管理部门应当终止审查：

（一）隐瞒有关情况或者提供虚假材料的；

（二）采取贿赂、请托等不正当手段，影响审查工作公平公正进行的；

（三）无正当理由拒绝按通知时间接受现场审查的；

（四）现场审查中发现不符合评分标准基本项的；

（五）其他违反保密法律法规的行为。

第二十五条　申请单位书面审查、现场审查合格的，保密行政管理部门应当准予行政许可。

申请单位具有下列情形之一的，保密行政管理部门应当作出不予行政许可的书面决定，说明理由并告知申请单位相关权利。

（一）书面审查不合格的；

（二）现场审查不合格的；

（三）终止审查的；

（四）法律、行政法规规定的不予行政许可的其他情形。

第二十六条　保密行政管理部门应当自受理申请之日起二十日内,对申请单位作出准予行政许可或者不予行政许可的决定。二十日内不能作出决定的,经本行政机关负责人批准,可以延长十日,并应当将延长期限的理由告知申请单位。

保密行政管理部门组织开展专家评审、鉴定所需时间不计入行政许可期限。

第二十七条　保密行政管理部门作出准予行政许可的决定的,自作出决定之日起十日内向申请单位颁发《国家秘密载体印制资质证书》(以下简称《资质证书》)。

第二十八条　《资质证书》有效期为五年,分为正本和副本,正本和副本具有同等法律效力。样式由国家保密行政管理部门统一制作,主要包括以下内容:

（一）单位名称;

（二）法定代表人;

（三）注册地址;

（四）证书编号;

（五）资质等级;

（六）业务种类;

（七）发证机关;

（八）有效期和发证日期。

第二十九条　《资质证书》有效期满,需要继续从事涉密印制业务的,应当在有效期届满三个月前向保密行政管理部门提出延续申请,保密行政管理部门应当按照本办法有关规定开展审查,申请单位未按规定期限提出延续申请的,视为重新申请。

有效期届满且未准予延续前,不得签订新的涉密印制业务合同。对于已经签订合同但未完成的涉密业务,在确保安全保密的条件下可以继续完成。

第三十条　省级保密行政管理部门应当将许可的乙级资质单位报国家保密行政管理部门备案。

准予行政许可和注销、吊销、撤销以及暂停资质的决定,由作出决定的保密行政管理部门在一定范围内予以发布。

第四章　监督与管理

第三十一条　省级以上保密行政管理部门应当加强对下一级保密行政管理部门以及协助开展审查工作的专门机构的监督检查,及时纠正资质管理中的违法违规行为。

第三十二条　保密行政管理部门应当开展"双随机"抽查、飞行检查等形式的保密检查,对资质单位从事涉密印制业务和保密管理情况进行监督。

第三十三条　机关、单位委托资质单位印制国家秘密载体,应当查验其《资质证书》,出具委托证明,签订保密协议,提出保密要求,督促落实保密措施。

资质单位应当查验、收取委托方的委托证明,并进行登记。没有委托证明的,资质单位不得承接。

第三十四条　资质单位与其他单位合作开展涉密印制业务的,合作单位应当具有相应的涉密印制资质且取得委托方书面同意。

资质单位不得将涉密印制业务分包或者转包给无相应涉密资质的单位。

第三十五条 乙级资质单位拟在注册地的省级行政区域外承接涉密印制业务的,应当向业务所在地的省级保密行政管理部门备案,接受保密监督管理。

第三十六条 资质单位实行年度自检制度,应当于每年 3 月 31 日前向作出准予行政许可决定的保密行政管理部门报送上一年度自检报告。

第三十七条 资质单位下列事项发生变更的,应当在变更前向保密行政管理部门书面报告:

(一)注册资本或者股权结构;

(二)控股股东或者实际控制人;

(三)单位性质或者隶属关系;

(四)用于涉密印制业务的场所。

保密行政管理部门应当对资质单位变更事项进行书面审查。通过审查的,资质单位应当按照审定事项实施变更,并在变更完成后十日内提交情况报告。

对影响或者可能影响国家安全的外商投资,应当按照外商投资安全审查制度进行安全审查。

资质单位发生控股股东或者实际控制人、单位性质或者隶属关系、用于涉密印制业务的场所等事项变更的,保密行政管理部门应当组织现场审查。

第三十八条 资质单位下列事项发生变更的,应当在变更后十日内向保密行政管理部门书面报告:

(一)单位名称;

(二)注册地址或者经营地址;

(三)经营范围;

(四)法定代表人、董(监)事会人员或者高级管理人员。

资质单位变更完成需换发《资质证书》的,由保密行政管理部门审核后重新颁发。

第三十九条 保密行政管理部门在现场审查、保密检查过程中,发现申请单位或者资质单位存在涉嫌泄露国家秘密的案件线索,应当根据工作需要,按照泄密案件管辖权限,经保密行政管理部门负责人批准,由具备执法资格的人员对有关设施、设备、载体等采取登记保存措施,依法开展调查工作。

保密行政管理部门调查结束后,认定申请单位或者资质单位存在违反保密法律法规事实的,违法行为发生地的保密行政管理部门应当按照本办法作出处理,并将违法事实、处理结果抄告受理申请或者准予行政许可的保密行政管理部门。

第四十条 有下列情形之一的,作出准予行政许可决定的保密行政管理部门或者其上级保密行政管理部门,依据职权可以撤销行政许可:

(一)保密行政管理部门滥用职权、玩忽职守作出准予行政许可决定的;

(二)超越法定职权作出准予行政许可决定的;

(三)违反法定程序作出准予行政许可决定的;

(四)对不具备申请资格或者不符合法定条件的申请单位准予行政许可的;

(五)依法可以撤销行政许可的其他情形。

资质单位采取欺骗、贿赂等不正当手段取得资质的,保密行政管理部门应当撤销其资质,停止其涉密业务。自撤销之日起,三年内不得再次申请。

第四十一条　资质单位具有下列情形之一的,作出准予行政许可决定的保密行政管理部门应当注销其资质:

(一)《资质证书》有效期届满未延续的;

(二)法人资格依法终止的;

(三)主动申请注销资质的;

(四)行政许可依法被撤销、撤回,或者行政许可证件依法被吊销的;

(五)因不可抗力导致行政许可事项无法实施的;

(六)法律、行政法规规定的应当注销资质的其他情形。

第四十二条　申请单位或者资质单位对保密行政管理部门作出的决定不服的,可以依法申请行政复议或者提起行政诉讼。

第五章　法律责任

第四十三条　资质单位违反本办法的,依照本办法有关规定处理;构成犯罪的,依法追究刑事责任。

第四十四条　资质单位具有下列情形之一的,保密行政管理部门应当责令其在二十日内完成整改,逾期不改或者整改后仍不符合要求的,给予六个月以上十二个月以下暂停资质的处罚:

(一)未经委托方书面同意,擅自与其他涉密印制资质单位合作开展涉密印制业务的;

(二)超出行政许可的业务种类范围承接涉密印制业务的;

(三)发生需要报告的事项,未及时报告的;

(四)未按本办法提交年度自检报告的;

(五)不符合其他保密管理规定,存在泄密隐患的。

第四十五条　资质单位不再符合申请条件,或者具有下列情形之一的,保密行政管理部门应当吊销其资质,停止其涉密业务:

(一)涂改、出卖、出租、出借《资质证书》,或者以其他方式伪造、非法转让《资质证书》的;

(二)将涉密印制业务分包或者转包给无相应涉密资质单位的;

(三)发现国家秘密已经泄露或者可能泄露,未按法定时限报告的;

(四)拒绝接受保密检查的;

(五)资质暂停期间,承接新的涉密印制业务的;

(六)资质暂停期满,仍不符合保密管理规定的;

(七)发生泄密案件的;

(八)其他违反保密法律法规的行为。

第四十六条　申请单位隐瞒有关情况或者提供虚假材料的,保密行政管理部门应当作出不予受理或者不予行政许可的决定。自不予受理或者不予许可之日起,一年内不得再次申请。

第四十七条　未经保密行政管理部门许可的单位从事涉密印制业务的,由保密行政管理部门责令停止违法行为,非法获取、持有的国家秘密载体,应当予以收缴;有违法所得的,由市场监督管理部门没收违法所得;构成犯罪的,依法追究刑事责任。

第四十八条　机关、单位委托未经保密行政管理部门许可的单位从事涉密印制业务的,应当由有关机关、单位对直接负责的主管人员和其他直接责任人员依法给予处分；构成犯罪的，依法追究刑事责任。

第四十九条 保密行政管理部门及其工作人员未依法履行职责，或者滥用职权、玩忽职守、徇私舞弊的，对直接负责的主管人员和其他直接责任人员依法给予政务处分；构成犯罪的，依法追究刑事责任。

第六章 附则

第五十条 机关、单位内部非经营性印刷厂、文印中心（室），承担本机关、单位涉密印制业务的，可不申请涉密印制资质，由本机关、单位按照保密要害部门部位进行管理，接受同级保密行政管理部门监督指导。

第五十一条 申请单位资本结构包含香港特别行政区、澳门特别行政区、台湾地区投资者以及定居在国外中国公民投资者的，参照本办法管理。国家另有规定的，从其规定。

第五十二条 本办法规定的实施行政许可的期限以工作日计算，不含法定节假日。

第五十三条 本办法由国家保密局负责解释。

第五十四条 本办法自 2021 年 3 月 1 日起施行。国家保密局、国家工商行政管理总局、国家新闻出版总署发布的《国家秘密载体印制资质管理办法》（国保发〔2012〕7 号，国保发〔2019〕13 号修订）同时废止。

附件：（略）

7.《计算机信息系统安全专用产品检测和销售许可证管理办法》

1997 年 12 月 12 日，公安部令第 32 号发布《计算机信息系统安全专用产品检测和销售许可证管理办法》，自发布之日起施行。

第一章 总则

第一条 为了加强计算机信息系统安全专用产品（以下简称安全专用产品）的管理，保证安全专用产品的安全功能，维护计算机信息系统的安全，根据《中华人民共和国计算机信息系统安全保护条例》第十六条的规定，制定本办法。

第二条 本办法所称计算机信息系统安全专用产品，是指用于保护计算机信息系统安全的专用硬件和软件产品。

第三条 中华人民共和国境内的安全专用产品进入市场销售，实行销售许可证制度。

安全专用产品的生产者在其产品进入市场销售之前，必须申领《计算机信息系统安全专用产品销售许可证》（以下简称销售许可证）。

第四条 安全专用产品的生产者申领销售许可证，必须对其产品进行安全功能检测和认定。

第五条 公安部计算机管理监察部门负责销售许可证的审批颁发工作和安全专用产品安全功能检测机构（以下简称检测机构）的审批工作。

地（市）级以上人民政府公安机关负责销售许可证的监督检查工作。

第二章 检测机构的申请与批准

第六条 经省级以上技术监督行政主管部门或者其授权的部门考核合格的检测机构，可以向公安部计算机管理监察部门提出承担安全专用产品检测任务的申请。

第七条　公安部计算机管理监察部门对提出申请的检测机构的检测条件和能力进行审查,经审查合格的,批准其承担安全专用产品检测任务。

第八条　检测机构应当履行下列职责:

(一)严格执行公安部计算机管理监察部门下达的检测任务;

(二)按照标准格式填写安全专用产品检测报告;

(三)出具检测结果报告;

(四)接受公安部计算机管理监察部门对检测过程的监督及查阅检测机构内部验证和审核试验的原始测试记录;

(五)保守检测产品的技术秘密,并不得非法占有他人科技成果;

(六)不得从事与检测产品有关的开发和对外咨询业务。

第九条　公安部计算机管理监察部门对承担检测任务的检测机构每年至少进行一次监督检查。

第十条　被取消检测资格的检测机构,两年后方准许重新申请承担安全专用产品的检测任务。

第三章　安全专用产品的检测

第十一条　安全专用产品的生产者应当向经公安部计算机管理监察部门批准的检测机构申请安全功能检测。

对在国内生产的安全专用产品,由其生产者负责送交检测;对境外生产在国内销售的安全专用产品,由国外生产者指定的国内具有法人资格的企业或单位负责送交检测。

当安全专用产品的安全功能发生改变时,安全专用产品应当进行重新检测。

第十二条　送交安全专用产品检测时,应当向检测机构提交以下材料:

(一)安全专用产品的安全功能检测申请;

(二)营业执照(复印件);

(三)样品;

(四)产品功能及性能的中文说明;

(五)证明产品功能及性能的有关材料;

(六)采用密码技术的安全专用产品必须提交国家密码管理部门的审批文件;

(七)根据有关规定需要提交的其他材料。

第十三条　检测机构收到检测申请、样品及其他有关材料后,应当按照安全专用产品的功能说明,检测其是否具有计算机信息系统安全保护功能。

第十四条　检测机构应当及时检测,并将检测报告报送公安部计算机管理监察部门备案。

第四章　销售许可证的审批与颁发

第十五条　安全专用产品的生产者申领销售许可证,应当向公安部计算机管理监察部门提交以下材料:

(一)营业执照(复印件);

(二)安全专用产品检测结果报告;

（三）防治计算机病毒的安全专用产品须提交公安机关颁发的计算机病毒防治研究的备案证明。

第十六条　公安部计算机管理监察部门自接到申请之日起，应当在十五日内对安全专用产品作出审核结果，特殊情况可延至三十日；经审核合格的，颁发销售许可证和安全专用产品"销售许可"标记；不合格的，书面通知申领者，并说明理由。

第十七条　已取得销售许可证的安全专用产品，生产者应当在固定位置标明"销售许可"标记。

任何单位和个人不得销售无"销售许可"标记的安全专用产品。

第十八条　销售许可证只对所申请销售的安全专用产品有效。

当安全专用产品的功能发生改变时，必须重新申领销售许可证。

第十九条　销售许可证自批准之日起两年内有效。期满需要延期的，应当于期满前三十日内向公安部计算机管理监察部门申请办理延期手续。

第五章　罚则

第二十条　生产企业违反本办法的规定，有下列情形之一的，视为未经许可出售安全专用产品，由公安机关根据《中华人民共和国计算机信息系统安全保护条例》的规定予以处罚：

（一）没有申领销售许可证而将生产的安全专用产品进入市场销售的；

（二）安全专用产品的功能发生改变，而没有重新申领销售许可证进行销售的；

（三）销售许可证有效期满，未办理延期申领手续而继续销售的；

（四）提供虚假的安全专用产品检测报告或者虚假的计算机病毒防治研究的备案证明，骗取销售许可证的；

（五）销售的安全专用产品与送检样品安全功能不一致的；

（六）未在安全专用产品上标明"销售许可"标记而销售的；

（七）伪造、变造销售许可证和"销售许可"标记的。

第二十一条　检测机构违反本办法的规定，情节严重的，取消检测资格。

第二十二条　安全专用产品中含有有害数据危害计算机信息系统安全的，依据《中华人民共和国计算机信息系统安全保护条例》第二十三条的规定处罚；构成犯罪的，依法追究刑事责任。

第二十三条　依照本办法作出的行政处罚，应当由县级以上（含县级）公安机关决定，并填写行政处罚决定书，向被处罚人宣布。

第六章　附则

第二十四条　安全专用产品的检测通告和经安全功能检测确认的安全专用产品目录，由公安部计算机管理监察部门发布。

第二十五条　检测机构申请书、检测机构批准书、《计算机信息系统安全专用产品销售许可证》、"销售许可"标记，由公安部制定式样，统一监制。

第二十六条　本办法自一九九七年十二月十二日起施行。

8.《互联网安全保护技术措施规定》

2005年12月13日，公安部令第82号公布《互联网安全保护技术措施规定》，自2006年3月

1 日起施行。

第一条　为加强和规范互联网安全技术防范工作,保障互联网网络安全和信息安全,促进互联网健康、有序发展,维护国家安全、社会秩序和公共利益,根据《计算机信息网络国际联网安全保护管理办法》,制定本规定。

第二条　本规定所称互联网安全保护技术措施,是指保障互联网网络安全和信息安全、防范违法犯罪的技术设施和技术方法。

第三条　互联网服务提供者、联网使用单位负责落实互联网安全保护技术措施,并保障互联网安全保护技术措施功能的正常发挥。

第四条　互联网服务提供者、联网使用单位应当建立相应的管理制度。未经用户同意不得公开、泄露用户注册信息,但法律、法规另有规定的除外。

互联网服务提供者、联网使用单位应当依法使用互联网安全保护技术措施,不得利用互联网安全保护技术措施侵犯用户的通信自由和通信秘密。

第五条　公安机关公共信息网络安全监察部门负责对互联网安全保护技术措施的落实情况依法实施监督管理。

第六条　互联网安全保护技术措施应当符合国家标准。没有国家标准的,应当符合公共安全行业技术标准。

第七条　互联网服务提供者和联网使用单位应当落实以下互联网安全保护技术措施:

(一)防范计算机病毒、网络入侵和攻击破坏等危害网络安全事项或者行为的技术措施;

(二)重要数据库和系统主要设备的冗灾备份措施;

(三)记录并留存用户登录和退出时间、主叫号码、账号、互联网地址或域名、系统维护日志的技术措施;

(四)法律、法规和规章规定应当落实的其他安全保护技术措施。

第八条　提供互联网接入服务的单位除落实本规定第七条规定的互联网安全保护技术措施外,还应当落实具有以下功能的安全保护技术措施:

(一)记录并留存用户注册信息;

(二)使用内部网络地址与互联网网络地址转换方式为用户提供接入服务的,能够记录并留存用户使用的互联网网络地址和内部网络地址对应关系;

(三)记录、跟踪网络运行状态,监测、记录网络安全事件等安全审计功能。

第九条　提供互联网信息服务的单位除落实本规定第七条规定的互联网安全保护技术措施外,还应当落实具有以下功能的安全保护技术措施:

(一)在公共信息服务中发现、停止传输违法信息,并保留相关记录;

(二)提供新闻、出版以及电子公告等服务的,能够记录并留存发布的信息内容及发布时间;

(三)开办门户网站、新闻网站、电子商务网站的,能够防范网站、网页被篡改,被篡改后能够自动恢复;

(四)开办电子公告服务的,具有用户注册信息和发布信息审计功能;

(五)开办电子邮件和网上短信息服务的,能够防范、清除以群发方式发送伪造、隐匿信息发送者真实标记的电子邮件或者短信息。

第十条　提供互联网数据中心服务的单位和联网使用单位除落实本规定第七条规定的互

联网安全保护技术措施外,还应当落实具有以下功能的安全保护技术措施:

(一)记录并留存用户注册信息;

(二)在公共信息服务中发现、停止传输违法信息,并保留相关记录;

(三)联网使用单位使用内部网络地址与互联网网络地址转换方式向用户提供接入服务的,能够记录并留存用户使用的互联网网络地址和内部网络地址对应关系。

第十一条　提供互联网上网服务的单位,除落实本规定第七条规定的互联网安全保护技术措施外,还应当安装并运行互联网公共上网服务场所安全管理系统。

第十二条　互联网服务提供者依照本规定采取的互联网安全保护技术措施应当具有符合公共安全行业技术标准的联网接口。

第十三条　互联网服务提供者和联网使用单位依照本规定落实的记录留存技术措施,应当具有至少保存 60 天记录备份的功能。

第十四条　互联网服务提供者和联网使用单位不得实施下列破坏互联网安全保护技术措施的行为:

(一)擅自停止或者部分停止安全保护技术设施、技术手段运行;

(二)故意破坏安全保护技术设施;

(三)擅自删除、篡改安全保护技术设施、技术手段运行程序和记录;

(四)擅自改变安全保护技术措施的用途和范围;

(五)其他故意破坏安全保护技术措施或者妨碍其功能正常发挥的行为。

第十五条　违反本规定第七条至第十四条规定的,由公安机关依照《计算机信息网络国际联网安全保护管理办法》第二十一条的规定予以处罚。

第十六条　公安机关应当依法对辖区内互联网服务提供者和联网使用单位安全保护技术措施的落实情况进行指导、监督和检查。

公安机关在依法监督检查时,互联网服务提供者、联网使用单位应当派人参加。公安机关对监督检查发现的问题,应当提出改进意见,通知互联网服务提供者、联网使用单位及时整改。

公安机关在监督检查时,监督检查人员不得少于二人,并应当出示执法身份证件。

第十七条　公安机关及其工作人员违反本规定,有滥用职权,徇私舞弊行为的,对直接负责的主管人员和其他直接责任人员依法给予行政处分;构成犯罪的,依法追究刑事责任。

第十八条　本规定所称互联网服务提供者,是指向用户提供互联网接入服务、互联网数据中心服务、互联网信息服务和互联网上网服务的单位。

本规定所称联网使用单位,是指为本单位应用需要连接并使用互联网的单位。

本规定所称提供互联网数据中心服务的单位,是指提供主机托管、租赁和虚拟空间租用等服务的单位。

第十九条　本规定自 2006 年 3 月 1 日起施行。

9.《计算机信息网络国际联网安全保护管理办法》

1997 年 12 月 30 日,公安部令第 33 号发布《计算机信息网络国际联网安全保护管理办法》,自发布之日起施行,2011 年 1 月 8 日进行修订。

第一章　总则

第一条　为了加强对计算机信息网络国际联网的安全保护,维护公共秩序和社会稳定,根据《中华人民共和国计算机信息系统安全保护条例》、《中华人民共和国计算机信息网络国际联网管理暂行规定》和其他法律、行政法规的规定,制定本办法。

第二条　中华人民共和国境内的计算机信息网络国际联网安全保护管理,适用本办法。

第三条　公安部计算机管理监察机构负责计算机信息网络国际联网的安全保护管理工作。

公安机关计算机管理监察机构应当保护计算机信息网络国际联网的公共安全,维护从事国际联网业务的单位和个人的合法权益和公众利益。

第四条　任何单位和个人不得利用国际联网危害国家安全、泄露国家秘密,不得侵犯国家的、社会的、集体的利益和公民的合法权益,不得从事违法犯罪活动。

第五条　任何单位和个人不得利用国际联网制作、复制、查阅和传播下列信息:

(一)煽动抗拒、破坏宪法和法律、行政法规实施的;

(二)煽动颠覆国家政权,推翻社会主义制度的;

(三)煽动分裂国家、破坏国家统一的;

(四)煽动民族仇恨、民族歧视,破坏民族团结的;

(五)捏造或者歪曲事实,散布谣言,扰乱社会秩序的;

(六)宣扬封建迷信、淫秽、色情、赌博、暴力、凶杀、恐怖,教唆犯罪的;

(七)公然侮辱他人或者捏造事实诽谤他人的;

(八)损害国家机关信誉的;

(九)其他违反宪法和法律、行政法规的。

第六条　任何单位和个人不得从事下列危害计算机信息网络安全的活动:

(一)未经允许,进入计算机信息网络或者使用计算机信息网络资源的;

(二)未经允许,对计算机信息网络功能进行删除、修改或者增加的;

(三)未经允许,对计算机信息网络中存储、处理或者传输的数据和应用程序进行删除、修改或者增加的;

(四)故意制作、传播计算机病毒等破坏性程序的;

(五)其他危害计算机信息网络安全的。

第七条　用户的通信自由和通信秘密受法律保护。任何单位和个人不得违反法律规定,利用国际联网侵犯用户的通信自由和通信秘密。

第二章　安全保护责任

第八条　从事国际联网业务的单位和个人应当接受公安机关的安全监督、检查和指导,如实向公安机关提供有关安全保护的信息、资料及数据文件,协助公安机关查处通过国际联网的计算机信息网络的违法犯罪行为。

第九条　国际出入口信道提供单位、互联单位的主管部门或者主管单位,应当依照法律和国家有关规定负责国际出入口信道、所属互联网络的安全保护管理工作。

第十条　互联单位、接入单位及使用计算机信息网络国际联网的法人和其他组织应当履行下列安全保护职责:

(一)负责本网络的安全保护管理工作,建立健全安全保护管理制度;

(二)落实安全保护技术措施,保障本网络的运行安全和信息安全;

(三)负责对本网络用户的安全教育和培训;

(四)对委托发布信息的单位和个人进行登记,并对所提供的信息内容按照本办法第五条进行审核;

(五)建立计算机信息网络电子公告系统的用户登记和信息管理制度;

(六)发现有本办法第四条、第五条、第六条、第七条所列情形之一的,应当保留有关原始记录,并在二十四小时内向当地公安机关报告;

(七)按照国家有关规定,删除本网络中含有本办法第五条内容的地址、目录或者关闭服务器。

第十一条 用户在接入单位办理入网手续时,应当填写用户备案表。备案表由公安部监制。

第十二条 互联单位、接入单位、使用计算机信息网络国际联网的法人和其他组织(包括跨省、自治区、直辖市联网的单位和所属的分支机构),应当自网络正式联通之日起三十日内,到所在地的省、自治区、直辖市人民政府公安机关指定的受理机关办理备案手续。

前款所列单位应当负责将接入本网络的接入单位和用户情况报当地公安机关备案,并及时报告本网络中接入单位和用户的变更情况。

第十三条 使用公用账号的注册者应当加强对公用账号的管理,建立账号使用登记制度。用户账号不得转借、转让。

第十四条 涉及国家事务、经济建设、国防建设、尖端科学技术等重要领域的单位办理备案手续时,应当出具其行政主管部门的审批证明。

前款所列单位的计算机信息网络与国际联网,应当采取相应的安全保护措施。

第三章　安全监督

第十五条 省、自治区、直辖市公安厅(局),地(市)、县(市)公安局,应当有相应机构负责国际联网的安全保护管理工作。

第十六条 公安机关计算机管理监察机构应当掌握互联单位、接入单位和用户的备案情况,建立备案档案,进行备案统计,并按照国家有关规定逐级上报。

第十七条 公安机关计算机管理监察机构应当督促互联单位、接入单位及有关用户建立健全安全保护管理制度。监督、检查网络安全保护管理以及技术措施的落实情况。

公安机关计算机管理监察机构在组织安全检查时,有关单位应当派人参加。公安机关计算机管理监察机构对安全检查发现的问题,应当提出改进意见,作出详细记录,存档备查。

第十八条 公安机关计算机管理监察机构发现含有本办法第五条所列内容的地址、目录或者服务器时,应当通知有关单位关闭或者删除。

第十九条 公安机关计算机管理监察机构应当负责追踪和查处通过计算机信息网络的违法行为和针对计算机信息网络的犯罪案件,对违反本办法第四条、第七条规定的违法犯罪行为,应当按照国家有关规定移送有关部门或者司法机关处理。

第四章　法律责任

第二十条 违反法律、行政法规,有本办法第五条、第六条所列行为之一的,由公安机关给予警告,有违法所得的,没收违法所得,对个人可以并处 5000 元以下的罚款,对单位可以并处

1.5 万元以下的罚款,情节严重的,并可以给予 6 个月以内停止联网、停机整顿的处罚,必要时可以建议原发证、审批机构吊销经营许可证或者取消联网资格;构成违反治安管理行为的,依照治安管理处罚法的规定处罚;构成犯罪的,依法追究刑事责任。

第二十一条　有下列行为之一的,由公安机关责令限期改正,给予警告,有违法所得的,没收违法所得;在规定的限期内未改正的,对单位的主管负责人员和其他直接责任人员可以并处 5000 元以下的罚款,对单位可以并处 1.5 万元元以下的罚款;情节严重的,并可以给予 6 个月以内的停止联网、停机整顿的处罚,必要时可以建议原发证、审批机构吊销经营许可证或者取消联网资格。

（一）未建立安全保护管理制度的;

（二）未采取安全技术保护措施的;

（三）未对网络用户进行安全教育和培训的;

（四）未提供安全保护管理所需信息、资料及数据文件,或者所提供内容不真实的;

（五）对委托其发布的信息内容未进行审核或者对委托单位和个人未进行登记的;

（六）未建立电子公告系统的用户登记和信息管理制度的;

（七）未按照国家有关规定,删除网络地址、目录或者关闭服务器的;

（八）未建立公用账号使用登记制度的;

（九）转借、转让用户账号的。

第二十二条　违反本办法第四条、第七条规定的,依照有关法律、法规予以处罚。

第二十三条　违反本办法第十一条、第十二条规定,不履行备案职责的,由公安机关给予警告或者停机整顿不超过六个月的处罚。

第五章　附　则

第二十四条　与香港特别行政区和台湾、澳门地区联网的计算机信息网络的安全保护管理,参照本办法执行。

第二十五条　本办法自 1997 年 12 月 30 日起施行。

10.《公安机关互联网安全监督检查规定》

2018 年 9 月 15 日,公安部令第 151 号公布《公安机关互联网安全监督检查规定》,自 2018 年 11 月 1 日起施行。

第一章　总　则

第一条　为规范公安机关互联网安全监督检查工作,预防网络违法犯罪,维护网络安全,保护公民、法人和其他组织合法权益,根据《中华人民共和国人民警察法》《中华人民共和国网络安全法》等有关法律、行政法规,制定本规定。

第二条　本规定适用于公安机关依法对互联网服务提供者和联网使用单位履行法律、行政法规规定的网络安全义务情况进行的安全监督检查。

第三条　互联网安全监督检查工作由县级以上地方人民政府公安机关网络安全保卫部门组织实施。

上级公安机关应当对下级公安机关开展互联网安全监督检查工作情况进行指导和监督。

第四条　公安机关开展互联网安全监督检查,应当遵循依法科学管理、保障和促进发展的方针,严格遵守法定权限和程序,不断改进执法方式,全面落实执法责任。

第五条 公安机关及其工作人员对履行互联网安全监督检查职责中知悉的个人信息、隐私、商业秘密和国家秘密,应当严格保密,不得泄露、出售或者非法向他人提供。

公安机关及其工作人员在履行互联网安全监督检查职责中获取的信息,只能用于维护网络安全的需要,不得用于其他用途。

第六条 公安机关对互联网安全监督检查工作中发现的可能危害国家安全、公共安全、社会秩序的网络安全风险,应当及时通报有关主管部门和单位。

第七条 公安机关应当建立并落实互联网安全监督检查工作制度,自觉接受检查对象和人民群众的监督。

第二章 监督检查对象和内容

第八条 互联网安全监督检查由互联网服务提供者的网络服务运营机构和联网使用单位的网络管理机构所在地公安机关实施。互联网服务提供者为个人的,可以由其经常居住地公安机关实施。

第九条 公安机关应当根据网络安全防范需要和网络安全风险隐患的具体情况,对下列互联网服务提供者和联网使用单位开展监督检查:

(一)提供互联网接入、互联网数据中心、内容分发、域名服务的;

(二)提供互联网信息服务的;

(三)提供公共上网服务的;

(四)提供其他互联网服务的;

对开展前款规定的服务未满一年的,两年内曾发生过网络安全事件、违法犯罪案件的,或者因未履行法定网络安全义务被公安机关予以行政处罚的,应当开展重点监督检查。

第十条 公安机关应当根据互联网服务提供者和联网使用单位履行法定网络安全义务的实际情况,依照国家有关规定和标准,对下列内容进行监督检查:

(一)是否办理联网单位备案手续,并报送接入单位和用户基本信息及其变更情况;

(二)是否制定并落实网络安全管理制度和操作规程,确定网络安全负责人;

(三)是否依法采取记录并留存用户注册信息和上网日志信息的技术措施;

(四)是否采取防范计算机病毒和网络攻击、网络侵入等技术措施;

(五)是否在公共信息服务中对法律、行政法规禁止发布或者传输的信息依法采取相关防范措施;

(六)是否按照法律规定的要求为公安机关依法维护国家安全、防范调查恐怖活动、侦查犯罪提供技术支持和协助;

(七)是否履行法律、行政法规规定的网络安全等级保护等义务。

第十一条 除本规定第十条所列内容外,公安机关还应当根据提供互联网服务的类型,对下列内容进行监督检查:

(一)对提供互联网接入服务的,监督检查是否记录并留存网络地址及分配使用情况;

(二)对提供互联网数据中心服务的,监督检查是否记录所提供的主机托管、主机租用和虚拟空间租用的用户信息;

(三)对提供互联网域名服务的,监督检查是否记录网络域名申请、变动信息,是否对违法

域名依法采取处置措施;

(四)对提供互联网信息服务的,监督检查是否依法采取用户发布信息管理措施,是否对已发布或者传输的法律、行政法规禁止发布或者传输的信息依法采取处置措施,并保存相关记录;

(五)对提供互联网内容分发服务的,监督检查是否记录内容分发网络与内容源网络链接对应情况;

(六)对提供互联网公共上网服务的,监督检查是否采取符合国家标准的网络与信息安全保护技术措施。

第十二条　在国家重大网络安全保卫任务期间,对与国家重大网络安全保卫任务相关的互联网服务提供者和联网使用单位,公安机关可以对下列内容开展专项安全监督检查:

(一)是否制定重大网络安全保卫任务所要求的工作方案、明确网络安全责任分工并确定网络安全管理人员;

(二)是否组织开展网络安全风险评估,并采取相应风险管控措施堵塞网络安全漏洞隐患;

(三)是否制定网络安全应急处置预案并组织开展应急演练,应急处置相关设施是否完备有效;

(四)是否依法采取重大网络安全保卫任务所需要的其他网络安全防范措施;

(五)是否按照要求向公安机关报告网络安全防范措施及落实情况。

对防范恐怖袭击的重点目标的互联网安全监督检查,按照前款规定的内容执行。

第三章　监督检查程序

第十三条　公安机关开展互联网安全监督检查,可以采取现场监督检查或者远程检测的方式进行。

第十四条　公安机关开展互联网安全现场监督检查时,人民警察不得少于二人,并应当出示人民警察证和县级以上地方人民政府公安机关出具的监督检查通知书。

第十五条　公安机关开展互联网安全现场监督检查可以根据需要采取以下措施:

(一)进入营业场所、机房、工作场所;

(二)要求监督检查对象的负责人或者网络安全管理人员对监督检查事项作出说明;

(三)查阅、复制与互联网安全监督检查事项相关的信息;

(四)查看网络与信息安全保护技术措施运行情况。

第十六条　公安机关对互联网服务提供者和联网使用单位是否存在网络安全漏洞,可以开展远程检测。

公安机关开展远程检测,应当事先告知监督检查对象检查时间、检查范围等事项或者公开相关检查事项,不得干扰、破坏监督检查对象网络的正常运行。

第十七条　公安机关开展现场监督检查或者远程检测,可以委托具有相应技术能力的网络安全服务机构提供技术支持。

网络安全服务机构及其工作人员对工作中知悉的个人信息、隐私、商业秘密和国家秘密,应当严格保密,不得泄露、出售或者非法向他人提供。公安机关应当严格监督网络安全服务机构落实网络安全管理与保密责任。

第十八条　公安机关开展现场监督检查,应当制作监督检查记录,并由开展监督检查的人民警察和监督检查对象的负责人或者网络安全管理人员签名。监督检查对象负责人或者网络安全管理人员对监督检查记录有异议的,应当允许其作出说明;拒绝签名的,人民警察应当在监督检查记录中注明。

公安机关开展远程检测,应当制作监督检查记录,并由二名以上开展监督检查的人民警察在监督检查记录上签名。

委托网络安全服务机构提供技术支持的,技术支持人员应当一并在监督检查记录上签名。

第十九条　公安机关在互联网安全监督检查中,发现互联网服务提供者和联网使用单位存在网络安全风险隐患,应当督促指导其采取措施消除风险隐患,并在监督检查记录上注明;发现有违法行为,但情节轻微或者未造成后果的,应当责令其限期整改。

监督检查对象在整改期限届满前认为已经整改完毕的,可以向公安机关书面提出提前复查申请。

公安机关应当自整改期限届满或者收到监督检查对象提前复查申请之日起三个工作日内,对整改情况进行复查,并在复查结束后三个工作日内反馈复查结果。

第二十条　监督检查过程中收集的资料、制作的各类文书等材料,应当按照规定立卷存档。

第四章　法律责任

第二十一条　公安机关在互联网安全监督检查中,发现互联网服务提供者和联网使用单位有下列违法行为的,依法予以行政处罚:

(一)未制定并落实网络安全管理制度和操作规程,未确定网络安全负责人的,依照《中华人民共和国网络安全法》第五十九条第一款的规定予以处罚;

(二)未采取防范计算机病毒和网络攻击、网络侵入等危害网络安全行为的技术措施的,依照《中华人民共和国网络安全法》第五十九条第一款的规定予以处罚;

(三)未采取记录并留存用户注册信息和上网日志信息措施的,依照《中华人民共和国网络安全法》第五十九条第一款的规定予以处罚;

(四)在提供互联网信息发布、即时通信等服务中,未要求用户提供真实身份信息,或者对不提供真实身份信息的用户提供相关服务的,依照《中华人民共和国网络安全法》第六十一条的规定予以处罚;

(五)在公共信息服务中对法律、行政法规禁止发布或者传输的信息未依法或者不按照公安机关的要求采取停止传输、消除等处置措施、保存有关记录的,依照《中华人民共和国网络安全法》第六十八条或者第六十九条第一项的规定予以处罚;

(六)拒不为公安机关依法维护国家安全和侦查犯罪的活动提供技术支持和协助的,依照《中华人民共和国网络安全法》第六十九条第三项的规定予以处罚。

有前款第四至六项行为违反《中华人民共和国反恐怖主义法》规定的,依照《中华人民共和国反恐怖主义法》第八十四条或者第八十六条第一款的规定予以处罚。

第二十二条　公安机关在互联网安全监督检查中,发现互联网服务提供者和联网使用单位,窃取或者以其他非法方式获取、非法出售或者非法向他人提供个人信息,尚不构成犯罪的,依照《中华人民共和国网络安全法》第六十四条第二款的规定予以处罚。

第二十三条　公安机关在互联网安全监督检查中,发现互联网服务提供者和联网使用单位在提供的互联网服务中设置恶意程序的,依照《中华人民共和国网络安全法》第六十条第一项的规定予以处罚。

第二十四条　互联网服务提供者和联网使用单位拒绝、阻碍公安机关实施互联网安全监督检查的,依照《中华人民共和国网络安全法》第六十九条第二项的规定予以处罚;拒不配合反恐怖主义工作的,依照《中华人民共和国反恐怖主义法》第九十一条或者第九十二条的规定予以处罚。

第二十五条　受公安机关委托提供技术支持的网络安全服务机构及其工作人员,从事非法侵入监督检查对象网络、干扰监督检查对象网络正常功能、窃取网络数据等危害网络安全的活动的,依照《中华人民共和国网络安全法》第六十三条的规定予以处罚;窃取或者以其他非法方式获取、非法出售或者非法向他人提供在工作中获悉的个人信息的,依照《中华人民共和国网络安全法》第六十四条第二款的规定予以处罚,构成犯罪的,依法追究刑事责任。

前款规定的机构及人员侵犯监督检查对象的商业秘密,构成犯罪的,依法追究刑事责任。

第二十六条　公安机关及其工作人员在互联网安全监督检查工作中,玩忽职守、滥用职权、徇私舞弊的,对直接负责的主管人员和其他直接责任人员依法予以处分;构成犯罪的,依法追究刑事责任。

第二十七条　互联网服务提供者和联网使用单位违反本规定,构成违反治安管理行为的,依法予以治安管理处罚;构成犯罪的,依法追究刑事责任。

第五章　附　则

第二十八条　对互联网上网服务营业场所的监督检查,按照《互联网上网服务营业场所管理条例》的有关规定执行。

第二十九条　本规定自 2018 年 11 月 1 日起施行。

11.《计算机病毒防治管理办法》

2000 年 4 月 26 日,公安部令第 51 号发布《计算机病毒防治管理办法》,自发布之日起施行。

第一条　为了加强对计算机病毒的预防和治理,保护计算机信息系统安全,保障计算机的应用与发展,根据《中华人民共和国计算机信息系统安全保护条例》的规定,制定本办法。

第二条　本办法所称的计算机病毒,是指编制或者在计算机程序中插入的破坏计算机功能或者毁坏数据,影响计算机使用,并能自我复制的一组计算机指令或者程序代码。

第三条　中华人民共和国境内的计算机信息系统以及未联网计算机的计算机病毒防治管理工作,适用本办法。

第四条　公安部公共信息网络安全监察部门主管全国的计算机病毒防治管理工作。

地方各级公安机关具体负责本行政区域内的计算机病毒防治管理工作。

第五条　任何单位和个人不得制作计算机病毒。

第六条　任何单位和个人不得有下列传播计算机病毒的行为:

(一)故意输入计算机病毒,危害计算机信息系统安全;

(二)向他人提供含有计算机病毒的文件、软件、媒体;

(三)销售、出租、附赠含有计算机病毒的媒体;

(四)其他传播计算机病毒的行为。

第七条　任何单位和个人不得向社会发布虚假的计算机病毒疫情。

第八条　从事计算机病毒防治产品生产的单位,应当及时向公安部公共信息网络安全监察部门批准的计算机病毒防治产品检测机构提交病毒样本。

第九条　计算机病毒防治产品检测机构应当对提交的病毒样本及时进行分析、确认,并将确认结果上报公安部公共信息网络安全监察部门。

第十条　对计算机病毒的认定工作,由公安部公共信息网络安全监察部门批准的机构承担。

第十一条　计算机信息系统的使用单位在计算机病毒防治工作中应当履行下列职责:

(一)建立本单位的计算机病毒防治管理制度;

(二)采取计算机病毒安全技术防治措施;

(三)对本单位计算机信息系统使用人员进行计算机病毒防治教育和培训;

(四)及时检测、清除计算机信息系统中的计算机病毒,并备有检测、清除的记录;

(五)使用具有计算机信息系统安全专用产品销售许可证的计算机病毒防治产品;

(六)对因计算机病毒引起的计算机信息系统瘫痪、程序和数据严重破坏等重大事故及时向公安机关报告,并保护现场。

第十二条　任何单位和个人在从计算机信息网络上下载程序、数据或者购置、维修、借入计算机设备时,应当进行计算机病毒检测。

第十三条　任何单位和个人销售、附赠的计算机病毒防治产品,应当具有计算机信息系统安全专用产品销售许可证,并贴有"销售许可"标记。

第十四条　从事计算机设备或者媒体生产、销售、出租、维修行业的单位和个人,应当对计算机设备或者媒体进行计算机病毒检测、清除工作,并备有检测、清除的记录。

第十五条　任何单位和个人应当接受公安机关对计算机病毒防治工作的监督、检查和指导。

第十六条　在非经营活动中有违反本办法第五条、第六条第二、三、四项规定行为之一的,由公安机关处以一千元以下罚款。

在经营活动中有违反本办法第五条、第六条第二、三、四项规定行为之一,没有违法所得的,由公安机关对单位处以一万元以下罚款,对个人处以五千元以下罚款;有违法所得的,处以违法所得三倍以下罚款,但是最高不得超过三万元。

违反本办法第六条第一项规定的,依照《中华人民共和国计算机信息系统安全保护条例》第二十三条的规定处罚。

第十七条　违反本办法第七条、第八条规定行为之一的,由公安机关对单位处以一千元以下罚款,对单位直接负责的主管人员和直接责任人员处以五百元以下罚款;对个人处以五百元以下罚款。

第十八条　违反本办法第九条规定的,由公安机关处以警告,并责令其限期改正;逾期不改正的,取消其计算机病毒防治产品检测机构的检测资格。

第十九条　计算机信息系统的使用单位有下列行为之一的,由公安机关处以警告,并根据情况责令其限期改正;逾期不改正的,对单位处以一千元以下罚款,对单位直接负责的主管人员和直接责任人员处以五百元以下罚款:

(一)未建立本单位计算机病毒防治管理制度的;

（二）未采取计算机病毒安全技术防治措施的；

（三）未对本单位计算机信息系统使用人员进行计算机病毒防治教育和培训的；

（四）未及时检测、清除计算机信息系统中的计算机病毒，对计算机信息系统造成危害的；

（五）未使用具有计算机信息系统安全专用产品销售许可证的计算机病毒防治产品，对计算机信息系统造成危害的。

第二十条　违反本办法第十四条规定，没有违法所得的，由公安机关对单位处以一万元以下罚款，对个人处以五千元以下罚款；有违法所得的，处以违法所得三倍以下罚款，但是最高不得超过三万元。

第二十一条　本办法所称计算机病毒疫情，是指某种计算机病毒爆发、流行的时间、范围、破坏特点、破坏后果等情况的报告或者预报。

本办法所称媒体，是指计算机软盘、硬盘、磁带、光盘等。

第二十二条　本办法自发布之日起施行。

12.《互联网新闻信息服务管理规定》

2017 年 5 月 2 日，国家互联网信息办公室令第 1 号公布《互联网新闻信息服务管理规定》，自 2017 年 6 月 1 日起施行。

第一章　总　则

第一条　为加强互联网信息内容管理，促进互联网新闻信息服务健康有序发展，根据《中华人民共和国网络安全法》《互联网信息服务管理办法》《国务院关于授权国家互联网信息办公室负责互联网信息内容管理工作的通知》，制定本规定。

第二条　在中华人民共和国境内提供互联网新闻信息服务，适用本规定。

本规定所称新闻信息，包括有关政治、经济、军事、外交等社会公共事务的报道、评论，以及有关社会突发事件的报道、评论。

第三条　提供互联网新闻信息服务，应当遵守宪法、法律和行政法规，坚持为人民服务、为社会主义服务的方向，坚持正确舆论导向，发挥舆论监督作用，促进形成积极健康、向上向善的网络文化，维护国家利益和公共利益。

第四条　国家互联网信息办公室负责全国互联网新闻信息服务的监督管理执法工作。地方互联网信息办公室依据职责负责本行政区域内互联网新闻信息服务的监督管理执法工作。

第二章　许　可

第五条　通过互联网站、应用程序、论坛、博客、微博客、公众账号、即时通信工具、网络直播等形式向社会公众提供互联网新闻信息服务，应当取得互联网新闻信息服务许可，禁止未经许可或超越许可范围开展互联网新闻信息服务活动。

前款所称互联网新闻信息服务，包括互联网新闻信息采编发布服务、转载服务、传播平台服务。

第六条　申请互联网新闻信息服务许可，应当具备下列条件：

（一）在中华人民共和国境内依法设立的法人；

（二）主要负责人、总编辑是中国公民；

（三）有与服务相适应的专职新闻编辑人员、内容审核人员和技术保障人员；

(四)有健全的互联网新闻信息服务管理制度;

(五)有健全的信息安全管理制度和安全可控的技术保障措施;

(六)有与服务相适应的场所、设施和资金。

申请互联网新闻信息采编发布服务许可的,应当是新闻单位(含其控股的单位)或新闻宣传部门主管的单位。

符合条件的互联网新闻信息服务提供者实行特殊管理股制度,具体实施办法由国家互联网信息办公室另行制定。

提供互联网新闻信息服务,还应当依法向电信主管部门办理互联网信息服务许可或备案手续。

第七条　任何组织不得设立中外合资经营、中外合作经营和外资经营的互联网新闻信息服务单位。

互联网新闻信息服务单位与境内外中外合资经营、中外合作经营和外资经营的企业进行涉及互联网新闻信息服务业务的合作,应当报经国家互联网信息办公室进行安全评估。

第八条　互联网新闻信息服务提供者的采编业务和经营业务应当分开,非公有资本不得介入互联网新闻信息采编业务。

第九条　申请互联网新闻信息服务许可,申请主体为中央新闻单位(含其控股的单位)或中央新闻宣传部门主管的单位的,由国家互联网信息办公室受理和决定;申请主体为地方新闻单位(含其控股的单位)或地方新闻宣传部门主管的单位的,由省、自治区、直辖市互联网信息办公室受理和决定;申请主体为其他单位的,经所在地省、自治区、直辖市互联网信息办公室受理和初审后,由国家互联网信息办公室决定。

国家或省、自治区、直辖市互联网信息办公室决定批准的,核发《互联网新闻信息服务许可证》。《互联网新闻信息服务许可证》有效期为三年。有效期届满,需继续从事互联网新闻信息服务活动的,应当于有效期届满三十日前申请续办。

省、自治区、直辖市互联网信息办公室应当定期向国家互联网信息办公室报告许可受理和决定情况。

第十条　申请互联网新闻信息服务许可,应当提交下列材料:

(一)主要负责人、总编辑为中国公民的证明;

(二)专职新闻编辑人员、内容审核人员和技术保障人员的资质情况;

(三)互联网新闻信息服务管理制度;

(四)信息安全管理制度和技术保障措施;

(五)互联网新闻信息服务安全评估报告;

(六)法人资格、场所、资金和股权结构等证明;

(七)法律法规规定的其他材料。

第三章　运行

第十一条　互联网新闻信息服务提供者应当设立总编辑,总编辑对互联网新闻信息内容负总责。总编辑人选应当具有相关从业经验,符合相关条件,并报国家或省、自治区、直辖市互联网信息办公室备案。

互联网新闻信息服务相关从业人员应当依法取得相应资质,接受专业培训、考核。互联网新闻信息服务相关从业人员从事新闻采编活动,应当具备新闻采编人员职业资格,持有国家新闻出版广电总局统一颁发的新闻记者证。

第十二条　互联网新闻信息服务提供者应当健全信息发布审核、公共信息巡查、应急处置等信息安全管理制度,具有安全可控的技术保障措施。

第十三条　互联网新闻信息服务提供者为用户提供互联网新闻信息传播平台服务,应当按照《中华人民共和国网络安全法》的规定,要求用户提供真实身份信息。用户不提供真实身份信息的,互联网新闻信息服务提供者不得为其提供相关服务。

互联网新闻信息服务提供者对用户身份信息和日志信息负有保密的义务,不得泄露、篡改、毁损,不得出售或非法向他人提供。

互联网新闻信息服务提供者及其从业人员不得通过采编、发布、转载、删除新闻信息,干预新闻信息呈现或搜索结果等手段谋取不正当利益。

第十四条　互联网新闻信息服务提供者提供互联网新闻信息传播平台服务,应当与在其平台上注册的用户签订协议,明确双方权利义务。

对用户开设公众账号的,互联网新闻信息服务提供者应当审核其账号信息、服务资质、服务范围等信息,并向所在地省、自治区、直辖市互联网信息办公室分类备案。

第十五条　互联网新闻信息服务提供者转载新闻信息,应当转载中央新闻单位或省、自治区、直辖市直属新闻单位等国家规定范围内的单位发布的新闻信息,注明新闻信息来源、原作者、原标题、编辑真实姓名等,不得歪曲、篡改标题原意和新闻信息内容,并保证新闻信息来源可追溯。

互联网新闻信息服务提供者转载新闻信息,应当遵守著作权相关法律法规的规定,保护著作权人的合法权益。

第十六条　互联网新闻信息服务提供者和用户不得制作、复制、发布、传播法律、行政法规禁止的信息内容。

互联网新闻信息服务提供者提供服务过程中发现含有违反本规定第三条或前款规定内容的,应当依法立即停止传输该信息、采取消除等处置措施,保存有关记录,并向有关主管部门报告。

第十七条　互联网新闻信息服务提供者变更主要负责人、总编辑、主管单位、股权结构等影响许可条件的重大事项,应当向原许可机关办理变更手续。

互联网新闻信息服务提供者应用新技术、调整增设具有新闻舆论属性或社会动员能力的应用功能,应当报国家或省、自治区、直辖市互联网信息办公室进行互联网新闻信息服务安全评估。

第十八条　互联网新闻信息服务提供者应当在明显位置明示互联网新闻信息服务许可证编号。

互联网新闻信息服务提供者应当自觉接受社会监督,建立社会投诉举报渠道,设置便捷的投诉举报入口,及时处理公众投诉举报。

第四章　监督检查

第十九条　国家和地方互联网信息办公室应当建立日常检查和定期检查相结合的监督管理制度,依法对互联网新闻信息服务活动实施监督检查,有关单位、个人应当予以配合。

国家和地方互联网信息办公室应当健全执法人员资格管理制度。执法人员开展执法活动，应当依法出示执法证件。

第二十条　任何组织和个人发现互联网新闻信息服务提供者有违反本规定行为的，可以向国家和地方互联网信息办公室举报。

国家和地方互联网信息办公室应当向社会公开举报受理方式，收到举报后，应当依法予以处置。互联网新闻信息服务提供者应当予以配合。

第二十一条　国家和地方互联网信息办公室应当建立互联网新闻信息服务网络信用档案，建立失信黑名单制度和约谈制度。

国家互联网信息办公室会同国务院电信、公安、新闻出版广电等部门建立信息共享机制，加强工作沟通和协作配合，依法开展联合执法等专项监督检查活动。

第五章　法律责任

第二十二条　违反本规定第五条规定，未经许可或超越许可范围开展互联网新闻信息服务活动的，由国家和省、自治区、直辖市互联网信息办公室依据职责责令停止相关服务活动，处一万元以上三万元以下罚款。

第二十三条　互联网新闻信息服务提供者运行过程中不再符合许可条件的，由原许可机关责令限期改正；逾期仍不符合许可条件的，暂停新闻信息更新；《互联网新闻信息服务许可证》有效期届满仍不符合许可条件的，不予换发许可证。

第二十四条　互联网新闻信息服务提供者违反本规定第七条第二款、第八条、第十一条、第十二条、第十三条第三款、第十四条、第十五条第一款、第十七条、第十八条规定的，由国家和地方互联网信息办公室依据职责给予警告，责令限期改正；情节严重或拒不改正的，暂停新闻信息更新，处五千元以上三万元以下罚款；构成犯罪的，依法追究刑事责任。

第二十五条　互联网新闻信息服务提供者违反本规定第三条、第十六条第一款、第十九条第一款、第二十条第二款规定的，由国家和地方互联网信息办公室依据职责给予警告，责令限期改正；情节严重或拒不改正的，暂停新闻信息更新，处二万元以上三万元以下罚款；构成犯罪的，依法追究刑事责任。

第二十六条　互联网新闻信息服务提供者违反本规定第十三条第一款、第十六条第二款规定的，由国家和地方互联网信息办公室根据《中华人民共和国网络安全法》的规定予以处理。

第六章　附则

第二十七条　本规定所称新闻单位，是指依法设立的报刊社、广播电台、电视台、通讯社和新闻电影制片厂。

第二十八条　违反本规定，同时违反互联网信息服务管理规定的，由国家和地方互联网信息办公室根据本规定处理后，转由电信主管部门依法处置。

国家对互联网视听节目服务、网络出版服务等另有规定的，应当同时符合其规定。

第二十九条　本规定自 2017 年 6 月 1 日起施行。本规定施行之前颁布的有关规定与本规定不一致的，按照本规定执行。

13.《互联网信息内容管理行政执法程序规定》

2017 年 5 月 2 日，国家互联网信息办公室令第 2 号公布《互联网信息内容管理行政执法程序规定》,自 2017 年 6 月 1 日起施行。

第一章　总则

第一条　为了规范和保障互联网信息内容管理部门依法履行职责,保护公民、法人和其他组织的合法权益,维护国家安全和公共利益,根据《中华人民共和国行政处罚法》《中华人民共和国网络安全法》和《国务院关于授权国家互联网信息办公室负责互联网信息内容管理工作的通知》,制定本规定。

第二条　互联网信息内容管理部门依法实施行政执法,对违反有关互联网信息内容管理法律法规规章的行为实施行政处罚,适用本规定。

本规定所称互联网信息内容管理部门,是指国家互联网信息办公室和地方互联网信息办公室。

第三条　互联网信息内容管理部门实施行政执法,应当遵循公开、公平、公正的原则,做到事实清楚、证据确凿、程序合法、法律法规规章适用准确适当、执法文书使用规范。

第四条　互联网信息内容管理部门建立行政执法督查制度。

上级互联网信息内容管理部门对下级互联网信息内容管理部门实施的行政执法进行督查。

第五条　互联网信息内容管理部门应当加强执法队伍建设,建立健全执法人员培训、考试考核、资格管理和持证上岗制度。

执法人员应当参加互联网信息内容管理部门组织的法律知识和业务知识培训,并经行政执法资格考试或者考核合格,取得执法证后方可从事执法工作。

执法证由国家互联网信息内容管理部门统一制定、核发或者授权省、自治区、直辖市互联网信息内容管理部门核发。

第二章　管辖

第六条　行政处罚由违法行为发生地的互联网信息内容管理部门管辖。

违法行为发生地包括实施违法行为的网站备案地,工商登记地(工商登记地与主营业地不一致的,应按主营业地),网站建立者、管理者、使用者所在地,网络接入地,计算机等终端设备所在地等。

第七条　市(地、州)级以下互联网信息内容管理部门依职权管辖本行政区域内的互联网信息内容行政处罚案件。

省、自治区、直辖市互联网信息内容管理部门依职权管辖本行政区域内重大、复杂的互联网信息内容行政处罚案件。

国家互联网信息内容管理部门依职权管辖应当由自己实施行政处罚的案件及全国范围内发生的重大、复杂的互联网信息内容行政处罚案件。

省、自治区、直辖市互联网信息内容管理部门可以依据法律法规规章,结合本地区实际,制定本行政区域内级别管辖的具体规定。

第八条　对当事人的同一违法行为,两个以上互联网信息内容管理部门均有管辖权的,由先行立案的互联网信息内容管理部门管辖。必要时,可以移送主要违法行为发生地的互联网信息内容管理部门管辖。

两个以上的互联网信息内容管理部门对管辖权有争议的,应当协商解决;协商不成的,报请共同的上一级互联网信息内容管理部门指定管辖。

第九条　上级互联网信息内容管理部门认为必要时,可以直接办理下级互联网信息内容管理部门管辖的案件,也可以将自己管辖的案件移交下级互联网信息内容管理部门办理。

下级互联网信息内容管理部门对其管辖的案件由于特殊原因不能行使管辖权的,可以报请上级互联网信息内容管理部门管辖或者指定管辖。

第十条　互联网信息内容管理部门发现案件不属于其管辖的,应当及时移送有管辖权的互联网信息内容管理部门。

受移送的互联网信息内容管理部门应当将案件查处结果及时函告移送案件的互联网信息内容管理部门;认为移送不当的,应当报请共同的上一级互联网信息内容管理部门指定管辖,不得再次移送。

第十一条　上级互联网信息内容管理部门接到管辖争议或者报请指定管辖请示后,应当在十个工作日内作出指定管辖的决定,并书面通知下级互联网信息内容管理部门。

第十二条　互联网信息内容管理部门发现案件属于其他行政机关管辖的,应当依法移送有关机关。

互联网信息内容管理部门发现违法行为涉嫌犯罪的,应当及时移送司法机关。司法机关决定立案的,互联网信息内容管理部门应当自接到司法机关立案通知书之日起三日内将与案件有关的材料移交司法机关,并办结交接手续。

第十三条　互联网信息内容管理部门对依法应当撤销互联网新闻信息服务许可、吊销互联网新闻信息服务许可证的,应当提出处理建议,并将取得的证据及相关材料报送原发证的互联网信息内容管理部门,由原发证的互联网信息内容管理部门依法作出是否撤销许可、吊销许可证的决定。

第三章　立案

第十四条　互联网信息内容管理部门应当对下列事项及时调查处理,并填写《案件来源登记表》(格式见附件1):

(一)在监督检查中发现案件线索的;

(二)自然人、法人或者其他组织投诉、申诉、举报的;

(三)上级机关交办或者下级机关报请查处的;

(四)有关部门移送或者经由其他方式、途径发现的。

第十五条　行政处罚立案应当符合下列条件:

(一)有涉嫌违法的事实;

(二)依法应当予以行政处罚;

(三)属于互联网信息内容监督管理行政处罚的范围;

(四)属于本互联网信息内容管理部门管辖。

符合立案条件的,应当填写《立案审批表》(格式见附件2),同时附上相关材料,在七个工作日内报互联网信息内容管理部门负责人批准立案,并确定两名以上执法人员为案件承办人。特殊情况下,可以延长至十五个工作日内立案。

第十六条　对于不予立案的投诉、申诉、举报,经互联网信息内容管理部门负责人批准后,应将结果告知具名的投诉人、申诉人、举报人,并将不予立案的相关情况作书面记录留存。

对于其他部门移送的案件,决定不予立案的,应当书面告知移送部门。

不予立案或者撤销立案的,承办人应当制作《不予立案审批表》(格式见附件 3)或者《撤销立案审批表》(格式见附件 4),报互联网信息内容管理部门负责人批准。

第十七条　办案人员有下列情形之一的,应当自行回避;当事人也有权申请办案人员回避:

(一)是本案的当事人或者当事人的近亲属;

(二)与本案有直接利害关系;

(三)与本案当事人有其他关系,可能影响案件公正处理。

办案人员的回避由互联网信息内容管理部门负责人决定。当事人对决定不服的,可以申请复议一次。

回避决定作出前,被申请回避人员不停止对案件的调查处理。

第四章　调查取证

第十八条　互联网信息内容管理部门进行案件调查取证时,执法人员不得少于两人,并应当出示执法证。必要时,也可以聘请专业人员进行协助。

首次向案件当事人收集、调取证据的,应当告知其有申请办案人员回避的权利。

向有关单位、个人收集、调取证据时,应当告知其有如实提供证据的义务。被调查对象或者有关人员应当如实回答询问并协助、配合调查,及时提供依法应当保存的互联网信息服务提供者发布的信息、用户发布的信息、日志信息等相关材料,不得阻挠、干扰案件的调查。

执法人员对在办案过程中知悉的国家秘密、商业秘密、个人隐私、个人信息应当依法保密。

第十九条　互联网信息内容管理部门在办案过程中需要其他地区互联网信息内容管理部门协助调查、取证的,应当出具委托调查函。受委托的互联网信息内容管理部门应当积极予以协助,一般应当在接到委托调查函之日起十五个工作日内完成相关工作;需要延期完成或者无法协助的,应当及时函告委托的互联网信息内容管理部门。

第二十条　办案人员应当依法收集与案件有关的证据,包括电子数据、视听资料、书证、物证、证人证言、当事人的陈述、鉴定意见、检验报告、勘验笔录、现场笔录、询问笔录等。

电子数据是指案件发生过程中形成的,以数字化形式存储、处理、传输的,能够证明案件事实的数据,包括但不限于网页、博客、微博客、即时通信工具、论坛、贴吧、网盘、电子邮件、网络后台等方式承载的电子信息或文件。电子数据主要存在于计算机设备、移动通信设备、互联网服务器、移动存储设备、云存储系统等电子设备或存储介质中。

视听资料包括录音资料和影像资料。

存储在电子介质中的录音资料和影像资料,适用电子数据的规定。

第二十一条　互联网信息内容管理部门在立案前调查或者检查过程中依法取得的证据,可以作为认定事实的依据。通过网络巡查等技术手段获取的、具有可靠性的电子数据可以作为认定事实的依据。

电子数据的收集、提取应当符合法律法规规章、国家标准、行业标准和技术规范,并保证所收集、提取的电子数据的完整性、合法性、真实性、关联性。否则,不得作为认定事实的依据。

第二十二条　互联网信息内容管理部门在立案前,可以采取询问、勘验、检查、鉴定、调取证据材料等措施,不得限制初查对象的人身、财产权利。

互联网信息内容管理部门在立案后,可以对物品、设施、场所采取先行登记保存等措施。

第二十三条 互联网信息内容管理部门在办案过程中,应当及时询问证人。

执法人员进行询问的,应当制作《询问笔录》(格式见附件5),载明时间、地点、有关事实、经过等内容。询问笔录应当交询问对象或者有关人员核对并确认。

第二十四条 互联网信息内容管理部门对于涉及互联网信息内容违法的场所、物品、网络应当进行勘验、检查,及时收集、固定书证、物证、视听资料以及电子数据。

第二十五条 互联网信息内容管理部门可以委托司法鉴定机构就案件中的专门性问题出具鉴定意见;不属于司法鉴定范围的,可以委托有能力或者条件的机构出具检测报告或者检验报告。

第二十六条 互联网信息内容管理部门可以向有关单位、个人调取能够证明案件事实的证据材料,并且可以根据需要拍照、录像、复印和复制。

调取的书证、物证应当是原件、原物。调取原件、原物确有困难的,可以由提交证据的有关单位、个人在复制品上签字或者盖章,注明"此件由×××提供,经核对与原件(物)无异"的字样或者文字说明,并注明证证日期、证据出处,并签名或者盖章。

调取的视听资料、电子数据应当是原始载体或备份介质。调取原始载体或备份介质确有困难的,可以收集复制件,并注明制作方法、制作时间、制作人等情况。调取声音资料的应当附有该声音内容的文字记录。

第二十七条 在证据可能灭失或者以后难以取得的情况下,经互联网信息内容管理部门负责人批准,执法人员可以依法对涉案计算机、服务器、硬盘、移动存储设备、存储卡等涉嫌实施违法行为的物品先行登记保存,制作《登记保存物品清单》(格式见附件6),向当事人出具《登记保存物品通知书》(格式见附件7)。先行登记保存期间,当事人或有关人员不得损毁、销毁或者非法转移证据。

互联网信息内容管理部门实施先行登记保存时,应当通知当事人或者持有人到场,并在现场笔录中对采取的相关措施情况予以记载。

第二十八条 互联网信息内容管理部门对先行登记保存的证据,应当在七日内作出以下处理决定:

(一)需要采取证据保全措施的,采取记录、复制、拍照、录像等证据保全措施后予以返还;

(二)需要检验、检测、鉴定的,送交具有相应资质的机构检验、检测、鉴定;

(三)违法事实成立的,依法应当予以没收的,作出行政处罚决定,没收违法物品;

(四)违法事实不成立,或者违法事实成立但依法不应当予以没收的,解除先行登记保存。

逾期未作出处理决定的,应当解除先行登记保存。

第二十九条 为了收集、保全电子数据,互联网信息内容管理部门可以采取现场取证、远程取证,责令有关单位、个人固定和提交等措施。

现场取证、远程取证结束后应当制作《电子取证工作记录》(格式见附件8)。

第三十条 执法人员在调查取证过程中,应当要求当事人在笔录或者其他材料上签字、捺指印、盖章或者以其他方式确认。当事人拒绝到场,拒绝签字、捺指印、盖章或者以其他方式确认,或者无法找到当事人的,应当由两名执法人员在笔录或者其他材料上注明原因,并邀请有关人员作为见证人签字或者盖章,也可以采取录音、录像等方式记录。

第三十一条 案件调查终结后,承办人应当撰写《案件处理意见报告》(格式见附件 9):

认为违法事实成立,应当予以行政处罚的,撰写《案件处理意见报告》,草拟行政处罚建议书。

有下列情形之一的,撰写《案件处理意见报告》,说明拟作处理的理由,报互联网信息内容管理部门负责人批准后根据不同情况分别处理:

(一)认为违法事实不成立,应当予以销案的;

(二)违法行为情节轻微,没有造成危害后果,不予行政处罚的;

(三)案件不属于本机关管辖,应当移送其他行政机关管辖的;

(四)涉嫌犯罪,应当移送司法机关的。

第三十二条 互联网信息内容管理部门进行案件调查时,对已有证据证明违法事实成立的,应当出具责令改正通知书,责令当事人改正或者限期改正违法行为。

第五章 听证、约谈

第三十三条 互联网信息内容管理部门作出吊销互联网新闻信息服务许可证、较大数额罚款等行政处罚决定之前,应当告知当事人有要求举行听证的权利。当事人要求听证的,应当在被告知后三日内提出,互联网信息内容管理部门应当组织听证。当事人逾期未要求听证的,视为放弃权利。

第三十四条 互联网信息内容管理部门应当在听证的七日前,将《举行听证通知书》(格式见附件 10)送达当事人,告知举行听证的时间、地点。

听证应当制作《听证笔录》(格式见附件 11),交当事人审核无误后签字或者盖章。

第三十五条 互联网信息内容管理部门对互联网信息服务提供者违法行为作出行政处罚决定前,可以根据有关规定对其实施约谈,谈话结束后制作《执法约谈笔录》(格式见附件 12)。

第六章 处罚决定、送达

第三十六条 互联网信息内容管理部门作出行政处罚决定之前,应当填写《行政处罚意见告知书》(格式见附件 13),告知当事人拟作出行政处罚的违法事实、处罚的理由和依据,以及当事人依法享有的陈述、申辩权。

互联网信息内容管理部门应当充分听取当事人的陈述和申辩。当事人提出的事实、理由或者证据经复核成立的,应当采纳。当事人在接到告知书之日起三个工作日内未提出陈述、申辩的,视为放弃权利。

互联网信息内容管理部门不得因当事人陈述、申辩而加重处罚。

第三十七条 拟作出的行政处罚决定应当报互联网信息内容管理部门负责人审查。互联网信息内容管理部门负责人根据不同情况,分别作出如下决定:

(一)确有应受行政处罚的违法行为的,根据情节轻重及具体情况,作出行政处罚决定;

(二)违法行为轻微,依法可以不予行政处罚的,不予行政处罚;

(三)违法事实不能成立的,不予行政处罚;

(四)违法行为已构成犯罪的,移送司法机关。

第三十八条 对情节复杂或者重大违法行为给予较重的行政处罚,互联网信息内容管理部门负责人应当集体讨论决定。集体讨论决定的过程应当有书面记录。

情节复杂、重大违法行为标准由互联网信息内容管理部门根据实际情况确定。

第三十九条　互联网信息内容管理部门作出行政处罚决定，应当制作统一编号的《行政处罚决定书》（格式见附件 14）。

《行政处罚决定书》应当载明下列事项：

（一）当事人的姓名或者名称、地址等基本情况；

（二）违反法律、法规或者规章的事实和证据；

（三）行政处罚的种类和依据；

（四）行政处罚的履行方式和期限；

（五）不服行政处罚决定，申请行政复议或者提起行政诉讼的途径和期限；

（六）作出行政处罚决定的互联网信息内容管理部门名称和作出决定的日期。

行政处罚决定中涉及没收有关物品的，还应当附没收物品凭证。

《行政处罚决定书》应当盖有作出行政处罚决定的互联网信息内容管理部门的印章。

第四十条　《行政处罚决定书》应当在宣告后当场交付当事人；当事人不在场的，应当在七日内依照民事诉讼法的有关规定，将《行政处罚决定书》送达当事人。

第七章　执行与结案

第四十一条　《行政处罚决定书》送达后，当事人应当在处罚决定的期限内予以履行。

当事人确有经济困难，可以提出延期或者分期缴纳罚款的申请，并提交书面材料。经案件承办人审核，确定延期或者分期缴纳罚款的期限和金额，报互联网信息内容管理部门负责人批准后执行。

第四十二条　互联网信息服务提供者违反相关法律法规规章，需由电信主管部门关闭网站、吊销互联网信息服务增值电信业务经营许可证或者取消备案的，转电信主管部门处理。

第四十三条　当事人对互联网信息内容管理部门给予的行政处罚享有陈述、申辩权，对行政处罚决定不服的，有权依法申请行政复议或者提起行政诉讼。

当事人对行政处罚决定不服，申请行政复议或者提起行政诉讼的，行政处罚不停止执行，但法律另有规定的除外。

第四十四条　当事人在法定期限内不申请行政复议或者提起行政诉讼，又不履行行政处罚决定的，作出处罚决定的互联网信息内容管理部门可以申请人民法院强制执行。

互联网信息内容管理部门申请人民法院强制执行前应当填写《履行行政处罚决定催告书》（格式见附件 15），书面催告当事人履行义务，并告知履行义务的期限和方式、依法享有的陈述和申辩权，涉及加处罚款的，应当有明确的金额和给付方式。

加处罚款的总数额不得超过原罚款数额。

当事人进行陈述、申辩的，互联网信息内容管理部门应当对当事人提出的事实、理由和证据进行记录、复核，并制作陈述申辩笔录、陈述申辩复核意见书。当事人提出的事实、理由或者证据成立的，互联网信息内容管理部门应当采纳。

《履行行政处罚决定催告书》送达十个工作日后，当事人仍未履行处罚决定的，互联网信息内容管理部门可以申请人民法院强制执行，并填写《行政处罚强制执行申请书》（格式见附件 16）。

第四十五条　行政处罚决定履行或者执行后，办案人应当填写《行政处罚结案报告》（格式见附件 17),将有关案件材料进行整理装订,归档保存。

第八章　附则

第四十六条　本规定中的期限以时、日计算,开始的时和日不计算在内。期限届满的最后一日是节假日的,以节假日后的第一日为届满的日期。法律、法规另有规定的除外。

第四十七条　本规定中的"以上""以下""以内",均包括本数。

第四十八条　国家互联网信息内容管理部门负责制定行政执法所适用的文书格式范本。各省、自治区、直辖市互联网信息内容管理部门可以参照文书格式范本,制定本行政区域行政处罚所适用的文书格式并自行印制。

第四十九条　本规定自 2017 年 6 月 1 日起施行。

附件:(略)

14.《区块链信息服务管理规定》

2019 年 1 月 10 日,国家互联网信息办公室、中华人民共和国国家发展和改革委员会中华人民共和国工业和信息化部、中华人民共和国公安部中华人民共和国国家安全部、中华人民共和国财政部、中华人民共和国商务部、中国人民银行、国家市场监督管理总局、国家广播电视总局、中国证券监督管理委员会、国家保密局、国家密码管理局令第 3 号公布《区块链信息服务管理规定》,自 2019 年 2 月 15 日起施行。

第一条　为了规范区块链信息服务活动,维护国家安全和社会公共利益,保护公民、法人和其他组织的合法权益,促进区块链技术及相关服务的健康发展,根据《中华人民共和国网络安全法》《互联网信息服务管理办法》和《国务院关于授权国家互联网信息办公室负责互联网信息内容管理工作的通知》,制定本规定。

第二条　在中华人民共和国境内从事区块链信息服务,应当遵守本规定。法律、行政法规另有规定的,遵照其规定。

本规定所称区块链信息服务,是指基于区块链技术或者系统,通过互联网站、应用程序等形式,向社会公众提供信息服务。

本规定所称区块链信息服务提供者,是指向社会公众提供区块链信息服务的主体或者节点,以及为区块链信息服务的主体提供技术支持的机构或者组织;本规定所称区块链信息服务使用者,是指使用区块链信息服务的组织或者个人。

第三条　国家互联网信息办公室依据职责负责全国区块链信息服务的监督管理执法工作。省、自治区、直辖市互联网信息办公室依据职责负责本行政区域内区块链信息服务的监督管理执法工作。

第四条　鼓励区块链行业组织加强行业自律,建立健全行业自律制度和行业准则,指导区块链信息服务提供者建立健全服务规范,推动行业信用评价体系建设,督促区块链信息服务提供者依法提供服务、接受社会监督,提高区块链信息服务从业人员的职业素养,促进行业健康有序发展。

第五条　区块链信息服务提供者应当落实信息内容安全管理责任,建立健全用户注册、信息审核、应急处置、安全防护等管理制度。

第六条　区块链信息服务提供者应当具备与其服务相适应的技术条件,对于法律、行政法规禁止的信息内容,应当具备对其发布、记录、存储、传播的即时和应急处置能力,技术方案应当符合国家相关标准规范。

第七条　区块链信息服务提供者应当制定并公开管理规则和平台公约,与区块链信息服务使用者签订服务协议,明确双方权利义务,要求其承诺遵守法律规定和平台公约。

第八条　区块链信息服务提供者应当按照《中华人民共和国网络安全法》的规定,对区块链信息服务使用者进行基于组织机构代码、身份证件号码或者移动电话号码等方式的真实身份信息认证。用户不进行真实身份信息认证的,区块链信息服务提供者不得为其提供相关服务。

第九条　区块链信息服务提供者开发上线新产品、新应用、新功能的,应当按照有关规定报国家和省、自治区、直辖市互联网信息办公室进行安全评估。

第十条　区块链信息服务提供者和使用者不得利用区块链信息服务从事危害国家安全、扰乱社会秩序、侵犯他人合法权益等法律、行政法规禁止的活动,不得利用区块链信息服务制作、复制、发布、传播法律、行政法规禁止的信息内容。

第十一条　区块链信息服务提供者应当在提供服务之日起十个工作日内通过国家互联网信息办公室区块链信息服务备案管理系统填报服务提供者的名称、服务类别、服务形式、应用领域、服务器地址等信息,履行备案手续。

区块链信息服务提供者变更服务项目、平台网址等事项的,应当在变更之日起五个工作日内办理变更手续。

区块链信息服务提供者终止服务的,应当在终止服务三十个工作日前办理注销手续,并作出妥善安排。

第十二条　国家和省、自治区、直辖市互联网信息办公室收到备案人提交的备案材料后,材料齐全的,应当在二十个工作日内予以备案,发放备案编号,并通过国家互联网信息办公室区块链信息服务备案管理系统向社会公布备案信息;材料不齐全的,不予备案,在二十个工作日内通知备案人并说明理由。

第十三条　完成备案的区块链信息服务提供者应当在其对外提供服务的互联网站、应用程序等的显著位置标明其备案编号。

第十四条　国家和省、自治区、直辖市互联网信息办公室对区块链信息服务备案信息实行定期查验,区块链信息服务提供者应当在规定时间内登录区块链信息服务备案管理系统,提供相关信息。

第十五条　区块链信息服务提供者提供的区块链信息服务存在信息安全隐患的,应当进行整改,符合法律、行政法规等相关规定和国家相关标准规范后方可继续提供信息服务。

第十六条　区块链信息服务提供者应当对违反法律、行政法规规定和服务协议的区块链信息服务使用者,依法依约采取警示、限制功能、关闭账号等处置措施,对违法信息内容及时采取相应的处理措施,防止信息扩散,保存有关记录,并向有关主管部门报告。

第十七条　区块链信息服务提供者应当记录区块链信息服务使用者发布内容和日志等信息,记录备份应当保存不少于六个月,并在相关执法部门依法查询时予以提供。

第十八条　区块链信息服务提供者应当配合网信部门依法实施的监督检查,并提供必要的技术支持和协助。

区块链信息服务提供者应当接受社会监督,设置便捷的投诉举报入口,及时处理公众投诉举报。

第十九条　区块链信息服务提供者违反本规定第五条、第六条、第七条、第九条、第十一条第二款、第十三条、第十五条、第十七条、第十八条规定的,由国家和省、自治区、直辖市互联网信息办公室依据职责给予警告,责令限期改正,改正前应当暂停相关业务;拒不改正或者情节严重的,并处五千元以上三万元以下罚款;构成犯罪的,依法追究刑事责任。

第二十条　区块链信息服务提供者违反本规定第八条、第十六条规定的,由国家和省、自治区、直辖市互联网信息办公室依据职责,按照《中华人民共和国网络安全法》的规定予以处理。

第二十一条　区块链信息服务提供者违反本规定第十条的规定,制作、复制、发布、传播法律、行政法规禁止的信息内容的,由国家和省、自治区、直辖市互联网信息办公室依据职责给予警告,责令限期改正,改正前应当暂停相关业务;拒不改正或者情节严重的,并处二万元以上三万元以下罚款;构成犯罪的,依法追究刑事责任。

区块链信息服务使用者违反本规定第十条的规定,制作、复制、发布、传播法律、行政法规禁止的信息内容的,由国家和省、自治区、直辖市互联网信息办公室依照有关法律、行政法规的规定予以处理。

第二十二条　区块链信息服务提供者违反本规定第十一条第一款的规定,未按照本规定履行备案手续或者填报虚假备案信息的,由国家和省、自治区、直辖市互联网信息办公室依据职责责令限期改正;拒不改正或者情节严重的,给予警告,并处一万元以上三万元以下罚款。

第二十三条　在本规定公布前从事区块链信息服务的,应当自本规定生效之日起二十个工作日内依照本规定补办有关手续。

第二十四条　本规定自 2019 年 2 月 15 日起施行。

15.《网络信息内容生态治理规定》

2019 年 12 月 15 日,国家互联网信息办公室令第 5 号公布《网络信息内容生态治理规定》,自 2020 年 3 月 1 日起施行。

第一章　总则

第一条　为了营造良好网络生态,保障公民、法人和其他组织的合法权益,维护国家安全和公共利益,根据《中华人民共和国国家安全法》《中华人民共和国网络安全法》《互联网信息服务管理办法》等法律、行政法规,制定本规定。

第二条　中华人民共和国境内的网络信息内容生态治理活动,适用本规定。

本规定所称网络信息内容生态治理,是指政府、企业、社会、网民等主体,以培育和践行社会主义核心价值观为根本,以网络信息内容为主要治理对象,以建立健全网络综合治理体系、营造清朗的网络空间、建设良好的网络生态为目标,开展的弘扬正能量、处置违法和不良信息等相关活动。

第三条　国家网信部门负责统筹协调全国网络信息内容生态治理和相关监督管理工作,各有关主管部门依据各自职责做好网络信息内容生态治理工作。

地方网信部门负责统筹协调本行政区域内网络信息内容生态治理和相关监督管理工作,地方各有关主管部门依据各自职责做好本行政区域内网络信息内容生态治理工作。

第二章　网络信息内容生产者

第四条　网络信息内容生产者应当遵守法律法规,遵循公序良俗,不得损害国家利益、公共利益和他人合法权益。

第五条　鼓励网络信息内容生产者制作、复制、发布含有下列内容的信息:

(一)宣传习近平新时代中国特色社会主义思想,全面准确生动解读中国特色社会主义道路、理论、制度、文化的;

(二)宣传党的理论路线方针政策和中央重大决策部署的;

(三)展示经济社会发展亮点,反映人民群众伟大奋斗和火热生活的;

(四)弘扬社会主义核心价值观,宣传优秀道德文化和时代精神,充分展现中华民族昂扬向上精神风貌的;

(五)有效回应社会关切,解疑释惑,析事明理,有助于引导群众形成共识的;

(六)有助于提高中华文化国际影响力,向世界展现真实立体全面的中国的;

(七)其他讲品味讲格调讲责任、讴歌真善美、促进团结稳定等的内容。

第六条　网络信息内容生产者不得制作、复制、发布含有下列内容的违法信息:

(一)反对宪法所确定的基本原则的;

(二)危害国家安全,泄露国家秘密,颠覆国家政权,破坏国家统一的;

(三)损害国家荣誉和利益的;

(四)歪曲、丑化、亵渎、否定英雄烈士事迹和精神,以侮辱、诽谤或者其他方式侵害英雄烈士的姓名、肖像、名誉、荣誉的;

(五)宣扬恐怖主义、极端主义或者煽动实施恐怖活动、极端主义活动的;

(六)煽动民族仇恨、民族歧视,破坏民族团结的;

(七)破坏国家宗教政策,宣扬邪教和封建迷信的;

(八)散布谣言,扰乱经济秩序和社会秩序的;

(九)散布淫秽、色情、赌博、暴力、凶杀、恐怖或者教唆犯罪的;

(十)侮辱或者诽谤他人,侵害他人名誉、隐私和其他合法权益的;

(十一)法律、行政法规禁止的其他内容。

第七条　网络信息内容生产者应当采取措施,防范和抵制制作、复制、发布含有下列内容的不良信息:

(一)使用夸张标题,内容与标题严重不符的;

(二)炒作绯闻、丑闻、劣迹等的;

(三)不当评述自然灾害、重大事故等灾难的;

(四)带有性暗示、性挑逗等易使人产生性联想的;

(五)展现血腥、惊悚、残忍等致人身心不适的;

(六)煽动人群歧视、地域歧视等的;

(七)宣扬低俗、庸俗、媚俗内容的;

(八)可能引发未成年人模仿不安全行为和违反社会公德行为、诱导未成年人不良嗜好等的;

(九)其他对网络生态造成不良影响的内容。

第三章　网络信息内容服务平台

第八条　网络信息内容服务平台应当履行信息内容管理主体责任,加强本平台网络信息内容生态治理,培育积极健康、向上向善的网络文化。

第九条　网络信息内容服务平台应当建立网络信息内容生态治理机制,制定本平台网络信息内容生态治理细则,健全用户注册、账号管理、信息发布审核、跟帖评论审核、版面页面生态管理、实时巡查、应急处置和网络谣言、黑色产业链信息处置等制度。

网络信息内容服务平台应当设立网络信息内容生态治理负责人,配备与业务范围和服务规模相适应的专业人员,加强培训考核,提升从业人员素质。

第十条　网络信息内容服务平台不得传播本规定第六条规定的信息,应当防范和抵制传播本规定第七条规定的信息。

网络信息内容服务平台应当加强信息内容的管理,发现本规定第六条、第七条规定的信息的,应当依法立即采取处置措施,保存有关记录,并向有关主管部门报告。

第十一条　鼓励网络信息内容服务平台坚持主流价值导向,优化信息推荐机制,加强版面页面生态管理,在下列重点环节(包括服务类型、位置版块等)积极呈现本规定第五条规定的信息:

(一)互联网新闻信息服务首页首屏、弹窗和重要新闻信息内容页面等;

(二)互联网用户公众账号信息服务精选、热搜等;

(三)博客、微博客信息服务热门推荐、榜单类、弹窗及基于地理位置的信息服务版块等;

(四)互联网信息搜索服务热搜词、热搜图及默认搜索等;

(五)互联网论坛社区服务首页首屏、榜单类、弹窗等;

(六)互联网音视频服务首页首屏、发现、精选、榜单类、弹窗等;

(七)互联网网址导航服务、浏览器服务、输入法服务首页首屏、榜单类、皮肤、联想词、弹窗等;

(八)数字阅读、网络游戏、网络动漫服务首页首屏、精选、榜单类、弹窗等;

(九)生活服务、知识服务平台首页首屏、热门推荐、弹窗等;

(十)电子商务平台首页首屏、推荐区等;

(十一)移动应用商店、移动智能终端预置应用软件和内置信息内容服务首屏、推荐区等;

(十二)专门以未成年人为服务对象的网络信息内容专栏、专区和产品等;

(十三)其他处于产品或者服务醒目位置、易引起网络信息内容服务使用者关注的重点环节。

网络信息内容服务平台不得在以上重点环节呈现本规定第七条规定的信息。

第十二条　网络信息内容服务平台采用个性化算法推荐技术推送信息的,应当设置符合本规定第十条、第十一条规定要求的推荐模型,建立健全人工干预和用户自主选择机制。

第十三条　鼓励网络信息内容服务平台开发适合未成年人使用的模式,提供适未成年人使用的网络产品和服务,便利未成年人获取有益身心健康的信息。

第十四条　网络信息内容服务平台应当加强对本平台设置的广告位和在本平台展示的广告内容的审核巡查,对发布违法广告的,应当依法予以处理。

第十五条　网络信息内容服务平台应当制定并公开管理规则和平台公约,完善用户协议,明确用户相关权利义务,并依法依约履行相应管理职责。

网络信息内容服务平台应当建立用户账号信用管理制度,根据用户账号的信用情况提供相应服务。

第十六条　网络信息内容服务平台应当在显著位置设置便捷的投诉举报入口,公布投诉举报方式,及时受理处置公众投诉举报并反馈处理结果。

第十七条　网络信息内容服务平台应当编制网络信息内容生态治理工作年度报告,年度报告应当包括网络信息内容生态治理工作情况、网络信息内容生态治理负责人履职情况、社会评价情况等内容。

第四章　网络信息内容服务使用者

第十八条　网络信息内容服务使用者应当文明健康使用网络,按照法律法规的要求和用户协议约定,切实履行相应义务,在以发帖、回复、留言、弹幕等形式参与网络活动时,文明互动,理性表达,不得发布本规定第六条规定的信息,防范和抵制本规定第七条规定的信息。

第十九条　网络群组、论坛社区版块建立者和管理者应当履行群组、版块管理责任,依据法律法规、用户协议和平台公约等,规范群组、版块内信息发布等行为。

第二十条　鼓励网络信息内容服务使用者积极参与网络信息内容生态治理,通过投诉、举报等方式对网上违法和不良信息进行监督,共同维护良好网络生态。

第二十一条　网络信息内容服务使用者和网络信息内容生产者、网络信息内容服务平台不得利用网络和相关信息技术实施侮辱、诽谤、威胁、散布谣言以及侵犯他人隐私等违法行为,损害他人合法权益。

第二十二条　网络信息内容服务使用者和网络信息内容生产者、网络信息内容服务平台不得通过发布、删除信息以及其他干预信息呈现的手段侵害他人合法权益或者谋取非法利益。

第二十三条　网络信息内容服务使用者和网络信息内容生产者、网络信息内容服务平台不得利用深度学习、虚拟现实等新技术新应用从事法律、行政法规禁止的活动。

第二十四条　网络信息内容服务使用者和网络信息内容生产者、网络信息内容服务平台不得通过人工方式或者技术手段实施流量造假、流量劫持以及虚假注册账号、非法交易账号、操纵用户账号等行为,破坏网络生态秩序。

第二十五条　网络信息内容服务使用者和网络信息内容生产者、网络信息内容服务平台不得利用党旗、党徽、国旗、国徽、国歌等代表党和国家形象的标识及内容,或者借国家重大活动、重大纪念日和国家机关及其工作人员名义等,违法违规开展网络商业营销活动。

第五章　网络行业组织

第二十六条　鼓励行业组织发挥服务指导和桥梁纽带作用,引导会员单位增强社会责任感,唱响主旋律,弘扬正能量,反对违法信息,防范和抵制不良信息。

第二十七条　鼓励行业组织建立完善行业自律机制,制定网络信息内容生态治理行业规范和自律公约,建立内容审核标准细则,指导会员单位建立健全服务规范、依法提供网络信息内容服务、接受社会监督。

第二十八条　鼓励行业组织开展网络信息内容生态治理教育培训和宣传引导工作,提升会员单位、从业人员治理能力,增强全社会共同参与网络信息内容生态治理意识。

第二十九条　鼓励行业组织推动行业信用评价体系建设,依据章程建立行业评议等评价奖惩机制,加大对会员单位的激励和惩戒力度,强化会员单位的守信意识。

第六章　监督管理

第三十条　各级网信部门会同有关主管部门,建立健全信息共享、会商通报、联合执法、案件督办、信息公开等工作机制,协同开展网络信息内容生态治理工作。

第三十一条　各级网信部门对网络信息内容服务平台履行信息内容管理主体责任情况开展监督检查,对存在问题的平台开展专项督查。

网络信息内容服务平台对网信部门和有关主管部门依法实施的监督检查,应当予以配合。

第三十二条　各级网信部门建立网络信息内容服务平台违法违规行为台账管理制度,并依法依规进行相应处理。

第三十三条　各级网信部门建立政府、企业、社会、网民等主体共同参与的监督评价机制,定期对本行政区域内网络信息内容服务平台生态治理情况进行评估。

第七章　法律责任

第三十四条　网络信息内容生产者违反本规定第六条规定的,网络信息内容服务平台应当依法依约采取警示整改、限制功能、暂停更新、关闭账号等处置措施,及时消除违法信息内容,保存记录并向有关主管部门报告。

第三十五条　网络信息内容服务平台违反本规定第十条、第三十一条第二款规定的,由网信等有关主管部门依据职责,按照《中华人民共和国网络安全法》《互联网信息服务管理办法》等法律、行政法规的规定予以处理。

第三十六条　网络信息内容服务平台违反本规定第十一条第二款规定的,由设区的市级以上网信部门依据职责进行约谈,给予警告,责令限期改正;拒不改正或者情节严重的,责令暂停信息更新,按照有关法律、行政法规的规定予以处理。

第三十七条　网络信息内容服务平台违反本规定第九条、第十二条、第十五条、第十六条、第十七条规定的,由设区的市级以上网信部门依据职责进行约谈,给予警告,责令限期改正;拒不改正或者情节严重的,责令暂停信息更新,按照有关法律、行政法规的规定予以处理。

第三十八条　违反本规定第十四条、第十八条、第十九条、第二十一条、第二十二条、第二十三条、第二十四条、第二十五条规定的,由网信等有关主管部门依据职责,按照有关法律、行政法规的规定予以处理。

第三十九条　网信部门根据法律、行政法规和国家有关规定,会同有关主管部门建立健全网络信息内容服务严重失信联合惩戒机制,对严重违反本规定的网络信息内容服务平台、网络信息内容生产者和网络信息内容使用者依法依规实施限制从事网络信息服务、网上行为限制、行业禁入等惩戒措施。

第四十条　违反本规定,给他人造成损害的,依法承担民事责任;构成犯罪的,依法追究刑事责任;尚不构成犯罪的,由有关主管部门依照有关法律、行政法规的规定予以处罚。

第八章　附则

第四十一条　本规定所称网络信息内容生产者,是指制作、复制、发布网络信息内容的组织或者个人。

本规定所称网络信息内容服务平台,是指提供网络信息内容传播服务的网络信息服务提供者。

本规定所称网络信息内容服务使用者,是指使用网络信息内容服务的组织或者个人。

第四十二条　本规定自 2020 年 3 月 1 日起施行。

16.《网络安全审查办法》

2021 年 12 月 28 日,国家互联网信息办公室、中华人民共和国国家发展和改革委员会、中华人民共和国工业和信息化部、中华人民共和国公安部、中华人民共和国国家安全部、中华人民共和国财政部、中华人民共和国商务部、中国人民银行、国家市场监督管理总局、国家广播电视总局、中国证券监督管理委员会、国家保密局、国家密码管理局令第 8 号公布《网络安全审查办法》,自 2022 年 2 月 15 日起施行。

第一条　为了确保关键信息基础设施供应链安全,保障网络安全和数据安全,维护国家安全,根据《中华人民共和国国家安全法》《中华人民共和国网络安全法》《中华人民共和国数据安全法》《关键信息基础设施安全保护条例》,制定本办法。

第二条　关键信息基础设施运营者采购网络产品和服务,网络平台运营者开展数据处理活动,影响或者可能影响国家安全的,应当按照本办法进行网络安全审查。

前款规定的关键信息基础设施运营者、网络平台运营者统称为当事人。

第三条　网络安全审查坚持防范网络安全风险与促进先进技术应用相结合、过程公正透明与知识产权保护相结合、事前审查与持续监管相结合、企业承诺与社会监督相结合,从产品和服务以及数据处理活动安全性、可能带来的国家安全风险等方面进行审查。

第四条　在中央网络安全和信息化委员会领导下,国家互联网信息办公室会同中华人民共和国国家发展和改革委员会、中华人民共和国工业和信息化部、中华人民共和国公安部、中华人民共和国国家安全部、中华人民共和国财政部、中华人民共和国商务部、中国人民银行、国家市场监督管理总局、国家广播电视总局、中国证券监督管理委员会、国家保密局、国家密码管理局建立国家网络安全审查工作机制。

网络安全审查办公室设在国家互联网信息办公室,负责制定网络安全审查相关制度规范,组织网络安全审查。

第五条　关键信息基础设施运营者采购网络产品和服务的,应当预判该产品和服务投入使用后可能带来的国家安全风险。影响或者可能影响国家安全的,应当向网络安全审查办公室申报网络安全审查。

关键信息基础设施安全保护工作部门可以制定本行业、本领域预判指南。

第六条　对于申报网络安全审查的采购活动,关键信息基础设施运营者应当通过采购文件、协议等要求产品和服务提供者配合网络安全审查,包括承诺不利用提供产品和服务的便利条件非法获取用户数据、非法控制和操纵用户设备,无正当理由不中断产品供应或者必要的技术支持服务等。

第七条　掌握超过 100 万用户个人信息的网络平台运营者赴国外上市,必须向网络安全审查办公室申报网络安全审查。

第八条　当事人申报网络安全审查,应当提交以下材料:

(一)申报书;

(二)关于影响或者可能影响国家安全的分析报告;

(三)采购文件、协议、拟签订的合同或者拟提交的首次公开募股(IPO)等上市申请文件;

(四)网络安全审查工作需要的其他材料。

第九条　网络安全审查办公室应当自收到符合本办法第八条规定的审查申报材料起 10 个工作日内,确定是否需要审查并书面通知当事人。

第十条　网络安全审查重点评估相关对象或者情形的以下国家安全风险因素:

(一)产品和服务使用后带来的关键信息基础设施被非法控制、遭受干扰或者破坏的风险;

(二)产品和服务供应中断对关键信息基础设施业务连续性的危害;

(三)产品和服务的安全性、开放性、透明性、来源的多样性,供应渠道的可靠性以及因为政治、外交、贸易等因素导致供应中断的风险;

(四)产品和服务提供者遵守中国法律、行政法规、部门规章情况;

(五)核心数据、重要数据或者大量个人信息被窃取、泄露、毁损以及非法利用、非法出境的风险;

(六)上市存在关键信息基础设施、核心数据、重要数据或者大量个人信息被外国政府影响、控制、恶意利用的风险,以及网络信息安全风险;

(七)其他可能危害关键信息基础设施安全、网络安全和数据安全的因素。

第十一条　网络安全审查办公室认为需要开展网络安全审查的,应当自向当事人发出书面通知之日起 30 个工作日内完成初步审查,包括形成审查结论建议和将审查结论建议发送网络安全审查工作机制成员单位、相关部门征求意见;情况复杂的,可以延长 15 个工作日。

第十二条　网络安全审查工作机制成员单位和相关部门应当自收到审查结论建议之日起 15 个工作日内书面回复意见。

网络安全审查工作机制成员单位、相关部门意见一致的,网络安全审查办公室以书面形式将审查结论通知当事人;意见不一致的,按照特别审查程序处理,并通知当事人。

第十三条　按照特别审查程序处理的,网络安全审查办公室应当听取相关单位和部门意见,进行深入分析评估,再次形成审查结论建议,并征求网络安全审查工作机制成员单位和相关部门意见,按程序报中央网络安全和信息化委员会批准后,形成审查结论并书面通知当事人。

第十四条　特别审查程序一般应当在 90 个工作日内完成,情况复杂的可以延长。

第十五条　网络安全审查办公室要求提供补充材料的,当事人、产品和服务提供者应当予以配合。提交补充材料的时间不计入审查时间。

第十六条　网络安全审查工作机制成员单位认为影响或者可能影响国家安全的网络产品和服务以及数据处理活动,由网络安全审查办公室按程序报中央网络安全和信息化委员会批准后,依照本办法的规定进行审查。

为了防范风险,当事人应当在审查期间按照网络安全审查要求采取预防和消减风险的措施。

第十七条　参与网络安全审查的相关机构和人员应当严格保护知识产权,对在审查工作中知悉的商业秘密、个人信息,当事人、产品和服务提供者提交的未公开材料,以及其他未公开信息承担保密义务;未经信息提供方同意,不得向无关方披露或者用于审查以外的目的。

第十八条　当事人或者网络产品和服务提供者认为审查人员有失客观公正,或者未能对审查工作中知悉的信息承担保密义务的,可以向网络安全审查办公室或者有关部门举报。

第十九条　当事人应当督促产品和服务提供者履行网络安全审查中作出的承诺。

网络安全审查办公室通过接受举报等形式加强事前事中事后监督。

第二十条　当事人违反本办法规定的,依照《中华人民共和国网络安全法》、《中华人民共和国数据安全法》的规定处理。

第二十一条　本办法所称网络产品和服务主要指核心网络设备、重要通信产品、高性能计算机和服务器、大容量存储设备、大型数据库和应用软件、网络安全设备、云计算服务,以及其他对关键信息基础设施安全、网络安全和数据安全有重要影响的网络产品和服务。

第二十二条　涉及国家秘密信息的,依照国家有关保密规定执行。

国家对数据安全审查、外商投资安全审查另有规定的,应当同时符合其规定。

第二十三条　本办法自 2022 年 2 月 15 日起施行。2020 年 4 月 13 日公布的《网络安全审查办法》(国家互联网信息办公室、国家发展和改革委员会、工业和信息化部、公安部、国家安全部、财政部、商务部、中国人民银行、国家市场监督管理总局、国家广播电视总局、国家保密局、国家密码管理局令第 6 号)同时废止。

17.《汽车数据安全管理若干规定(试行)》

2021 年 8 月 16 日,国家互联网信息办公室、中华人民共和国国家发展和改革委员会、中华人民共和国工业和信息化部、中华人民共和国公安部、中华人民共和国交通运输部令第 7 号公布《汽车数据安全管理若干规定(试行)》,自 2021 年 10 月 1 日起施行。

第一条　为了规范汽车数据处理活动,保护个人、组织的合法权益,维护国家安全和社会公共利益,促进汽车数据合理开发利用,根据《中华人民共和国网络安全法》、《中华人民共和国数据安全法》等法律、行政法规,制定本规定。

第二条　在中华人民共和国境内开展汽车数据处理活动及其安全监管,应当遵守相关法律、行政法规和本规定的要求。

第三条　本规定所称汽车数据,包括汽车设计、生产、销售、使用、运维等过程中的涉及个人信息数据和重要数据。

汽车数据处理,包括汽车数据的收集、存储、使用、加工、传输、提供、公开等。

汽车数据处理者,是指开展汽车数据处理活动的组织,包括汽车制造商、零部件和软件供应商、经销商、维修机构以及出行服务企业等。

个人信息,是指以电子或者其他方式记录的与已识别或者可识别的车主、驾驶人、乘车人、车外人员等有关的各种信息,不包括匿名化处理后的信息。

敏感个人信息,是指一旦泄露或者非法使用,可能导致车主、驾驶人、乘车人、车外人员等受到歧视或者人身、财产安全受到严重危害的个人信息,包括车辆行踪轨迹、音频、视频、图像和生物识别特征等信息。

重要数据是指一旦遭到篡改、破坏、泄露或者非法获取、非法利用,可能危害国家安全、公共利益或者个人、组织合法权益的数据,包括:

(一)军事管理区、国防科工单位以及县级以上党政机关等重要敏感区域的地理信息、人员流量、车辆流量等数据;

(二)车辆流量、物流等反映经济运行情况的数据;

(三)汽车充电网的运行数据;

（四）包含人脸信息、车牌信息等的车外视频、图像数据；

（五）涉及个人信息主体超过 10 万人的个人信息；

（六）国家网信部门和国务院发展改革、工业和信息化、公安、交通运输等有关部门确定的其他可能危害国家安全、公共利益或者个人、组织合法权益的数据。

第四条　汽车数据处理者处理汽车数据应当合法、正当、具体、明确，与汽车的设计、生产、销售、使用、运维等直接相关。

第五条　利用互联网等信息网络开展汽车数据处理活动，应当落实网络安全等级保护等制度，加强汽车数据保护，依法履行数据安全义务。

第六条　国家鼓励汽车数据依法合理有效利用，倡导汽车数据处理者在开展汽车数据处理活动中坚持：

（一）车内处理原则，除非确有必要不向车外提供；

（二）默认不收集原则，除非驾驶人自主设定，每次驾驶时默认设定为不收集状态；

（三）精度范围适用原则，根据所提供功能服务对数据精度的要求确定摄像头、雷达等的覆盖范围、分辨率；

（四）脱敏处理原则，尽可能进行匿名化、去标识化等处理。

第七条　汽车数据处理者处理个人信息应当通过用户手册、车载显示面板、语音、汽车使用相关应用程序等显著方式，告知个人以下事项：

（一）处理个人信息的种类，包括车辆行踪轨迹、驾驶习惯、音频、视频、图像和生物识别特征等；

（二）收集各类个人信息的具体情境以及停止收集的方式和途径；

（三）处理各类个人信息的目的、用途、方式；

（四）个人信息保存地点、保存期限，或者确定保存地点、保存期限的规则；

（五）查阅、复制其个人信息以及删除车内、请求删除已经提供给车外的个人信息的方式和途径；

（六）用户权益事务联系人的姓名和联系方式；

（七）法律、行政法规规定的应当告知的其他事项。

第八条　汽车数据处理者处理个人信息应当取得个人同意或者符合法律、行政法规规定的其他情形。

因保证行车安全需要，无法征得个人同意采集到车外个人信息且向车外提供的，应当进行匿名化处理，包括删除含有能够识别自然人的画面，或者对画面中的人脸信息等进行局部轮廓化处理等。

第九条　汽车数据处理者处理敏感个人信息，应当符合以下要求或者符合法律、行政法规和强制性国家标准等其他要求：

（一）具有直接服务于个人的目的，包括增强行车安全、智能驾驶、导航等；

（二）通过用户手册、车载显示面板、语音以及汽车使用相关应用程序等显著方式告知必要性以及对个人的影响；

（三）应当取得个人单独同意，个人可以自主设定同意期限；

（四）在保证行车安全的前提下，以适当方式提示收集状态，为个人终止收集提供便利；

（五）个人要求删除的，汽车数据处理者应当在十个工作日内删除。

汽车数据处理者具有增强行车安全的目的和充分的必要性,方可收集指纹、声纹、人脸、心律等生物识别特征信息。

第十条 汽车数据处理者开展重要数据处理活动,应当按照规定开展风险评估,并向省、自治区、直辖市网信部门和有关部门报送风险评估报告。

风险评估报告应当包括处理的重要数据的种类、数量、范围、保存地点与期限、使用方式,开展数据处理活动情况以及是否向第三方提供,面临的数据安全风险及其应对措施等。

第十一条 重要数据应当依法在境内存储,因业务需要确需向境外提供的,应当通过国家网信部门会同国务院有关部门组织的安全评估。未列入重要数据的涉及个人信息数据的出境安全管理,适用法律、行政法规的有关规定。

我国缔结或者参加的国际条约、协定有不同规定的,适用该国际条约、协定,但我国声明保留的条款除外。

第十二条 汽车数据处理者向境外提供重要数据,不得超出出境安全评估时明确的目的、范围、方式和数据种类、规模等。

国家网信部门会同国务院有关部门以抽查等方式核验前款规定事项,汽车数据处理者应当予以配合,并以可读等便利方式予以展示。

第十三条 汽车数据处理者开展重要数据处理活动,应当在每年十二月十五日前向省、自治区、直辖市网信部门和有关部门报送以下年度汽车数据安全管理情况:

(一)汽车数据安全管理负责人、用户权益事务联系人的姓名和联系方式;

(二)处理汽车数据的种类、规模、目的和必要性;

(三)汽车数据的安全防护和管理措施,包括保存地点、期限等;

(四)向境内第三方提供汽车数据情况;

(五)汽车数据安全事件和处置情况;

(六)汽车数据相关的用户投诉和处理情况;

(七)国家网信部门会同国务院工业和信息化、公安、交通运输等有关部门明确的其他汽车数据安全管理情况。

第十四条 向境外提供重要数据的汽车数据处理者应当在本规定第十三条要求的基础上,补充报告以下情况:

(一)接收者的基本情况;

(二)出境汽车数据的种类、规模、目的和必要性;

(三)汽车数据在境外的保存地点、期限、范围和方式;

(四)涉及向境外提供汽车数据的用户投诉和处理情况;

(五)国家网信部门会同国务院工业和信息化、公安、交通运输等有关部门明确的向境外提供汽车数据需要报告的其他情况。

第十五条 国家网信部门和国务院发展改革、工业和信息化、公安、交通运输等有关部门依据职责,根据处理数据情况对汽车数据处理者进行数据安全评估,汽车数据处理者应当予以配合。

参与安全评估的机构和人员不得披露评估中获悉的汽车数据处理者商业秘密、未公开信息,不得将评估中获悉的信息用于评估以外目的。

第十六条 国家加强智能(网联)汽车网络平台建设,开展智能(网联)汽车入网运行和安全保障服务等,协同汽车数据处理者加强智能(网联)汽车网络和汽车数据安全防护。

第十七条　汽车数据处理者开展汽车数据处理活动,应当建立投诉举报渠道,设置便捷的投诉举报入口,及时处理用户投诉举报。

开展汽车数据处理活动造成用户合法权益或者公共利益受到损害的,汽车数据处理者应当依法承担相应责任。

第十八条　汽车数据处理者违反本规定的,由省级以上网信、工业和信息化、公安、交通运输等有关部门依照《中华人民共和国网络安全法》《中华人民共和国数据安全法》等法律、行政法规的规定进行处罚;构成犯罪的,依法追究刑事责任。

第十九条　本规定自 2021 年 10 月 1 日起施行。

18.《规范互联网信息服务市场秩序若干规定》

2011 年 12 月 29 日,工业和信息化部令第 20 号公布《规范互联网信息服务市场秩序若干规定》,自 2012 年 3 月 15 日起施行。

第一条　为了规范互联网信息服务市场秩序,保护互联网信息服务提供者和用户的合法权益,促进互联网行业的健康发展,根据《中华人民共和国电信条例》、《互联网信息服务管理办法》等法律、行政法规的规定,制定本规定。

第二条　在中华人民共和国境内从事互联网信息服务及与互联网信息服务有关的活动,应当遵守本规定。

第三条　工业和信息化部和各省、自治区、直辖市通信管理局(以下统称"电信管理机构")依法对互联网信息服务活动实施监督管理。

第四条　互联网信息服务提供者应当遵循平等、自愿、公平、诚信的原则提供服务。

第五条　互联网信息服务提供者不得实施下列侵犯其他互联网信息服务提供者合法权益的行为:

(一)恶意干扰用户终端上其他互联网信息服务提供者的服务,或者恶意干扰与互联网信息服务相关的软件等产品("与互联网信息服务相关的软件等产品"以下简称"产品")的下载、安装、运行和升级;

(二)捏造、散布虚假事实损害其他互联网信息服务提供者的合法权益,或者诋毁其他互联网信息服务提供者的服务或者产品;

(三)恶意对其他互联网信息服务提供者的服务或者产品实施不兼容;

(四)欺骗、误导或者强迫用户使用或者不使用其他互联网信息服务提供者的服务或者产品;

(五)恶意修改或者欺骗、误导、强迫用户修改其他互联网信息服务提供者的服务或者产品参数;

(六)其他违反国家法律规定,侵犯其他互联网信息服务提供者合法权益的行为。

第六条　对互联网信息服务提供者的服务或者产品进行评测,应当客观公正。

评测方公开或者向用户提供评测结果的,应当同时提供评测实施者、评测方法、数据来源、用户原始评价、评测手段和评测环境等与评测活动相关的信息。评测结果应当真实准确,与评测活动相关的信息应当完整全面。被评测的服务或者产品与评测方的服务或者产品相同或者功能类似的,评测结果中不得含有评测方的主观评价。

被评测方对评测结果有异议的,可以自行或者委托第三方就评测结果进行再评测,评测方应当予以配合。

评测方不得利用评测结果,欺骗、误导、强迫用户对被评测方的服务或者产品作出处置。

本规定所称评测,是指提供平台供用户评价,或者以其他方式对互联网信息服务或者产品的性能等进行评价和测试。

第七条 互联网信息服务提供者不得实施下列侵犯用户合法权益的行为:

(一)无正当理由拒绝、拖延或者中止向用户提供互联网信息服务或者产品;

(二)无正当理由限定用户使用或者不使用其指定的互联网信息服务或者产品;

(三)以欺骗、误导或者强迫等方式向用户提供互联网信息服务或者产品;

(四)提供的互联网信息服务或者产品与其向用户所作的宣传或者承诺不符;

(五)擅自改变服务协议或者业务规程,降低服务质量或者加重用户责任;

(六)与其他互联网信息服务提供者的服务或者产品不兼容时,未主动向用户提示和说明;

(七)未经提示并由用户主动选择同意,修改用户浏览器配置或者其他设置;

(八)其他违反国家法律规定,侵犯用户合法权益的行为。

第八条 互联网信息服务提供者在用户终端上进行软件下载、安装、运行、升级、卸载等操作的,应当提供明确、完整的软件功能等信息,并事先征得用户同意。

互联网信息服务提供者不得实施下列行为:

(一)欺骗、误导或者强迫用户下载、安装、运行、升级、卸载软件;

(二)未提供与软件安装方式同等或者更便捷的卸载方式;

(三)在未受其他软件影响和人为破坏的情况下,未经用户主动选择同意,软件卸载后有可执行代码或者其他不必要的文件驻留在用户终端。

第九条 互联网信息服务终端软件捆绑其他软件的,应当以显著的方式提示用户,由用户主动选择是否安装或者使用,并提供独立的卸载或者关闭方式,不得附加不合理条件。

第十条 互联网信息服务提供者在用户终端弹出广告或者其他与终端软件功能无关的信息窗口的,应当以显著的方式向用户提供关闭或者退出窗口的功能标识。

第十一条 未经用户同意,互联网信息服务提供者不得收集与用户相关、能够单独或者与其他信息结合识别用户的信息(以下简称"用户个人信息"),不得将用户个人信息提供给他人,但是法律、行政法规另有规定的除外。

互联网信息服务提供者经用户同意收集用户个人信息的,应当明确告知用户收集和处理用户个人信息的方式、内容和用途,不得收集其提供服务所必需以外的信息,不得将用户个人信息用于其提供服务之外的目的。

第十二条 互联网信息服务提供者应当妥善保管用户个人信息;保管的用户个人信息泄露或者可能泄露时,应当立即采取补救措施;造成或者可能造成严重后果的,应当立即向准予其互联网信息服务许可或者备案的电信管理机构报告,并配合相关部门进行的调查处理。

第十三条 互联网信息服务提供者应当加强系统安全防护,依法维护用户上载信息的安全,保障用户对上载信息的使用、修改和删除。

互联网信息服务提供者不得有下列行为:

(一)无正当理由擅自修改或者删除用户上载信息;

(二)未经用户同意,向他人提供用户上载信息,但是法律、行政法规另有规定的除外;

(三)擅自或者假借用户名义转移用户上载信息,或者欺骗、误导、强迫用户转移其上载信息;

（四）其他危害用户上载信息安全的行为。

第十四条　互联网信息服务提供者应当以显著的方式公布有效联系方式,接受用户及其他互联网信息服务提供者的投诉,并自接到投诉之日起 15 日内作出答复。

第十五条　互联网信息服务提供者认为其他互联网信息服务提供者实施违反本规定的行为,侵犯其合法权益并对用户权益造成或者可能造成重大影响的,应当立即向准予该其他互联网信息服务提供者互联网信息服务许可或者备案的电信管理机构报告。

电信管理机构应当对报告或者发现的可能违反本规定的行为的影响进行评估;影响特别重大的,相关省、自治区、直辖市通信管理局应当向工业和信息化部报告。电信管理机构在依据本规定作出处理决定前,可以要求互联网信息服务提供者暂停有关行为,互联网信息服务提供者应当执行。

第十六条　互联网信息服务提供者违反本规定第五条、第七条或者第十三条的规定,由电信管理机构依据职权责令改正,处以警告,可以并处 1 万元以上 3 万元以下的罚款,向社会公告;其中,《中华人民共和国电信条例》或者《互联网信息服务管理办法》规定法律责任的,依照其规定处理。

第十七条　评测方违反本规定第六条的规定的,由电信管理机构依据职权处以警告,可以并处 1 万元以上 3 万元以下的罚款,向社会公告。

第十八条　互联网信息服务提供者违反本规定第八条、第九条、第十条、第十一条、第十二条或者第十四条的规定的,由电信管理机构依据职权处以警告,可以并处 1 万元以上 3 万元以下的罚款,向社会公告。

第十九条　互联网信息服务提供者违反本规定第十五条规定,不执行电信管理机构暂停有关行为的要求的,由电信管理机构依据职权处以警告,向社会公告。

第二十条　互联网信息服务提供者违反其他法律、行政法规规定的,依照其规定处理。

第二十一条　本规定自 2012 年 3 月 15 日起施行。

19.《电信和互联网用户个人信息保护规定》

2013 年 7 月 16 日,工业和信息化部令第 24 号公布《电信和互联网用户个人信息保护规定》,自 2013 年 9 月 1 日起施行。

第一章　总　则

第一条　为了保护电信和互联网用户的合法权益,维护网络信息安全,根据《全国人民代表大会常务委员会关于加强网络信息保护的决定》、《中华人民共和国电信条例》和《互联网信息服务管理办法》等法律、行政法规,制定本规定。

第二条　在中华人民共和国境内提供电信服务和互联网信息服务过程中收集、使用用户个人信息的活动,适用本规定。

第三条　工业和信息化部和各省、自治区、直辖市通信管理局(以下统称电信管理机构)依法对电信和互联网用户个人信息保护工作实施监督管理。

第四条　本规定所称用户个人信息,是指电信业务经营者和互联网信息服务提供者在提供服务的过程中收集的用户姓名、出生日期、身份证件号码、住址、电话号码、账号和密码等能够单独或者与其他信息结合识别用户的信息以及用户使用服务的时间、地点等信息。

第五条　电信业务经营者、互联网信息服务提供者在提供服务的过程中收集、使用用户个人信息,应当遵循合法、正当、必要的原则。

第六条　电信业务经营者、互联网信息服务提供者对其在提供服务过程中收集、使用的用户个人信息的安全负责。

第七条　国家鼓励电信和互联网行业开展用户个人信息保护自律工作。

第二章　信息收集和使用规范

第八条　电信业务经营者、互联网信息服务提供者应当制定用户个人信息收集、使用规则,并在其经营或者服务场所、网站等予以公布。

第九条　未经用户同意,电信业务经营者、互联网信息服务提供者不得收集、使用用户个人信息。

电信业务经营者、互联网信息服务提供者收集、使用用户个人信息的,应当明确告知用户收集、使用信息的目的、方式和范围,查询、更正信息的渠道以及拒绝提供信息的后果等事项。

电信业务经营者、互联网信息服务提供者不得收集其提供服务所必需以外的用户个人信息或者将信息用于提供服务之外的目的,不得以欺骗、误导或者强迫等方式或者违反法律、行政法规以及双方的约定收集、使用信息。

电信业务经营者、互联网信息服务提供者在用户终止使用电信服务或者互联网信息服务后,应当停止对用户个人信息的收集和使用,并为用户提供注销号码或者账号的服务。

法律、行政法规对本条第一款至第四款规定的情形另有规定的,从其规定。

第十条　电信业务经营者、互联网信息服务提供者及其工作人员对在提供服务过程中收集、使用的用户个人信息应当严格保密,不得泄露、篡改或者毁损,不得出售或者非法向他人提供。

第十一条　电信业务经营者、互联网信息服务提供者委托他人代理市场销售和技术服务等直接面向用户的服务性工作,涉及收集、使用用户个人信息的,应当对代理人的用户个人信息保护工作进行监督和管理,不得委托不符合本规定有关用户个人信息保护要求的代理人代办相关服务。

第十二条　电信业务经营者、互联网信息服务提供者应当建立用户投诉处理机制,公布有效的联系方式,接受与用户个人信息保护有关的投诉,并自接到投诉之日起十五日内答复投诉人。

第三章　安全保障措施

第十三条　电信业务经营者、互联网信息服务提供者应当采取以下措施防止用户个人信息泄露、毁损、篡改或者丢失:

(一)确定各部门、岗位和分支机构的用户个人信息安全管理责任;

(二)建立用户个人信息收集、使用及其相关活动的工作流程和安全管理制度;

(三)对工作人员及代理人实行权限管理,对批量导出、复制、销毁信息实行审查,并采取防泄密措施;

(四)妥善保管记录用户个人信息的纸介质、光介质、电磁介质等载体,并采取相应的安全储存措施;

(五)对储存用户个人信息的信息系统实行接入审查,并采取防入侵、防病毒等措施;

(六)记录对用户个人信息进行操作的人员、时间、地点、事项等信息;

(七)按照电信管理机构的规定开展通信网络安全防护工作;

（八）电信管理机构规定的其他必要措施。

第十四条　电信业务经营者、互联网信息服务提供者保管的用户个人信息发生或者可能发生泄露、毁损、丢失的，应当立即采取补救措施；造成或者可能造成严重后果的，应当立即向准予其许可或者备案的电信管理机构报告，配合相关部门进行的调查处理。

电信管理机构应当对报告或者发现的可能违反本规定的行为的影响进行评估；影响特别重大的，相关省、自治区、直辖市通信管理局应当向工业和信息化部报告。电信管理机构在依据本规定作出处理决定前，可以要求电信业务经营者和互联网信息服务提供者暂停有关行为，电信业务经营者和互联网信息服务提供者应当执行。

第十五条　电信业务经营者、互联网信息服务提供者应当对其工作人员进行用户个人信息保护相关知识、技能和安全责任培训。

第十六条　电信业务经营者、互联网信息服务提供者应当对用户个人信息保护情况每年至少进行一次自查，记录自查情况，及时消除自查中发现的安全隐患。

第四章　监督检查

第十七条　电信管理机构应当对电信业务经营者、互联网信息服务提供者保护用户个人信息的情况实施监督检查。

电信管理机构实施监督检查时，可以要求电信业务经营者、互联网信息服务提供者提供相关材料，进入其生产经营场所调查情况，电信业务经营者、互联网信息服务提供者应当予以配合。

电信管理机构实施监督检查，应当记录监督检查的情况，不得妨碍电信业务经营者、互联网信息服务提供者正常的经营或者服务活动，不得收取任何费用。

第十八条　电信管理机构及其工作人员对在履行职责中知悉的用户个人信息应当予以保密，不得泄露、篡改或者毁损，不得出售或者非法向他人提供。

第十九条　电信管理机构实施电信业务经营许可及经营许可证年检时，应当对用户个人信息保护情况进行审查。

第二十条　电信管理机构应当将电信业务经营者、互联网信息服务提供者违反本规定的行为记入其社会信用档案并予以公布。

第二十一条　鼓励电信和互联网行业协会依法制定有关用户个人信息保护的自律性管理制度，引导会员加强自律管理，提高用户个人信息保护水平。

第五章　法律责任

第二十二条　电信业务经营者、互联网信息服务提供者违反本规定第八条、第十二条规定的，由电信管理机构依据职权责令限期改正，予以警告，可以并处一万元以下的罚款。

第二十三条　电信业务经营者、互联网信息服务提供者违反本规定第九条至第十一条、第十三条至第十六条、第十七条第二款规定的，由电信管理机构依据职权责令限期改正，予以警告，可以并处一万元以上三万元以下的罚款，向社会公告；构成犯罪的，依法追究刑事责任。

第二十四条　电信管理机构工作人员在对用户个人信息保护工作实施监督管理的过程中玩忽职守、滥用职权、徇私舞弊的，依法给予处理；构成犯罪的，依法追究刑事责任。

第六章　附则

第二十五条　本规定自 2013 年 9 月 1 日起施行。

20.《互联网域名管理办法》

2017 年 8 月 24 日,工业和信息化部令第 43 号公布《互联网域名管理办法》,自 2017 年 11 月 1 日起施行。

第一章　总则

第一条　为了规范互联网域名服务,保护用户合法权益,保障互联网域名系统安全、可靠运行,推动中文域名和国家顶级域名发展和应用,促进中国互联网健康发展,根据《中华人民共和国行政许可法》《国务院对确需保留的行政审批项目设定行政许可的决定》等规定,参照国际上互联网域名管理准则,制定本办法。

第二条　在中华人民共和国境内从事互联网域名服务及其运行维护、监督管理等相关活动,应当遵守本办法。

本办法所称互联网域名服务(以下简称域名服务),是指从事域名根服务器运行和管理、顶级域名运行和管理、域名注册、域名解析等活动。

第三条　工业和信息化部对全国的域名服务实施监督管理,主要职责是:

(一)制定互联网域名管理规章及政策;

(二)制定中国互联网域名体系、域名资源发展规划;

(三)管理境内的域名根服务器运行机构和域名注册管理机构;

(四)负责域名体系的网络与信息安全管理;

(五)依法保护用户个人信息和合法权益;

(六)负责与域名有关的国际协调;

(七)管理境内的域名解析服务;

(八)管理其他与域名服务相关的活动。

第四条　各省、自治区、直辖市通信管理局对本行政区域内的域名服务实施监督管理,主要职责是:

(一)贯彻执行域名管理法律、行政法规、规章和政策;

(二)管理本行政区域内的域名注册服务机构;

(三)协助工业和信息化部对本行政区域内的域名根服务器运行机构和域名注册管理机构进行管理;

(四)负责本行政区域内域名系统的网络与信息安全管理;

(五)依法保护用户个人信息和合法权益;

(六)管理本行政区域内的域名解析服务;

(七)管理本行政区域内其他与域名服务相关的活动。

第五条　中国互联网域名体系由工业和信息化部予以公告。根据域名发展的实际情况,工业和信息化部可以对中国互联网域名体系进行调整。

第六条　".CN"和". 中国"是中国的国家顶级域名。

中文域名是中国互联网域名体系的重要组成部分。国家鼓励和支持中文域名系统的技术研究和推广应用。

第七条　提供域名服务,应当遵守国家相关法律法规,符合相关技术规范和标准。

第八条　任何组织和个人不得妨碍互联网域名系统的安全和稳定运行。

第二章　域名管理

第九条　在境内设立域名根服务器及域名根服务器运行机构、域名注册管理机构和域名注册服务机构的,应当依据本办法取得工业和信息化部或者省、自治区、直辖市通信管理局(以下统称电信管理机构)的相应许可。

第十条　申请设立域名根服务器及域名根服务器运行机构的,应当具备以下条件:

(一)域名根服务器设置在境内,并且符合互联网发展相关规划及域名系统安全稳定运行要求;

(二)是依法设立的法人,该法人及其主要出资者、主要经营管理人员具有良好的信用记录;

(三)具有保障域名根服务器安全可靠运行的场地、资金、环境、专业人员和技术能力以及符合电信管理机构要求的信息管理系统;

(四)具有健全的网络与信息安全保障措施,包括管理人员、网络与信息安全管理制度、应急处置预案和相关技术、管理措施等;

(五)具有用户个人信息保护能力、提供长期服务的能力及健全的服务退出机制;

(六)法律、行政法规规定的其他条件。

第十一条　申请设立域名注册管理机构的,应当具备以下条件:

(一)域名管理系统设置在境内,并且持有的顶级域名符合相关法律法规及域名系统安全稳定运行要求;

(二)是依法设立的法人,该法人及其主要出资者、主要经营管理人员具有良好的信用记录;

(三)具有完善的业务发展计划和技术方案以及与从事顶级域名运行管理相适应的场地、资金、专业人员以及符合电信管理机构要求的信息管理系统;

(四)具有健全的网络与信息安全保障措施,包括管理人员、网络与信息安全管理制度、应急处置预案和相关技术、管理措施等;

(五)具有进行真实身份信息核验和用户个人信息保护的能力、提供长期服务的能力及健全的服务退出机制;

(六)具有健全的域名注册服务管理制度和对域名注册服务机构的监督机制;

(七)法律、行政法规规定的其他条件。

第十二条　申请设立域名注册服务机构的,应当具备以下条件:

(一)在境内设置域名注册服务系统、注册数据库和相应的域名解析系统;

(二)是依法设立的法人,该法人及其主要出资者、主要经营管理人员具有良好的信用记录;

(三)具有与从事域名注册服务相适应的场地、资金和专业人员以及符合电信管理机构要求的信息管理系统;

(四)具有进行真实身份信息核验和用户个人信息保护的能力、提供长期服务的能力及健全的服务退出机制；

（五）具有健全的域名注册服务管理制度和对域名注册代理机构的监督机制；

（六）具有健全的网络与信息安全保障措施，包括管理人员、网络与信息安全管理制度、应急处置预案和相关技术、管理措施等；

（七）法律、行政法规规定的其他条件。

第十三条 申请设立域名根服务器及域名根服务器运行机构、域名注册管理机构的，应当向工业和信息化部提交申请材料。申请设立域名注册服务机构的，应当向住所地省、自治区、直辖市通信管理局提交申请材料。

申请材料应当包括：

（一）申请单位的基本情况及其法定代表人签署的依法诚信经营承诺书；

（二）对域名服务实施有效管理的证明材料，包括相关系统及场所、服务能力的证明材料、管理制度、与其他机构签订的协议等；

（三）网络与信息安全保障制度及措施；

（四）证明申请单位信誉的材料。

第十四条 申请材料齐全、符合法定形式的，电信管理机构应当向申请单位出具受理申请通知书；申请材料不齐全或者不符合法定形式的，电信管理机构应当场或者在5个工作日内一次性书面告知申请单位需要补正的全部内容；不予受理的，应当出具不予受理通知书并说明理由。

第十五条 电信管理机构应当自受理之日起20个工作日内完成审查，作出予以许可或者不予许可的决定。20个工作日内不能作出决定的，经电信管理机构负责人批准，可以延长10个工作日，并将延长期限的理由告知申请单位。需要组织专家论证的，论证时间不计入审查期限。

予以许可的，应当颁发相应的许可文件；不予许可的，应当书面通知申请单位并说明理由。

第十六条 域名根服务器运行机构、域名注册管理机构和域名注册服务机构的许可有效期为5年。

第十七条 域名根服务器运行机构、域名注册管理机构和域名注册服务机构的名称、住所、法定代表人等信息发生变更的，应当自变更之日起20日内向原发证机关办理变更手续。

第十八条 在许可有效期内，域名根服务器运行机构、域名注册管理机构、域名注册服务机构拟终止相关服务的，应当提前30日书面通知用户，提出可行的善后处理方案，并向原发证机关提交书面申请。

原发证机关收到申请后，应当向社会公示30日。公示期结束60日内，原发证机关应当完成审查并做出决定。

第十九条 许可有效期届满需要继续从事域名服务的，应当提前90日向原发证机关申请延续；不再继续从事域名服务的，应当提前90日向原发证机关报告并做好善后工作。

第二十条 域名注册服务机构委托域名注册代理机构开展市场销售等工作的，应当对域名注册代理机构的工作进行监督和管理。

域名注册代理机构受委托开展市场销售等工作的过程中，应当主动表明代理关系，并在域名注册服务合同中明示相关域名注册服务机构名称及代理关系。

第二十一条 域名注册管理机构、域名注册服务机构应当在境内设立相应的应急备份系统并定期备份域名注册数据。

第二十二条　域名根服务器运行机构、域名注册管理机构、域名注册服务机构应当在其网站首页和经营场所显著位置标明其许可相关信息。域名注册管理机构还应当标明与其合作的域名注册服务机构名单。

域名注册代理机构应当在其网站首页和经营场所显著位置标明其代理的域名注册服务机构名称。

第三章　域名服务

第二十三条　域名根服务器运行机构、域名注册管理机构和域名注册服务机构应当向用户提供安全、方便、稳定的服务。

第二十四条　域名注册管理机构应当根据本办法制定域名注册实施细则并向社会公开。

第二十五条　域名注册管理机构应当通过电信管理机构许可的域名注册服务机构开展域名注册服务。

域名注册服务机构应当按照电信管理机构许可的域名注册服务项目提供服务,不得为未经电信管理机构许可的域名注册管理机构提供域名注册服务。

第二十六条　域名注册服务原则上实行"先申请先注册",相应域名注册实施细则另有规定的,从其规定。

第二十七条　为维护国家利益和社会公众利益,域名注册管理机构应当建立域名注册保留字制度。

第二十八条　任何组织或者个人注册、使用的域名中,不得含有下列内容:

(一)反对宪法所确定的基本原则的;

(二)危害国家安全,泄露国家秘密,颠覆国家政权,破坏国家统一的;

(三)损害国家荣誉和利益的;

(四)煽动民族仇恨、民族歧视,破坏民族团结的;

(五)破坏国家宗教政策,宣扬邪教和封建迷信的;

(六)散布谣言,扰乱社会秩序,破坏社会稳定的;

(七)散布淫秽、色情、赌博、暴力、凶杀、恐怖或者教唆犯罪的;

(八)侮辱或者诽谤他人,侵害他人合法权益的;

(九)含有法律、行政法规禁止的其他内容的。

域名注册管理机构、域名注册服务机构不得为含有前款所列内容的域名提供服务。

第二十九条　域名注册服务机构不得采用欺诈、胁迫等不正当手段要求他人注册域名。

第三十条　域名注册服务机构提供域名注册服务,应当要求域名注册申请者提供域名持有者真实、准确、完整的身份信息等域名注册信息。

域名注册管理机构和域名注册服务机构应当对域名注册信息的真实性、完整性进行核验。

域名注册申请者提供的域名注册信息不准确、不完整的,域名注册服务机构应当要求其予以补正。申请者不补正或者提供不真实的域名注册信息的,域名注册服务机构不得为其提供域名注册服务。

第三十一条　域名注册服务机构应当公布域名注册服务的内容、时限、费用,保证服务质量,提供域名注册信息的公共查询服务。

第三十二条　域名注册管理机构、域名注册服务机构应当依法存储、保护用户个人信息。未经用户同意不得将用户个人信息提供给他人,但法律、行政法规另有规定的除外。

第三十三条　域名持有者的联系方式等信息发生变更的,应当在变更后 30 日内向域名注册服务机构办理域名注册信息变更手续。

域名持有者将域名转让给他人的,受让人应当遵守域名注册的相关要求。

第三十四条　域名持有者有权选择、变更域名注册服务机构。变更域名注册服务机构的,原域名注册服务机构应当配合域名持有者转移其域名注册相关信息。

无正当理由的,域名注册服务机构不得阻止域名持有者变更域名注册服务机构。

电信管理机构依法要求停止解析的域名,不得变更域名注册服务机构。

第三十五条　域名注册管理机构和域名注册服务机构应当设立投诉受理机制,并在其网站首页和经营场所显著位置公布投诉受理方式。

域名注册管理机构和域名注册服务机构应当及时处理投诉;不能及时处理的,应当说明理由和处理时限。

第三十六条　提供域名解析服务,应当遵守有关法律、法规、标准,具备相应的技术、服务和网络与信息安全保障能力,落实网络与信息安全保障措施,依法记录并留存域名解析日志、维护日志和变更记录,保障解析服务质量和解析系统安全。涉及经营电信业务的,应当依法取得电信业务经营许可。

第三十七条　提供域名解析服务,不得擅自篡改解析信息。

任何组织或者个人不得恶意将域名解析指向他人的 IP 地址。

第三十八条　提供域名解析服务,不得为含有本办法第二十八条第一款所列内容的域名提供域名跳转。

第三十九条　从事互联网信息服务的,其使用域名应当符合法律法规和电信管理机构的有关规定,不得将域名用于实施违法行为。

第四十条　域名注册管理机构、域名注册服务机构应当配合国家有关部门依法开展的检查工作,并按照电信管理机构的要求对存在违法行为的域名采取停止解析等处置措施。

域名注册管理机构、域名注册服务机构发现其提供服务的域名发布、传输法律和行政法规禁止发布或者传输的信息的,应当立即采取消除、停止解析等处置措施,防止信息扩散,保存有关记录,并向有关部门报告。

第四十一条　域名根服务器运行机构、域名注册管理机构和域名注册服务机构应当遵守国家相关法律、法规和标准,落实网络与信息安全保障措施,配置必要的网络通信应急设备,建立健全网络与信息安全监测技术手段和应急制度。域名系统出现网络与信息安全事件时,应当在 24 小时内向电信管理机构报告。

因国家安全和处置紧急事件的需要,域名根服务器运行机构、域名注册管理机构和域名注册服务机构应当服从电信管理机构的统一指挥与协调,遵守电信管理机构的管理要求。

第四十二条　任何组织或者个人认为他人注册或者使用的域名侵害其合法权益的,可以向域名争议解决机构申请裁决或者依法向人民法院提起诉讼。

第四十三条　已注册的域名有下列情形之一的,域名注册服务机构应当予以注销,并通知域名持有者:

(一)域名持有者申请注销域名的;

(二)域名持有者提交虚假域名注册信息的;

(三)依据人民法院的判决、域名争议解决机构的裁决,应当注销的;

(四)法律、行政法规规定予以注销的其他情形。

第四章 监督检查

第四十四条 电信管理机构应当加强对域名服务的监督检查。域名根服务器运行机构、域名注册管理机构、域名注册服务机构应当接受、配合电信管理机构的监督检查。

鼓励域名服务行业自律管理,鼓励公众监督域名服务。

第四十五条 域名根服务器运行机构、域名注册管理机构、域名注册服务机构应当按照电信管理机构的要求,定期报送业务开展情况、安全运行情况、网络与信息安全责任落实情况、投诉和争议处理情况等信息。

第四十六条 电信管理机构实施监督检查时,应当对域名根服务器运行机构、域名注册管理机构和域名注册服务机构报送的材料进行审核,并对其执行法律法规和电信管理机构有关规定的情况进行检查。

电信管理机构可以委托第三方专业机构开展有关监督检查活动。

第四十七条 电信管理机构应当建立域名根服务器运行机构、域名注册管理机构和域名注册服务机构的信用记录制度,将其违反本办法并受到行政处罚的行为记入信用档案。

第四十八条 电信管理机构开展监督检查,不得妨碍域名根服务器运行机构、域名注册管理机构和域名注册服务机构正常的经营和服务活动,不得收取任何费用,不得泄露所知悉的域名注册信息。

第五章 罚则

第四十九条 违反本办法第九条规定,未经许可擅自设立域名根服务器及域名根服务器运行机构、域名注册管理机构、域名注册服务机构的,电信管理机构应当根据《中华人民共和国行政许可法》第八十一条的规定,采取措施予以制止,并视情节轻重,予以警告或者处一万元以上三万元以下罚款。

第五十条 违反本办法规定,域名注册管理机构或者域名注册服务机构有下列行为之一的,由电信管理机构依据职权责令限期改正,并视情节轻重,处一万元以上三万元以下罚款,向社会公告:

(一)为未经许可的域名注册管理机构提供域名注册服务,或者通过未经许可的域名注册服务机构开展域名注册服务的;

(二)未按照许可的域名注册服务项目提供服务的;

(三)未对域名注册信息的真实性、完整性进行核验的;

(四)无正当理由阻止域名持有者变更域名注册服务机构的。

第五十一条 违反本办法规定,提供域名解析服务,有下列行为之一的,由电信管理机构责令限期改正,可以视情节轻重处一万元以上三万元以下罚款,向社会公告:

(一)擅自篡改域名解析信息或者恶意将域名解析指向他人 IP 地址的;

(二)为含有本办法第二十八条第一款所列内容的域名提供域名跳转的;

(三)未落实网络与信息安全保障措施的;

(四)未依法记录并留存域名解析日志、维护日志和变更记录的;

(五)未按照要求对存在违法行为的域名进行处置的。

第五十二条　违反本办法第十七条、第十八条第一款、第二十一条、第二十二条、第二十八条第二款、第二十九条、第三十一条、第三十二条、第三十五条第一款、第四十条第二款、第四十一条规定的,由电信管理机构依据职权责令限期改正,可以并处一万元以上三万元以下罚款,向社会公告。

第五十三条　法律、行政法规对有关违法行为的处罚另有规定的,依照有关法律、行政法规的规定执行。

第五十四条　任何组织或者个人违反本办法第二十八条第一款规定注册、使用域名,构成犯罪的,依法追究刑事责任;尚不构成犯罪的,由有关部门依法予以处罚。

第六章　附则

第五十五条　本办法下列用语的含义是:

(一)域名:指互联网上识别和定位计算机的层次结构式的字符标识,与该计算机的 IP 地址相对应。

(二)中文域名:指含有中文文字的域名。

(三)顶级域名:指域名体系中根节点下的第一级域的名称。

(四)域名根服务器:指承担域名体系中根节点功能的服务器(含镜像服务器)。

(五)域名根服务器运行机构:指依法获得许可并承担域名根服务器运行、维护和管理工作的机构。

(六)域名注册管理机构:指依法获得许可并承担顶级域名运行和管理工作的机构。

(七)域名注册服务机构:指依法获得许可、受理域名注册申请并完成域名在顶级域名数据库中注册的机构。

(八)域名注册代理机构:指受域名注册服务机构的委托,受理域名注册申请,间接完成域名在顶级域名数据库中注册的机构。

(九)域名管理系统:指域名注册管理机构在境内开展顶级域名运行和管理所需的主要信息系统,包括注册管理系统、注册数据库、域名解析系统、域名信息查询系统、身份信息核验系统等。

(十)域名跳转:指对某一域名的访问跳转至该域名绑定或者指向的其他域名、IP 地址或者网络信息服务等。

第五十六条　本办法中规定的日期,除明确为工作日的以外,均为自然日。

第五十七条　在本办法施行前未取得相应许可开展域名服务的,应当自本办法施行之日起十二个月内,按照本办法规定办理许可手续。

在本办法施行前已取得许可的域名根服务器运行机构、域名注册管理机构和域名注册服务机构,其许可有效期适用本办法第十六条的规定,有效期自本办法施行之日起计算。

第五十八条　本办法自 2017 年 11 月 1 日起施行。2004 年 11 月 5 日公布的《中国互联网络域名管理办法》(原信息产业部令第 30 号)同时废止。本办法施行前公布的有关规定与本办法不一致的,按照本办法执行。

21.《科学技术保密规定》

2015 年 11 月 16 日,科学技术部、国家保密局令第 16 号公布《科学技术保密规定》,自公布之日起施行。

第一章 总则

第一条 为保障国家科学技术秘密安全,促进科学技术事业发展,根据《中华人民共和国保守国家秘密法》《中华人民共和国科学技术进步法》和《中华人民共和国保守国家秘密法实施条例》,制定本规定。

第二条 本规定所称国家科学技术秘密,是指科学技术规划、计划、项目及成果中,关系国家安全和利益,依照法定程序确定,在一定时间内只限一定范围的人员知悉的事项。

第三条 涉及国家科学技术秘密的国家机关和单位(以下简称机关、单位)以及个人开展保守国家科学技术秘密的工作(以下简称科学技术保密工作),适用本规定。

第四条 科学技术保密工作坚持积极防范、突出重点、依法管理的方针,既保障国家科学技术秘密安全,又促进科学技术发展。

第五条 科学技术保密工作应当与科学技术管理工作相结合,同步规划、部署、落实、检查、总结和考核,实行全程管理。

第六条 国家科学技术行政管理部门管理全国的科学技术保密工作。省、自治区、直辖市科学技术行政管理部门管理本行政区域的科学技术保密工作。

中央国家机关在其职权范围内,管理或者指导本行业、本系统的科学技术保密工作。

第七条 国家保密行政管理部门依法对全国的科学技术保密工作进行指导、监督和检查。县级以上地方各级保密行政管理部门依法对本行政区域的科学技术保密工作进行指导、监督和检查。

第八条 机关、单位应当实行科学技术保密工作责任制,健全科学技术保密管理制度,完善科学技术保密防护措施,开展科学技术保密宣传教育,加强科学技术保密检查。

第二章 国家科学技术秘密的范围和密级

第九条 关系国家安全和利益,泄露后可能造成下列后果之一的科学技术事项,应当确定为国家科学技术秘密:

(一)削弱国家防御和治安能力;

(二)降低国家科学技术国际竞争力;

(三)制约国民经济和社会长远发展;

(四)损害国家声誉、权益和对外关系。

国家科学技术秘密及其密级的具体范围(以下简称国家科学技术保密事项范围),由国家保密行政管理部门会同国家科学技术行政管理部门另行制定。

第十条 国家科学技术秘密的密级分为绝密、机密和秘密三级。国家科学技术秘密密级应当根据泄露后可能对国家安全和利益造成的损害程度确定。

除泄露后会给国家安全和利益带来特别严重损害的外,科学技术原则上不确定为绝密级国家科学技术秘密。

第十一条 有下列情形之一的科学技术事项,不得确定为国家科学技术秘密:

(一)国内外已经公开;

(二)难以采取有效措施控制知悉范围;

(三)无国际竞争力且不涉及国家防御和治安能力;

(四)已经流传或者受自然条件制约的传统工艺。

第三章　国家科学技术秘密的确定、变更和解除

第十二条　中央国家机关、省级机关及其授权的机关、单位可以确定绝密级、机密级和秘密级国家科学技术秘密;设区的市、自治州一级的机关及其授权的机关、单位可以确定机密级、秘密级国家科学技术秘密。

第十三条　国家科学技术秘密定密授权应当符合国家秘密定密管理的有关规定。中央国家机关作出的国家科学技术秘密定密授权,应当向国家科学技术行政管理部门和国家保密行政管理部门备案。省级机关,设区的市、自治州一级的机关作出的国家科学技术秘密定密授权,应当向省、自治区、直辖市科学技术行政管理部门和保密行政管理部门备案。

第十四条　机关、单位负责人及其指定的人员为国家科学技术秘密的定密责任人,负责本机关、本单位的国家科学技术秘密确定、变更和解除工作。

第十五条　机关、单位和个人产生需要确定为国家科学技术秘密的科学技术事项时,应当先行采取保密措施,并依照下列途径进行定密:

(一)属于本规定第十二条规定的机关、单位,根据定密权限自行定密;

(二)不属于本规定第十二条规定的机关、单位,向有相应定密权限的上级机关、单位提请定密;没有上级机关、单位的,向有相应定密权限的业务主管部门提请定密;没有业务主管部门的,向所在省、自治区、直辖市科学技术行政管理部门提请定密;

(三)个人完成的符合本规定第九条规定的科学技术成果,应当经过评价、检测并确定成熟、可靠后,向所在省、自治区、直辖市科学技术行政管理部门提请定密。

第十六条　实行市场准入管理的技术或者实行市场准入管理的产品涉及的科学技术事项需要确定为国家科学技术秘密的,向批准准入的国务院有关主管部门提请定密。

第十七条　机关、单位在科学技术管理的以下环节,应当及时做好定密工作:

(一)编制科学技术规划;

(二)制定科学技术计划;

(三)科学技术项目立项;

(四)科学技术成果评价与鉴定;

(五)科学技术项目验收。

第十八条　确定国家科学技术秘密,应当同时确定其名称、密级、保密期限、保密要点和知悉范围。

第十九条　国家科学技术秘密保密要点是指必须确保安全的核心事项或者信息,主要涉及以下内容:

(一)不宜公开的国家科学技术发展战略、方针、政策、专项计划;

(二)涉密项目研制目标、路线和过程;

(三)敏感领域资源、物种、物品、数据和信息;

(四)关键技术诀窍、参数和工艺;

（五）科学技术成果涉密应用方向；

（六）其他泄露后会损害国家安全和利益的核心信息。

第二十条　国家科学技术秘密有下列情形之一的，应当及时变更密级、保密期限或者知悉范围：

（一）定密时所依据的法律法规或者国家科学技术保密事项范围已经发生变化的；

（二）泄露后对国家安全和利益的损害程度发生明显变化的。

国家科学技术秘密的变更，由原定密机关、单位决定，也可由其上级机关、单位决定。

第二十一条　国家科学技术秘密的具体保密期限已满、解密时间已到或者符合解密条件的，自行解密。出现下列情形之一时，应当提前解密：

（一）已经扩散且无法采取补救措施的；

（二）法律法规或者国家科学技术保密事项范围调整后，不再属于国家科学技术秘密的；

（三）公开后不会损害国家安全和利益的。

提前解密由原定密机关、单位决定，也可由其上级机关、单位决定。

第二十二条　国家科学技术秘密需要延长保密期限的，应当在原保密期限届满前作出决定并书面通知原知悉范围内的机关、单位或者人员。延长保密期限由原定密机关、单位决定，也可由其上级机关、单位决定。

第二十三条　国家科学技术秘密确定、变更和解除应当进行备案：

（一）省、自治区、直辖市科学技术行政管理部门和中央国家机关有关部门每年 12 月 31 日前将本行政区域或者本部门当年确定、变更和解除的国家科学技术秘密情况报国家科学技术行政管理部门备案；

（二）其他机关、单位确定、变更和解除的国家科学技术秘密，应当在确定、变更、解除后 20 个工作日内报同级政府科学技术行政管理部门备案。

第二十四条　科学技术行政管理部门发现机关、单位国家科学技术秘密确定、变更和解除不当的，应当及时通知其纠正。

第二十五条　机关、单位对已定密事项是否属于国家科学技术秘密或者属于何种密级有不同意见的，按照国家有关保密规定办理。

第四章　国家科学技术秘密保密管理

第二十六条　国家科学技术行政管理部门管理全国的科学技术保密工作，主要职责如下：

（一）制定或者会同有关部门制定科学技术保密规章制度；

（二）指导和管理国家科学技术秘密定密工作；

（三）按规定审查涉外国家科学技术秘密事项；

（四）检查全国科学技术保密工作，协助国家保密行政管理部门查处泄露国家科学技术秘密案件；

（五）组织开展科学技术保密宣传教育和培训；

（六）表彰全国科学技术保密工作先进集体和个人。

国家科学技术行政管理部门设立国家科技保密办公室，负责国家科学技术保密管理的日常工作。

第二十七条　省、自治区、直辖市科学技术行政管理部门和中央国家机关有关部门，应当

设立或者指定专门机构管理科学技术保密工作。主要职责如下:

(一)贯彻执行国家科学技术保密工作方针、政策,制定本行政区域、本部门或者本系统的科学技术保密规章制度;

(二)指导和管理本行政区域、本部门或者本系统的国家科学技术秘密定密工作;

(三)按规定审查涉外国家科学技术秘密事项;

(四)监督检查本行政区域、本部门或者本系统的科学技术保密工作,协助保密行政管理部门查处泄露国家科学技术秘密案件;

(五)组织开展本行政区域、本部门或者本系统科学技术保密宣传教育和培训;

(六)表彰本行政区域、本部门或者本系统的科学技术保密工作先进集体和个人。

第二十八条　机关、单位管理本机关、本单位的科学技术保密工作。主要职责如下:

(一)建立健全科学技术保密管理制度;

(二)设立或者指定专门机构管理科学技术保密工作;

(三)依法开展国家科学技术秘密定密工作,管理涉密科学技术活动、项目及成果;

(四)确定涉及国家科学技术秘密的人员(以下简称涉密人员),并加强对涉密人员的保密宣传、教育培训和监督管理;

(五)加强计算机及信息系统、涉密载体和涉密会议活动保密管理,严格对外科学技术交流合作和信息公开保密审查;

(六)发生资产重组、单位变更等影响国家科学技术秘密管理事项时,及时向上级机关或者业务主管部门报告。

第二十九条　涉密人员应当遵守以下保密要求:

(一)严格执行国家科学技术保密法律法规和规章以及本机关、本单位科学技术保密制度;

(二)接受科学技术保密教育培训和监督检查;

(三)产生涉密科学技术事项时,先行采取保密措施,按规定提请定密,并及时向本机关、本单位科学技术保密管理机构报告;

(四)参加对外科学技术交流合作与涉外商务活动前向本机关、本单位科学技术保密管理机构报告;

(五)发表论文、申请专利、参加学术交流等公开行为前按规定履行保密审查手续;

(六)发现国家科学技术秘密正在泄露或者可能泄露时,立即采取补救措施并向本机关、本单位科学技术保密管理机构报告;

(七)离岗离职时,与机关、单位签订保密协议,接受脱密期保密管理,严格保守国家科学技术秘密。

第三十条　机关、单位和个人,在下列科学技术合作与交流活动中,不得涉及国家科学技术秘密:

(一)进行公开的科学技术讲学、进修、考察、合作研究等活动;

(二)利用互联网及其他公共信息网络、广播、电影、电视以及公开发行的报刊、书籍、图文资料和声像制品进行宣传、报道或者发表论文;

(三)进行公开的科学技术展览和展示等活动。

第三十一条　机关、单位和个人应当加强国家科学技术秘密信息保密管理,存储、处理国家科学技术秘密信息应当符合国家保密规定。任何机关、单位和个人不得有下列行为:

（一）非法获取、持有、复制、记录、存储国家科学技术秘密信息；

（二）使用非涉密计算机、非涉密存储设备存储、处理国家科学技术秘密；

（三）在互联网及其他公共信息网络或者未采取保密措施的有线和无线通信中传递国家科学技术秘密信息；

（四）通过普通邮政、快递等无保密措施的渠道传递国家科学技术秘密信息；

（五）在私人交往和通信中涉及国家科学技术秘密信息；

（六）其他违反国家保密规定的行为。

第三十二条　对外科学技术交流与合作中需要提供国家科学技术秘密的，应当经过批准，并与对方签订保密协议。绝密级国家科学技术秘密原则上不得对外提供，确需提供的，应当经中央国家机关有关主管部门同意后，报国家科学技术行政管理部门批准；机密级国家科学技术秘密对外提供应当报中央国家机关有关主管部门批准；秘密级国家科学技术秘密对外提供应当报中央国家机关有关主管部门或者省、自治区、直辖市人民政府有关主管部门批准。

有关主管部门批准对外提供国家科学技术秘密的，应当在 10 个工作日内向同级政府科学技术行政管理部门备案。

第三十三条　机关、单位开展涉密科学技术活动的，应当指定专人负责保密工作、明确保密纪律和要求，并加强以下方面保密管理：

（一）研究、制定涉密科学技术规划应当制定保密工作方案，签订保密责任书；

（二）组织实施涉密科学技术计划应当制定保密制度；

（三）举办涉密科学技术会议或者组织开展涉密科学技术展览、展示应当采取必要的保密管理措施，在符合保密要求的场所进行；

（四）涉密科学技术活动进行公开宣传报道前应当进行保密审查。

第三十四条　涉密科学技术项目应当按照以下要求加强保密管理：

（一）涉密科学技术项目在指南发布、项目申报、专家评审、立项批复、项目实施、结题验收、成果评价、转化应用及科学技术奖励各个环节应当建立保密制度；

（二）涉密科学技术项目下达单位与承担单位、承担单位与项目负责人、项目负责人与参研人员之间应当签订保密责任书；

（三）涉密科学技术项目的文件、资料及其他载体应当指定专人负责管理并建立台账；

（四）涉密科学技术项目进行对外科学技术交流与合作、宣传展示、发表论文、申请专利等，承担单位应当提前进行保密审查；

（五）涉密科学技术项目原则上不得聘用境外人员，确需聘用境外人员的，承担单位应当按规定报批。

第三十五条　涉密科学技术成果应当按以下要求加强保密管理：

（一）涉密科学技术成果在境内转让或者推广应用，应当报原定密机关、单位批准，并与受让方签订保密协议；

（二）涉密科学技术成果向境外出口，利用涉密科学技术成果在境外开办企业，在境内与外资、外企合作，应当按照本规定第三十二条要求报有关主管部门批准。

第三十六条　机关、单位应当按照国家规定，做好国家科学技术秘密档案归档和保密管理工作。

第三十七条　机关、单位应当为科学技术保密工作提供经费、人员和其他必要的保障条件。国家科学技术行政管理部门，省、自治区、直辖市科学技术行政管理部门应当将科学技术保密工作经费纳入部门预算。

第三十八条　机关、单位应当保障涉密人员正当合法权益。对参与国家科学技术秘密研制的科技人员，有关机关、单位不得因其成果不宜公开发表、交流、推广而影响其评奖、表彰和职称评定。

对确因保密原因不能在公开刊物上发表的论文，有关机关、单位应当对论文的实际水平给予客观、公正评价。

第三十九条　国家科学技术秘密申请知识产权保护应当遵守以下规定：

（一）绝密级国家科学技术秘密不得申请普通专利或者保密专利；

（二）机密级、秘密级国家科学技术秘密经原定密机关、单位批准可申请保密专利；

（三）机密级、秘密级国家科学技术秘密申请普通专利或者由保密专利转为普通专利的，应当先行办理解密手续。

第四十条　机关、单位对在科学技术保密工作方面作出贡献、成绩突出的集体和个人，应当给予表彰；对于违反科学技术保密规定的，给予批评教育；对于情节严重，给国家安全和利益造成损害的，应当依照有关法律、法规给予有关责任人员处分，构成犯罪的，依法追究刑事责任。

第五章　附则

第四十一条　涉及国防科学技术的保密管理，按有关部门规定执行。

第四十二条　本规定由科学技术部和国家保密局负责解释。

第四十三条　本规定自公布之日起施行，1995 年发布的《科学技术保密规定》（国家科学技术委员会、国家保密局令第 20 号）同时废止。

22.《互联网文化管理暂行规定》

2011 年 2 月 17 日，文化部令第 51 号发布《互联网文化管理暂行规定》，自 2011 年 4 月 1 日起施行，2017 年 12 月 15 日进行修订。

第一条　为了加强对互联网文化的管理，保障互联网文化单位的合法权益，促进我国互联网文化健康、有序地发展，根据《中华人民共和国网络安全法》《全国人民代表大会常务委员会关于维护互联网安全的决定》和《互联网信息服务管理办法》等国家法律法规有关规定，制定本规定。

第二条　本规定所称互联网文化产品是指通过互联网生产、传播和流通的文化产品，主要包括：

（一）专门为互联网而生产的网络音乐娱乐、网络游戏、网络演出剧（节）目、网络表演、网络艺术品、网络动漫等互联网文化产品；

（二）将音乐娱乐、游戏、演出剧（节）目、表演、艺术品、动漫等文化产品以一定的技术手段制作、复制到互联网上传播的互联网文化产品。

第三条　本规定所称互联网文化活动是指提供互联网文化产品及其服务的活动，主要包括：

（一）互联网文化产品的制作、复制、进口、发行、播放等活动；

（二）将文化产品登载在互联网上，或者通过互联网、移动通信网等信息网络发送到计算机、固定电话机、移动电话机、电视机、游戏机等用户端以及网吧等互联网上网服务营业场所，供用户浏览、欣赏、使用或者下载的在线传播行为；

（三）互联网文化产品的展览、比赛等活动。

互联网文化活动分为经营性和非经营性两类。经营性互联网文化活动是指以营利为目的，通过向上网用户收费或者以电子商务、广告、赞助等方式获取利益，提供互联网文化产品及其服务的活动。非经营性互联网文化活动是指不以营利为目的向上网用户提供互联网文化产品及其服务的活动。

第四条　本规定所称互联网文化单位，是指经文化行政部门和电信管理机构批准或者备案，从事互联网文化活动的互联网信息服务提供者。

在中华人民共和国境内从事互联网文化活动，适用本规定。

第五条　从事互联网文化活动应当遵守宪法和有关法律、法规，坚持为人民服务、为社会主义服务的方向，弘扬民族优秀文化，传播有益于提高公众文化素质、推动经济发展、促进社会进步的思想道德、科学技术和文化知识，丰富人民的精神生活。

第六条　文化部负责制定互联网文化发展与管理的方针、政策和规划，监督管理全国互联网文化活动。

省、自治区、直辖市人民政府文化行政部门对申请从事经营性互联网文化活动的单位进行审批，对从事非经营性互联网文化活动的单位进行备案。

县级以上人民政府文化行政部门负责本行政区域内互联网文化活动的监督管理工作。县级以上人民政府文化行政部门或者文化市场综合执法机构对从事互联网文化活动违反国家有关法规的行为实施处罚。

第七条　申请从事经营性互联网文化活动，应当符合《互联网信息服务管理办法》的有关规定，并具备以下条件：

（一）有单位的名称、住所、组织机构和章程；

（二）有确定的互联网文化活动范围；

（三）有适应互联网文化活动需要的专业人员、设备、工作场所以及相应的经营管理技术措施；

（四）有确定的域名；

（五）符合法律、行政法规和国家有关规定的条件。

第八条　申请从事经营性互联网文化活动，应当向所在地省、自治区、直辖市人民政府文化行政部门提出申请，由省、自治区、直辖市人民政府文化行政部门审核批准。

第九条　申请从事经营性互联网文化活动，应当提交下列文件：

（一）申请表；

（二）营业执照和章程；

（三）法定代表人或者主要负责人的身份证明文件；

（四）业务范围说明；

（五）专业人员、工作场所以及相应经营管理技术措施的说明材料；

（六）域名登记证明；

（七）依法需要提交的其他文件。

对申请从事经营性互联网文化活动的，省、自治区、直辖市人民政府文化行政部门应当自受理申请之日起 20 日内做出批准或者不批准的决定。批准的,核发《网络文化经营许可证》,并向社会公告;不批准的,应当书面通知申请人并说明理由。

《网络文化经营许可证》有效期为 3 年。有效期届满,需继续从事经营的,应当于有效期届满 30 日前申请续办。

第十条　非经营性互联网文化单位,应当自设立之日起 60 日内向所在地省、自治区、直辖市人民政府文化行政部门备案,并提交下列文件:

(一)备案表;

(二)章程;

(三)法定代表人或者主要负责人的身份证明文件;

(四)域名登记证明;

(五)依法需要提交的其他文件。

第十一条　申请从事经营性互联网文化活动经批准后,应当持《网络文化经营许可证》,按照《互联网信息服务管理办法》的有关规定,到所在地电信管理机构或者国务院信息产业主管部门办理相关手续。

第十二条　互联网文化单位应当在其网站主页的显著位置标明文化行政部门颁发的《网络文化经营许可证》编号或者备案编号,标明国务院信息产业主管部门或者省、自治区、直辖市电信管理机构颁发的经营许可证编号或者备案编号。

第十三条　经营性互联网文化单位变更单位名称、域名、法定代表人或者主要负责人、注册地址、经营地址、股权结构以及许可经营范围的,应当自变更之日起 20 日内到所在地省、自治区、直辖市人民政府文化行政部门办理变更或者备案手续。

非经营性互联网文化单位变更名称、地址、域名、法定代表人或者主要负责人、业务范围的,应当自变更之日起 60 日内到所在地省、自治区、直辖市人民政府文化行政部门办理备案手续。

第十四条　经营性互联网文化单位终止互联网文化活动的,应当自终止之日起 30 日内到所在地省、自治区、直辖市人民政府文化行政部门办理注销手续。

经营性互联网文化单位自取得《网络文化经营许可证》并依法办理企业登记之日起满 180 日未开展互联网文化活动的,由原审核的省、自治区、直辖市人民政府文化行政部门注销《网络文化经营许可证》,同时通知相关省、自治区、直辖市电信管理机构。

非经营性互联网文化单位停止互联网文化活动的,由原备案的省、自治区、直辖市人民政府文化行政部门注销备案,同时通知相关省、自治区、直辖市电信管理机构。

第十五条　经营进口互联网文化产品的活动应当由取得文化行政部门核发的《网络文化经营许可证》的经营性互联网文化单位实施,进口互联网文化产品应当报文化部进行内容审查。

文化部应当自受理内容审查申请之日起 20 日内(不包括专家评审所需时间)做出批准或者不批准的决定。批准的,发给批准文件;不批准的,应当说明理由。

经批准的进口互联网文化产品应当在其显著位置标明文化部的批准文号,不得擅自变更产品名称或者增删产品内容。自批准之日起一年内未在国内经营的,进口单位应当报文化部备案并说明原因;决定终止进口的,文化部撤销其批准文号。

经营性互联网文化单位经营的国产互联网文化产品应当自正式经营起 30 日内报省级以

上文化行政部门备案,并在其显著位置标明文化部备案编号,具体办法另行规定。

第十六条　互联网文化单位不得提供载有以下内容的文化产品:

(一)反对宪法确定的基本原则的;

(二)危害国家统一、主权和领土完整的;

(三)泄露国家秘密、危害国家安全或者损害国家荣誉和利益的;

(四)煽动民族仇恨、民族歧视,破坏民族团结,或者侵害民族风俗、习惯的;

(五)宣扬邪教、迷信的;

(六)散布谣言,扰乱社会秩序,破坏社会稳定的;

(七)宣扬淫秽、赌博、暴力或者教唆犯罪的;

(八)侮辱或者诽谤他人,侵害他人合法权益的;

(九)危害社会公德或者民族优秀文化传统的;

(十)有法律、行政法规和国家规定禁止的其他内容的。

第十七条　互联网文化单位提供的文化产品,使公民、法人或者其他组织的合法利益受到侵害的,互联网文化单位应当依法承担民事责任。

第十八条　互联网文化单位应当建立自审制度,明确专门部门,配备专业人员负责互联网文化产品内容和活动的自查与管理,保障互联网文化产品内容和活动的合法性。

第十九条　互联网文化单位发现所提供的互联网文化产品含有本规定第十六条所列内容之一的,应当立即停止提供,保存有关记录,向所在地省、自治区、直辖市人民政府文化行政部门报告并抄报文化部。

第二十条　互联网文化单位应当记录备份所提供的文化产品内容及其时间、互联网地址或者域名;记录备份应当保存 60 日,并在国家有关部门依法查询时予以提供。

第二十一条　未经批准,擅自从事经营性互联网文化活动的,由县级以上人民政府文化行政部门或者文化市场综合执法机构责令停止经营性互联网文化活动,予以警告,并处 30000 元以下罚款;拒不停止经营活动的,依法列入文化市场黑名单,予以信用惩戒。

第二十二条　非经营性互联网文化单位违反本规定第十条,逾期未办理备案手续的,由县级以上人民政府文化行政部门或者文化市场综合执法机构责令限期改正;拒不改正的,责令停止互联网文化活动,并处 1000 元以下罚款。

第二十三条　经营性互联网文化单位违反本规定第十二条的,由县级以上人民政府文化行政部门或者文化市场综合执法机构责令限期改正,并可根据情节轻重处 10000 元以下罚款。

非经营性互联网文化单位违反本规定第十二条的,由县级以上人民政府文化行政部门或者文化市场综合执法机构责令限期改正;拒不改正的,责令停止互联网文化活动,并处 500 元以下罚款。

第二十四条　经营性互联网文化单位违反本规定第十三条的,由县级以上人民政府文化行政部门或者文化市场综合执法机构责令改正,没收违法所得,并处 10000 元以上 30000 元以下罚款;情节严重的,责令停业整顿直至吊销《网络文化经营许可证》;构成犯罪的,依法追究刑事责任。

非经营性互联网文化单位违反本规定第十三条的,由县级以上人民政府文化行政部门或者文化市场综合执法机构责令限期改正;拒不改正的,责令停止互联网文化活动,并处 1000 元以下罚款。

第二十五条 经营性互联网文化单位违反本规定第十五条,经营进口互联网文化产品未在其显著位置标明文化部批准文号、经营国产互联网文化产品未在其显著位置标明文化部备案编号的,由县级以上人民政府文化行政部门或者文化市场综合执法机构责令改正,并可根据情节轻重处 10000 元以下罚款。

第二十六条 经营性互联网文化单位违反本规定第十五条,擅自变更进口互联网文化产品的名称或者增删内容的,由县级以上人民政府文化行政部门或者文化市场综合执法机构责令停止提供,没收违法所得,并处 10000 元以上 30000 元以下罚款;情节严重的,责令停业整顿直至吊销《网络文化经营许可证》;构成犯罪的,依法追究刑事责任。

第二十七条 经营性互联网文化单位违反本规定第十五条,经营国产互联网文化产品逾期未报文化行政部门备案的,由县级以上人民政府文化行政部门或者文化市场综合执法机构责令改正,并可根据情节轻重处 20000 元以下罚款。

第二十八条 经营性互联网文化单位提供含有本规定第十六条禁止内容的互联网文化产品,或者提供未经文化部批准进口的互联网文化产品的,由县级以上人民政府文化行政部门或者文化市场综合执法机构责令停止提供,没收违法所得,并处 10000 元以上 30000 元以下罚款;情节严重的,责令停业整顿直至吊销《网络文化经营许可证》;构成犯罪的,依法追究刑事责任。

非经营性互联网文化单位,提供含有本规定第十六条禁止内容的互联网文化产品,或者提供未经文化部批准进口的互联网文化产品的,由县级以上人民政府文化行政部门或者文化市场综合执法机构责令停止提供,处 1000 元以下罚款;构成犯罪的,依法追究刑事责任。

第二十九条 经营性互联网文化单位违反本规定第十八条的,由县级以上人民政府文化行政部门或者文化市场综合执法机构责令改正,并可根据情节轻重处 20000 元以下罚款。

第三十条 经营性互联网文化单位违反本规定第十九条的,由县级以上人民政府文化行政部门或者文化市场综合执法机构予以警告,责令限期改正,并处 10000 元以下罚款。

第三十一条 违反本规定第二十条的,由省、自治区、直辖市电信管理机构责令改正;情节严重的,由省、自治区、直辖市电信管理机构责令停业整顿或者责令暂时关闭网站。

第三十二条 本规定所称文化市场综合执法机构是指依照国家有关法律、法规和规章的规定,相对集中地行使文化领域行政处罚权以及相关监督检查权、行政强制权的行政执法机构。

第三十三条 文化行政部门或者文化市场综合执法机构查处违法经营活动,依照实施违法经营行为的企业注册地或者企业实际经营地进行管辖;企业注册地和实际经营地无法确定的,由从事违法经营活动网站的信息服务许可地或者备案地进行管辖;没有许可或者备案的,由该网站服务器所在地管辖;网站服务器设置在境外的,由违法行为发生地进行管辖。

第三十四条 本规定自 2011 年 4 月 1 日起施行。2003 年 5 月 10 日发布、2004 年 7 月 1 日修订的《互联网文化管理暂行规定》同时废止。

23.《互联网等信息网络传播视听节目管理办法》

2004 年 7 月 6 日,国家广播电影电视总局令第 39 号发布《互联网等信息网络传播视听节目管理办法》,自 2004 年 10 月 11 日起施行。

第一章　总则

第一条　为规范互联网等信息网络传播视听节目秩序,加强监督管理,促进社会主义精神文明建设,制定本办法。

第二条　本办法适用于以互联网协议(IP)作为主要技术形态,以计算机、电视机、手机等各类电子设备为接收终端,通过移动通信网、固定通信网、微波通信网、有线电视网、卫星或其他城域网、广域网、局域网等信息网络,从事开办、播放(含点播、转播、直播)、集成、传输、下载视听节目服务等活动。

本办法所称视听节目(包括影视类音像制品),是指利用摄影机、摄像机、录音机和其他视音频摄制设备拍摄、录制的,由可连续运动的图像或可连续收听的声音组成的视音频节目。

第三条　国家广播电影电视总局(以下简称广电总局)负责全国互联网等信息网络传播视听节目(以下简称信息网络传播视听节目)的管理工作。

县级以上地方广播电视行政部门负责本辖区内互联网等信息网络传播视听节目的管理工作。

第四条　国家对从事信息网络传播视听节目业务实行许可制度。

第五条　国家鼓励地(市)级以上广播电台、电视台通过国际互联网传播视听节目。

第二章　业务许可

第六条　从事信息网络传播视听节目业务,应取得《信息网络传播视听节目许可证》。

《信息网络传播视听节目许可证》由广电总局按照信息网络传播视听节目的业务类别、接收终端、传输网络等项目分类核发。

业务类别分为播放自办节目、转播节目和提供节目集成运营服务等。

接收终端分为计算机、电视机、手机及其他各类电子设备。

传输网络分为移动通信网、固定通信网、微波通信网、有线电视网、卫星或其他城域网、广域网、局域网等。

第七条　外商独资、中外合资、中外合作机构,不得从事信息网络传播视听节目业务。

经广电总局批准设立的广播电台、电视台或依法享有互联网新闻发布资格的网站可以申请开办信息网络传播新闻类视听节目业务,其他机构和个人不得开办信息网络传播新闻类视听节目业务。

经广电总局批准设立的省、自治区、直辖市及省会市、计划单列市级以上广播电台、电视台、广播影视集团(总台),可以申请自行或设立机构从事以电视机作为接收终端的信息网络传播视听节目集成运营服务。其他机构和个人不得开办此类业务。

第八条　申请《信息网络传播视听节目许可证》,应当具备下列条件:

(一)符合广电总局确定的信息网络传播视听节目的总体规划和布局;

(二)符合国家规定的行业规范和技术标准;

(三)有与业务规模相适应的自有资金、设备、场所及必要的专业人员;

(四)拥有与业务规模相适应并符合国家规定的视听节目资源;

(五)拥有与业务规模相适应的服务信誉、技术能力和网络资源;

(六)有健全的节目内容审查制度、播出管理制度;

（七）有可行的节目监控方案；

（八）其他法律、行政法规规定的条件。

第九条　申请《信息网络传播视听节目许可证》，须提交以下材料：

（一）申请报告，内容应包括：业务类别（自办节目、转播、集成等）、播出标识（从事信息网络传播视听节目业务的专用标识）、传播方式（频道播出、点播、下载定制、轮播、数据广播等）、传输网络、传播载体、传播范围、接收终端、节目类别、集成内容等；

（二）《信息网络传播视听节目许可证》申请表；

（三）从事信息网络传播视听节目业务的内容规划、技术方案、运营方案、管理制度；

（四）向政府监管部门提供监控信号的监控方案；

（五）人员、设备、场所的证明资料；

（六）申办机构的基本情况及与开展业务有关的证明（网站注册文件、广播电台、电视台许可证、广播电视节目制作经营许可证、从事登载新闻业务许可文件等）；

（七）公司章程、营业执照、验资证明（申请人为企业的）。

第十条　申请《信息网络传播视听节目许可证》的机构，应向所在地县级以上广播电视行政部门提出申请，并提交符合第九条规定的书面材料，经逐级审核同意后，报广电总局审批。

中央所属企事业单位，可直接向广电总局提出申请。

符合条件的，广电总局予以颁发《信息网络传播视听节目许可证》。

第十一条　负责受理的广播电视行政部门应按照行政许可法规定的期限和权限，履行受理、审核职责。申请人的申请符合法定标准的，有权作出决定的广播电视行政部门应作出准予行政许可的书面决定。依法作出不予行政许可决定的，应当书面通知申请人并说明理由。

第十二条　《信息网络传播视听节目许可证》有效期为二年。有效期届满，需继续从事信息网络传播视听节目业务的，应于期满六个月前按本办法规定的审批程序办理续办手续。

第十三条　获得《信息网络传播视听节目许可证》的机构（以下简称持证机构）应当按照《信息网络传播视听节目许可证》载明的开办主体、业务类别、标识、传播方式、传输网络、传播载体、传播范围、接收终端、节目类别和集成内容等事项从事信息网络传播视听节目业务。

第十四条　持证机构变更注册资本、股东和持股比例及许可证载明的开办主体、业务类别、标识、传播方式、传播载体、传播范围、接收终端、节目类别和集成内容等事项的，应提前六十日报广电总局批准并办理许可证登载事项变更手续。

持证机构地址、网址、网站名、法定代表人等事项发生变更的，应当在变更后三十日内向广电总局备案并办理许可证登载事项变更手续。

第十五条　持证机构应当在领取《信息网络传播视听节目许可证》九十日内开通业务。如因特殊理由不能如期开通，应经发证机关同意，否则按终止业务处理。

第十六条　持有《信息网络传播视听节目许可证》的机构需终止业务的，应提前六十日向原发证机关申报，其《信息网络传播视听节目许可证》由原发证机关予以公告注销。

第三章　业务监管

第十七条　用于通过信息网络向公众传播的新闻类视听节目，限于境内广播电台、电视台、广播电视台以及经批准的新闻网站制作、播放的节目。

用于通过信息网络向公众传播的影视剧类视听节目，必须取得《电视剧发行许可证》、《电影公映许可证》。

第十八条　通过信息网络传播视听节目,应符合《著作权法》的规定。

第十九条　禁止通过信息网络传播有以下内容的视听节目:

(一)反对宪法确定的基本原则的;

(二)危害国家统一、主权和领土完整的;

(三)泄露国家秘密、危害国家安全或者损害国家荣誉和利益的;

(四)煽动民族仇恨、民族歧视,破坏民族团结,或者侵害民族风俗、习惯的;

(五)宣扬邪教、迷信的;

(六)扰乱社会秩序,破坏社会稳定的;

(七)宣扬淫秽、赌博、暴力或者教唆犯罪的;

(八)侮辱或者诽谤他人,侵害他人合法权益的;

(九)危害社会公德或者民族优秀文化传统的;

(十)有法律、行政法规和国家规定禁止的其他内容的。

第二十条　持证机构应建立健全节目审查、安全播出的管理制度,实行节目总编负责制,配备节目审查员,对其播放的节目内容进行审查。

第二十一条　信息网络的经营机构不得向未持有《信息网络传播视听节目许可证》的机构提供与传播视听节目业务有关的服务。

第二十二条　传播视听节目的名称、内容概要、播出时间、时长、来源等信息,持证机构应当至少保留三十日。

第二十三条　利用信息网络转播视听节目,只能转播广播电台、电视台播出的广播电视节目,不得转播非法开办的广播电视节目,不得转播境外广播电视节目。

利用信息网络链接或集成视听节目,只能链接或集成取得《信息网络传播视听节目许可证》机构开办的视听节目,不得链接或集成境外互联网站的视听节目。

第二十四条　省级以上广播电视行政部门应设立视听节目监控系统、建立公众监督举报制度,加强对信息网络传播视听节目的监督管理。

持证机构应当为视听节目监控系统提供必要的信号接入条件。

第四章　罚则

第二十五条　违反本办法规定,未经批准,擅自从事信息网络传播视听节目业务的,由县级以上广播电视行政部门予以取缔,可以并处一万元以上三万元以下的罚款;构成犯罪的,依法追究刑事责任。

第二十六条　违反本办法规定,有下列行为之一的,由县级以上广播电视行政部门责令停止违法活动、给予警告、限期整改,可以并处三万元以下的罚款:构成犯罪的,依法追究刑事责任。

(一)未按《信息网络传播视听节目许可证》载明的事项从事信息网络传播视听节目业务的;

(二)未经批准,擅自变更许可证载明事项、持证机构注册资本、股东和持股比例;

(三)违反本办法第十六条、第十八条规定的;

(四)传播本办法第十九条规定禁止传播的视听节目的;

（五）向未持有《信息网络传播视听节目许可证》的机构提供与传播视听节目业务有关服务的；

（六）未按规定保留视听节目播放记录的；

（七）利用信息网络转播境外广播电视节目，转播非法开办的广播电视节目的；

（八）非法链接、集成境外广播电视节目以及非法链接、集成境外网站传播的视听节目的。

第二十七条 违反本办法规定，开办机构的法定代表人、节目总编或节目审查员未履行应尽职责，出现三次以上违规内容的，省级以上广播电视行政部门对开办机构予以警告，可以并处一千元以下罚款。

第五章 附则

第二十八条 本办法实施前已领取《网上传播视听节目许可证》的机构，应在本办法实施之日起六个月内按照本办法规定申换许可证。

第二十九条 本办法自 2004 年 10 月 11 日起施行。广电总局《互联网等信息网络传播视听节目管理办法》（广电总局令第 15 号）同时废止。

24.《互联网视听节目服务管理规定》

2007 年 12 月 20 日，国家广播电影电视总局、信息产业部令第 56 号发布《互联网视听节目服务管理规定》，自 2008 年 1 月 31 日起施行。

第一条 为维护国家利益和公共利益，保护公众和互联网视听节目服务单位的合法权益，规范互联网视听节目服务秩序，促进健康有序发展，根据国家有关规定，制定本规定。

第二条 在中华人民共和国境内向公众提供互联网（含移动互联网，以下简称互联网）视听节目服务活动，适用本规定。

本规定所称互联网视听节目服务，是指制作、编辑、集成并通过互联网向公众提供视音频节目，以及为他人提供上载传播视听节目服务的活动。

第三条 国务院广播电影电视主管部门作为互联网视听节目服务的行业主管部门，负责对互联网视听节目服务实施监督管理，统筹互联网视听节目服务的产业发展、行业管理、内容建设和安全监管。国务院信息产业主管部门作为互联网行业主管部门，依据电信行业管理职责对互联网视听节目服务实施相应的监督管理。

地方人民政府广播电影电视主管部门和地方电信管理机构依据各自职责对本行政区域内的互联网视听节目服务单位及接入服务实施相应的监督管理。

第四条 互联网视听节目服务单位及其相关网络运营单位，是重要的网络文化建设力量，承担建设中国特色网络文化和维护网络文化信息安全的责任，应自觉遵守宪法、法律和行政法规，接受互联网视听节目服务行业主管部门和互联网行业主管部门的管理。

第五条 互联网视听节目服务单位组成的全国性社会团体，负责制定行业自律规范，倡导文明上网、文明办网，营造文明健康的网络环境，传播健康有益视听节目，抵制腐朽落后思想文化传播，并在国务院广播电影电视主管部门指导下开展活动。

第六条 发展互联网视听节目服务要有益于传播社会主义先进文化，推动社会全面进步和人的全面发展、促进社会和谐。从事互联网视听节目服务，应当坚持为人民服务、为社会主义服务，坚持正确导向，把社会效益放在首位，建设社会主义核心价值体系，遵守社会主义道德规范，大力弘扬体现时代发展和社会进步的思想文化，大力弘扬民族优秀文化传统，提供更多更好的互联网视听节目服务,满足人民群众日益增长的需求,不断丰富人民群众的精神文化生活,充分发挥文化滋润心灵、陶冶情操、愉悦身心的作用,为青少年成长创造良好的网上空间,形成共建共享的精神家园。

第七条　从事互联网视听节目服务,应当依照本规定取得广播电影电视主管部门颁发的《信息网络传播视听节目许可证》(以下简称《许可证》)或履行备案手续。

未按照本规定取得广播电影电视主管部门颁发的《许可证》或履行备案手续,任何单位和个人不得从事互联网视听节目服务。

互联网视听节目服务业务指导目录由国务院广播电影电视主管部门商国务院信息产业主管部门制定。

第八条　申请从事互联网视听节目服务的,应当同时具备以下条件:

(一)具备法人资格,为国有独资或国有控股单位,且在申请之日前三年内无违法违规记录;

(二)有健全的节目安全传播管理制度和安全保护技术措施;

(三)有与其业务相适应并符合国家规定的视听节目资源;

(四)有与其业务相适应的技术能力、网络资源和资金,且资金来源合法;

(五)有与其业务相适应的专业人员,且主要出资者和经营者在申请之日前三年内无违法违规记录;

(六)技术方案符合国家标准、行业标准和技术规范;

(七)符合国务院广播电影电视主管部门确定的互联网视听节目服务总体规划、布局和业务指导目录;

(八)符合法律、行政法规和国家有关规定的条件。

第九条　从事广播电台、电视台形态服务和时政类视听新闻服务的,除符合本规定第八条规定外,还应当持有广播电视播出机构许可证或互联网新闻信息服务许可证。其中,以自办频道方式播放视听节目的,由地(市)级以上广播电台、电视台、中央新闻单位提出申请。

从事主持、访谈、报道类视听服务的,除符合本规定第八条规定外,还应当持有广播电视节目制作经营许可证和互联网新闻信息服务许可证;从事自办网络剧(片)类服务的,还应当持有广播电视节目制作经营许可证。

未经批准,任何组织和个人不得在互联网上使用广播电视专有名称开展业务。

第十条　申请《许可证》,应当通过省、自治区、直辖市人民政府广播电影电视主管部门向国务院广播电影电视主管部门提出申请,中央直属单位可以直接向国务院广播电影电视主管部门提出申请。

省、自治区、直辖市人民政府广播电影电视主管部门应当提供便捷的服务,自收到申请之日起 20 日内提出初审意见,报国务院广播电影电视主管部门审批;国务院广播电影电视主管部门应当自收到申请或者初审意见之日起 40 日内作出许可或者不予许可的决定,其中专家评审时间为 20 日。予以许可的,向申请人颁发《许可证》,并向社会公告;不予许可的,应当书面通知申请人并说明理由。《许可证》应当载明互联网视听节目服务的播出标识、名称、服务类别等事项。

《许可证》有效期为 3 年。有效期届满,需继续从事互联网视听节目服务的,应于有效期届满前 30 日内,持符合本办法第八条规定条件的相关材料,向原发证机关申请办理续办手续。

地(市)级以上广播电台、电视台从事互联网视听节目转播类服务的,到省级以上广播电影电视主管部门履行备案手续。中央新闻单位从事互联网视听节目转播类服务的,到国务院广播电影电视主管部门履行备案手续。备案单位应在节目开播30日前,提交网址、网站名、拟转播的广播电视频道、栏目名称等有关备案材料,广播电影电视主管部门应将备案情况向社会公告。

第十一条　取得《许可证》的单位,应当依据《互联网信息服务管理办法》,向省(自治区、直辖市)电信管理机构或国务院信息产业主管部门(以下简称电信主管部门)申请办理电信业务经营许可或者履行相关备案手续,并依法到工商行政管理部门办理注册登记或变更登记手续。电信主管部门应根据广播电影电视主管部门许可,严格互联网视听节目服务单位的域名和 IP 地址管理。

第十二条　互联网视听节目服务单位变更注册资本、股东、股权结构,有重大资产变动或有上市等重大融资行为的,以及业务项目超出《许可证》载明范围的,应按本规定办理审批手续。互联网视听节目服务单位的办公场所、法定代表人以及互联网信息服务单位的网址、网站名依法变更的,应当在变更后15日内向省级以上广播电影电视主管部门和电信主管部门备案,变更事项涉及工商登记的,应当依法到工商行政管理部门办理变更登记手续。

第十三条　互联网视听节目服务单位应当在取得《许可证》90日内提供互联网视听节目服务。未按期提供服务的,其《许可证》由原发证机关予以注销。如因特殊原因,应经发证机关同意。申请终止服务的,应提前60日向原发证机关申报,其《许可证》由原发证机关予以注销。连续停止业务超过60日的,由原发证机关按终止业务处理,其《许可证》由原发证机关予以注销。

第十四条　互联网视听节目服务单位应当按照《许可证》载明或备案的事项开展互联网视听节目服务,并在播出界面显著位置标注国务院广播电影电视主管部门批准的播出标识、名称、《许可证》或备案编号。

任何单位不得向未持有《许可证》或备案的单位提供与互联网视听节目服务有关的代收费及信号传输、服务器托管等金融和技术服务。

第十五条　鼓励国有战略投资者投资互联网视听节目服务企业;鼓励互联网视听节目服务单位积极开发适应新一代互联网和移动通信特点的新业务,为移动多媒体、多媒体网站生产积极健康的视听节目,努力提高互联网视听节目的供给能力;鼓励影视生产基地、电视节目制作单位多生产适合在网上传播的影视剧(片)、娱乐节目,积极发展民族网络影视产业;鼓励互联网视听节目服务单位传播公益性视听节目。

互联网视听节目服务单位应当遵守著作权法律、行政法规的规定,采取版权保护措施,保护著作权人的合法权益。

第十六条　互联网视听节目服务单位提供的、网络运营单位接入的视听节目应当符合法律、行政法规、部门规章的规定。已播出的视听节目应至少完整保留60日。视听节目不得含有以下内容:

(一)反对宪法确定的基本原则的;

(二)危害国家统一、主权和领土完整的;

(三)泄露国家秘密、危害国家安全或者损害国家荣誉和利益的;

(四)煽动民族仇恨、民族歧视,破坏民族团结,或者侵害民族风俗、习惯的;

(五)宣扬邪教、迷信的;

(六)扰乱社会秩序,破坏社会稳定的;

(七)诱导未成年人违法犯罪和渲染暴力、色情、赌博、恐怖活动的;

(八)侮辱或者诽谤他人,侵害公民个人隐私等他人合法权益的;

(九)危害社会公德,损害民族优秀文化传统的;

(十)有关法律、行政法规和国家规定禁止的其他内容。

第十七条 用于互联网视听节目服务的电影电视剧类节目和其他节目,应当符合国家有关广播电影电视节目的管理规定。互联网视听节目服务单位播出时政类视听新闻节目,应当是地(市)级以上广播电台、电视台制作、播出的节目和中央新闻单位网站登载的时政类视听新闻节目。

未持有《许可证》的单位不得为个人提供上载传播视听节目服务。互联网视听节目服务单位不得允许个人上载时政类视听新闻节目,在提供播客、视频分享等上载传播视听节目服务时,应当提示上载者不得上载违反本规定的视听节目。任何单位和个人不得转播、链接、聚合、集成非法的广播电视频道、视听节目网站的节目。

第十八条 广播电影电视主管部门发现互联网视听节目服务单位传播违反本规定的视听节目,应当采取必要措施予以制止。互联网视听节目服务单位对含有违反本规定内容的视听节目,应当立即删除,并保存有关记录,履行报告义务,落实有关主管部门的管理要求。

互联网视听节目服务单位主要出资者和经营者应对播出和上载的视听节目内容负责。

第十九条 互联网视听节目服务单位应当选择依法取得互联网接入服务电信业务经营许可证或广播电视节目传送业务经营许可证的网络运营单位提供服务;应当依法维护用户权利,履行对用户的承诺,对用户信息保密,不得进行虚假宣传或误导用户、做出对用户不公平不合理的规定、损害用户的合法权益;提供有偿服务时,应当以显著方式公布所提供服务的视听节目种类、范围、资费标准和时限,并告知用户中止或者取消互联网视听节目服务的条件和方式。

第二十条 网络运营单位提供互联网视听节目信号传输服务时,应当保障视听节目服务单位的合法权益,保证传输安全,不得擅自插播、截留视听节目信号;在提供服务前应当查验视听节目服务单位的《许可证》或备案证明材料,按照《许可证》载明事项或备案范围提供接入服务。

第二十一条 广播电影电视和电信主管部门应建立公众监督举报制度。公众有权举报视听节目服务单位的违法违规行为,有关主管部门应当及时处理,不得推诿。广播电影电视、电信等监督管理部门发现违反本规定的行为,不属于本部门职责的,应当移交有权处理的部门处理。

电信主管部门应当依照国家有关规定向广播电影电视主管部门提供必要的技术系统接口和网站数据查询资料。

第二十二条 广播电影电视主管部门依法对互联网视听节目服务单位进行实地检查,有关单位和个人应当予以配合。广播电影电视主管部门工作人员依法进行实地检查时应当主动出示有关证件。

第二十三条 违反本规定有下列行为之一的,由县级以上广播电影电视主管部门予以警告、责令改正,可并处 3 万元以下罚款;同时,可对其主要出资者和经营者予以警告,可并处 2 万元以下罚款:

（一）擅自在互联网上使用广播电视专有名称开展业务的；

（二）变更注册资本、股东、股权结构，或上市融资，或重大资产变动时，未办理审批手续的；

（三）未建立健全节目运营规范，未采取版权保护措施，或对传播有害内容未履行提示、删除、报告义务的；

（四）未在播出界面显著位置标注播出标识、名称、《许可证》和备案编号的；

（五）未履行保留节目记录、向主管部门如实提供查询义务的；

（六）向未持有《许可证》或备案的单位提供代收费及信号传输、服务器托管等与互联网视听节目服务有关的服务的；

（七）未履行查验义务，或向互联网视听节目服务单位提供其《许可证》或备案载明事项范围以外的接入服务的；

（八）进行虚假宣传或者误导用户的；

（九）未经用户同意，擅自泄露用户信息秘密的；

（十）互联网视听服务单位在同一年度内三次出现违规行为的；

（十一）拒绝、阻挠、拖延广播电影电视主管部门依法进行监督检查或者在监督检查过程中弄虚作假的；

（十二）以虚假证明、文件等手段骗取《许可证》的。

有本条第十二项行为的，发证机关应撤销其许可证。

第二十四条　擅自从事互联网视听节目服务的，由县级以上广播电影电视主管部门予以警告、责令改正，可并处 3 万元以下罚款；情节严重的，根据《广播电视管理条例》第四十七条的规定予以处罚。

传播的视听节目内容违反本规定的，由县级以上广播电影电视主管部门予以警告、责令改正，可并处 3 万元以下罚款；情节严重的，根据《广播电视管理条例》第四十九条的规定予以处罚。

未按照许可证载明或备案的事项从事互联网视听节目服务的或违规播出时政类视听新闻节目的，由县级以上广播电影电视主管部门予以警告、责令改正，可并处 3 万元以下罚款；情节严重的，根据《广播电视管理条例》第五十条之规定予以处罚。

转播、链接、聚合、集成非法的广播电视频道和视听节目网站内容的，擅自插播、截留视听节目信号的，由县级以上广播电影电视主管部门予以警告、责令改正，可并处 3 万元以下罚款；情节严重的，根据《广播电视管理条例》第五十一条之规定予以处罚。

第二十五条　对违反本规定的互联网视听节目服务单位，电信主管部门应根据广播电影电视主管部门的书面意见，按照电信管理和互联网管理的法律、行政法规的规定，关闭其网站，吊销其相应许可证或撤销备案，责令为其提供信号接入服务的网络运营单位停止接入；拒不执行停止接入服务决定，违反《电信条例》第五十七条规定的，由电信主管部门依据《电信条例》第七十八条的规定吊销其许可证。

违反治安管理规定的，由公安机关依法予以处罚；构成犯罪的，由司法机关依法追究刑事责任。

第二十六条　广播电影电视、电信等主管部门不履行规定的职责，或滥用职权的，要依法给予有关责任人处分，构成犯罪的，由司法机关依法追究刑事责任。

第二十七条　互联网视听节目服务单位出现重大违法违规行为的，除按有关规定予以处罚外,其主要出资者和经营者自互联网视听节目服务单位受到处罚之日起 5 年内不得投资和从事互联网视听节目服务。

第二十八条　通过互联网提供视音频即时通讯服务,由国务院信息产业主管部门按照国家有关规定进行监督管理。

利用局域网络及利用互联网架设虚拟专网向公众提供网络视听节目服务,须向行业主管部门提出申请,由国务院信息产业主管部门前置审批,国务院广播电影电视主管部门审核批准,按照国家有关规定进行监督管理。

第二十九条　本规定自 2008 年 1 月 31 日起施行。此前发布的规定与本规定不一致之处,依本规定执行。

25.《网络出版服务管理规定》

2016 年 2 月 4 日,国家新闻出版广电总局、工业和信息化部令第 5 号公布《网络出版服务管理规定》,自 2016 年 3 月 10 日起施行。

第一章　总则

第一条　为了规范网络出版服务秩序,促进网络出版服务业健康有序发展,根据《出版管理条例》、《互联网信息服务管理办法》及相关法律法规,制定本规定。

第二条　在中华人民共和国境内从事网络出版服务,适用本规定。

本规定所称网络出版服务,是指通过信息网络向公众提供网络出版物。

本规定所称网络出版物,是指通过信息网络向公众提供的,具有编辑、制作、加工等出版特征的数字化作品,范围主要包括:

(一)文学、艺术、科学等领域内具有知识性、思想性的文字、图片、地图、游戏、动漫、音视频读物等原创数字化作品;

(二)与已出版的图书、报纸、期刊、音像制品、电子出版物等内容相一致的数字化作品;

(三)将上述作品通过选择、编排、汇集等方式形成的网络文献数据库等数字化作品;

(四)国家新闻出版广电总局认定的其他类型的数字化作品。

网络出版服务的具体业务分类另行制定。

第三条　从事网络出版服务,应当遵守宪法和有关法律、法规,坚持为人民服务、为社会主义服务的方向,坚持社会主义先进文化的前进方向,弘扬社会主义核心价值观,传播和积累一切有益于提高民族素质、推动经济发展、促进社会进步的思想道德、科学技术和文化知识,满足人民群众日益增长的精神文化需要。

第四条　国家新闻出版广电总局作为网络出版服务的行业主管部门,负责全国网络出版服务的前置审批和监督管理工作。工业和信息化部作为互联网行业主管部门,依据职责对全国网络出版服务实施相应的监督管理。

地方人民政府各级出版行政主管部门和各省级电信主管部门依据各自职责对本行政区域内网络出版服务及接入服务实施相应的监督管理工作并做好配合工作。

第五条　出版行政主管部门根据已经取得的违法嫌疑证据或者举报,对涉嫌违法从事网络出版服务的行为进行查处时,可以检查与涉嫌违法行为有关的物品和经营场所;对有证据证明是与违法行为有关的物品,可以查封或者扣押。

第六条　国家鼓励图书、音像、电子、报纸、期刊出版单位从事网络出版服务,加快与新媒体的融合发展。

国家鼓励组建网络出版服务行业协会,按照章程,在出版行政主管部门的指导下制定行业自律规范,倡导网络文明,传播健康有益内容,抵制不良有害内容。

第二章　网络出版服务许可

第七条　从事网络出版服务,必须依法经过出版行政主管部门批准,取得《网络出版服务许可证》。

第八条　图书、音像、电子、报纸、期刊出版单位从事网络出版服务,应当具备以下条件:

(一)有确定的从事网络出版业务的网站域名、智能终端应用程序等出版平台;

(二)有确定的网络出版服务范围;

(三)有从事网络出版服务所需的必要的技术设备,相关服务器和存储设备必须存放在中华人民共和国境内。

第九条　其他单位从事网络出版服务,除第八条所列条件外,还应当具备以下条件:

(一)有确定的、不与其他出版单位相重复的,从事网络出版服务主体的名称及章程;

(二)有符合国家规定的法定代表人和主要负责人,法定代表人必须是在境内长久居住的具有完全行为能力的中国公民,法定代表人和主要负责人至少1人应当具有中级以上出版专业技术人员职业资格;

(三)除法定代表人和主要负责人外,有适应网络出版服务范围需要的8名以上具有国家新闻出版广电总局认可的出版及相关专业技术职业资格的专职编辑出版人员,其中具有中级以上职业资格的人员不得少于3名;

(四)有从事网络出版服务所需的内容审校制度;

(五)有固定的工作场所;

(六)法律、行政法规和国家新闻出版广电总局规定的其他条件。

第十条　中外合资经营、中外合作经营和外资经营的单位不得从事网络出版服务。

网络出版服务单位与境内中外合资经营、中外合作经营、外资经营企业或境外组织及个人进行网络出版服务业务的项目合作,应当事前报国家新闻出版广电总局审批。

第十一条　申请从事网络出版服务,应当向所在地省、自治区、直辖市出版行政主管部门提出申请,经审核同意后,报国家新闻出版广电总局审批。国家新闻出版广电总局应当自受理申请之日起60日内,作出批准或者不予批准的决定。不批准的,应当说明理由。

第十二条　从事网络出版服务的申报材料,应该包括下列内容:

(一)《网络出版服务许可证申请表》;

(二)单位章程及资本来源性质证明;

(三)网络出版服务可行性分析报告,包括资金使用、产品规划、技术条件、设备配备、机构设置、人员配备、市场分析、风险评估、版权保护措施等;

(四)法定代表人和主要负责人的简历、住址、身份证明文件;

(五)编辑出版等相关专业技术人员的国家认可的职业资格证明和主要从业经历及培训证明;

(六)工作场所使用证明;

(七)网站域名注册证明、相关服务器存放在中华人民共和国境内的承诺。

本规定第八条所列单位从事网络出版服务的,仅提交前款(一)、(六)、(七)项规定的材料。

第十三条　设立网络出版服务单位的申请者应自收到批准决定之日起 30 日内办理注册登记手续:

(一)持批准文件到所在地省、自治区、直辖市出版行政主管部门领取并填写《网络出版服务许可登记表》;

(二)省、自治区、直辖市出版行政主管部门对《网络出版服务许可登记表》审核无误后,在 10 日内向申请者发放《网络出版服务许可证》;

(三)《网络出版服务许可登记表》一式三份,由申请者和省、自治区、直辖市出版行政主管部门各存一份,另一份由省、自治区、直辖市出版行政主管部门在 15 日内报送国家新闻出版广电总局备案。

第十四条　《网络出版服务许可证》有效期为 5 年。有效期届满,需继续从事网络出版服务活动的,应于有效期届满 60 日前按本规定第十一条的程序提出申请。出版行政主管部门应当在该许可有效期届满前作出是否准予延续的决定。批准的,换发《网络出版服务许可证》。

第十五条　网络出版服务经批准后,申请者应持批准文件、《网络出版服务许可证》到所在地省、自治区、直辖市电信主管部门办理相关手续。

第十六条　网络出版服务单位变更《网络出版服务许可证》许可登记事项、资本结构,合并或者分立,设立分支机构的,应依据本规定第十一条办理审批手续,并应持批准文件到所在地省、自治区、直辖市电信主管部门办理相关手续。

第十七条　网络出版服务单位中止网络出版服务的,应当向所在地省、自治区、直辖市出版行政主管部门备案,并说明理由和期限;网络出版服务单位中止网络出版服务不得超过 180 日。

网络出版服务单位终止网络出版服务的,应当自终止网络出版服务之日起 30 日内,向所在地省、自治区、直辖市出版行政主管部门办理注销手续后到省、自治区、直辖市电信主管部门办理相关手续。省、自治区、直辖市出版行政主管部门将相关信息报国家新闻出版广电总局备案。

第十八条　网络出版服务单位自登记之日起满 180 日未开展网络出版服务的,由原登记的出版行政主管部门注销登记,并报国家新闻出版广电总局备案。同时,通报相关省、自治区、直辖市电信主管部门。

因不可抗力或者其他正当理由发生上述所列情形的,网络出版服务单位可以向原登记的出版行政主管部门申请延期。

第十九条　网络出版服务单位应当在其网站首页上标明出版行政主管部门核发的《网络出版服务许可证》编号。

互联网相关服务提供者在为网络出版服务单位提供人工干预搜索排名、广告、推广等服务时,应当查验服务对象的《网络出版服务许可证》及业务范围。

第二十条　网络出版服务单位应当按照批准的业务范围从事网络出版服务,不得超出批准的业务范围从事网络出版服务。

第二十一条　网络出版服务单位不得转借、出租、出卖《网络出版服务许可证》或以任何形式转让网络出版服务许可。

网络出版服务单位允许其他网络信息服务提供者以其名义提供网络出版服务,属于前款所称禁止行为。

第二十二条　网络出版服务单位实行特殊管理股制度,具体办法由国家新闻出版广电总局另行制定。

第三章　网络出版服务管理

第二十三条　网络出版服务单位实行编辑责任制度,保障网络出版物内容合法。

网络出版服务单位实行出版物内容审核责任制度、责任编辑制度、责任校对制度等管理制度,保障网络出版物出版质量。

在网络上出版其他出版单位已在境内合法出版的作品且不改变原出版物内容的,须在网络出版物的相应页面显著标明原出版单位名称以及书号、刊号、网络出版物号或者网址信息。

第二十四条　网络出版物不得含有以下内容:

(一)反对宪法确定的基本原则的;

(二)危害国家统一、主权和领土完整的;

(三)泄露国家秘密、危害国家安全或者损害国家荣誉和利益的;

(四)煽动民族仇恨、民族歧视,破坏民族团结,或者侵害民族风俗、习惯的;

(五)宣扬邪教、迷信的;

(六)散布谣言,扰乱社会秩序,破坏社会稳定的;

(七)宣扬淫秽、色情、赌博、暴力或者教唆犯罪的;

(八)侮辱或者诽谤他人,侵害他人合法权益的;

(九)危害社会公德或者民族优秀文化传统的;

(十)有法律、行政法规和国家规定禁止的其他内容的。

第二十五条　为保护未成年人合法权益,网络出版物不得含有诱发未成年人模仿违反社会公德和违法犯罪行为的内容,不得含有恐怖、残酷等妨害未成年人身心健康的内容,不得含有披露未成年人个人隐私的内容。

第二十六条　网络出版服务单位出版涉及国家安全、社会安定等方面重大选题的内容,应当按照国家新闻出版广电总局有关重大选题备案管理的规定办理备案手续。未经备案的重大选题内容,不得出版。

第二十七条　网络游戏上网出版前,必须向所在地省、自治区、直辖市出版行政主管部门提出申请,经审核同意后,报国家新闻出版广电总局审批。

第二十八条　网络出版物的内容不真实或不公正,致使公民、法人或者其他组织合法权益受到侵害的,相关网络出版服务单位应当停止侵权,公开更正,消除影响,并依法承担其他民事责任。

第二十九条　国家对网络出版物实行标识管理,具体办法由国家新闻出版广电总局另行制定。

第三十条　网络出版物必须符合国家的有关规定和标准要求,保证出版物质量。

网络出版物使用语言文字,必须符合国家法律规定和有关标准规范。

第三十一条　网络出版服务单位应当按照国家有关规定或技术标准,配备应用必要的设备和系统,建立健全各项管理制度,保障信息安全、内容合法,并为出版行政主管部门依法履行监督管理职责提供技术支持。

第三十二条　网络出版服务单位在网络上提供境外出版物,应当取得著作权合法授权。其中,出版境外著作权人授权的网络游戏,须按本规定第二十七条办理审批手续。

第三十三条　网络出版服务单位发现其出版的网络出版物含有本规定第二十四条、第二十五条所列内容的,应当立即删除,保存有关记录,并向所在地县级以上出版行政主管部门报告。

第三十四条　网络出版服务单位应记录所出版作品的内容及其时间、网址或者域名,记录应当保存 60 日,并在国家有关部门依法查询时,予以提供。

第三十五条　网络出版服务单位须遵守国家统计规定,依法向出版行政主管部门报送统计资料。

第四章　监督管理

第三十六条　网络出版服务的监督管理实行属地管理原则。

各地出版行政主管部门应当加强对本行政区域内的网络出版服务单位及其出版活动的日常监督管理,履行下列职责:

(一)对网络出版服务单位进行行业监管,对网络出版服务单位违反本规定的情况进行查处并报告上级出版行政主管部门;

(二)对网络出版服务进行监管,对违反本规定的行为进行查处并报告上级出版行政主管部门;

(三)对网络出版物内容和质量进行监管,定期组织内容审读和质量检查,并将结果向上级出版行政主管部门报告;

(四)对网络出版从业人员进行管理,定期组织岗位、业务培训和考核;

(五)配合上级出版行政主管部门、协调相关部门、指导下级出版行政主管部门开展工作。

第三十七条　出版行政主管部门应当加强监管队伍和机构建设,采取必要的技术手段对网络出版服务进行管理。出版行政主管部门依法履行监督检查等执法职责时,网络出版服务单位应当予以配合,不得拒绝、阻挠。

各省、自治区、直辖市出版行政主管部门应当定期将本行政区域内的网络出版服务监督管理情况向国家新闻出版广电总局提交书面报告。

第三十八条　网络出版服务单位实行年度核验制度,年度核验每年进行一次。省、自治区、直辖市出版行政主管部门负责对本行政区域内的网络出版服务单位实施年度核验并将有关情况报国家新闻出版广电总局备案。年度核验内容包括网络出版服务单位的设立条件、登记项目、出版经营情况、出版质量、遵守法律规范、内部管理情况等。

第三十九条　年度核验按照以下程序进行:

(一)网络出版服务单位提交年度自检报告,内容包括:本年度政策法律执行情况,奖惩情况,网站出版、管理、运营绩效情况,网络出版物目录,对年度核验期内的违法违规行为的整改情况,编辑出版人员培训管理情况等;并填写由国家新闻出版广电总局统一印制的《网络出版服务年度核验登记表》,与年度自检报告一并报所在地省、自治区、直辖市出版行政主管部门;

(二)省、自治区、直辖市出版行政主管部门对本行政区域内的网络出版服务单位的设立条件、登记项目、开展业务及执行法规等情况进行全面审核,并在收到网络出版服务单位的年度自检报告和《网络出版服务年度核验登记表》等年度核验材料的 45 日内完成全面审核查验工

作。对符合年度核验要求的网络出版服务单位予以登记,并在其《网络出版服务许可证》上加盖年度核验章;

(三)省、自治区、直辖市出版行政主管部门应于完成全面审核查验工作的 15 日内将年度核验情况及有关书面材料报国家新闻出版广电总局备案。

第四十条　有下列情形之一的,暂缓年度核验:

(一)正在停业整顿的;

(二)违反出版法规规章,应予处罚的;

(三)未按要求执行出版行政主管部门相关管理规定的;

(四)内部管理混乱,无正当理由未开展实质性网络出版服务活动的;

(五)存在侵犯著作权等其他违法嫌疑需要进一步核查的。

暂缓年度核验的期限由省、自治区、直辖市出版行政主管部门确定,报国家新闻出版广电总局备案,最长不得超过 180 日。暂缓年度核验期间,须停止网络出版服务。

暂缓核验期满,按本规定重新办理年度核验手续。

第四十一条　已经不具备本规定第八条、第九条规定条件的,责令限期改正;逾期仍未改正的,不予通过年度核验,由国家新闻出版广电总局撤销《网络出版服务许可证》,所在地省、自治区、直辖市出版行政主管部门注销登记,并通知当地电信主管部门依法处理。

第四十二条　省、自治区、直辖市出版行政主管部门可根据实际情况,对本行政区域内的年度核验事项进行调整,相关情况报国家新闻出版广电总局备案。

第四十三条　省、自治区、直辖市出版行政主管部门可以向社会公布年度核验结果。

第四十四条　从事网络出版服务的编辑出版等相关专业技术人员及其负责人应当符合国家关于编辑出版等相关专业技术人员职业资格管理的有关规定。

网络出版服务单位的法定代表人或主要负责人应按照有关规定参加出版行政主管部门组织的岗位培训,并取得国家新闻出版广电总局统一印制的《岗位培训合格证书》。未按规定参加岗位培训或培训后未取得《岗位培训合格证书》的,不得继续担任法定代表人或主要负责人。

第五章　保障与奖励

第四十五条　国家制定有关政策,保障、促进网络出版服务业的发展与繁荣。鼓励宣传科学真理、传播先进文化、倡导科学精神、塑造美好心灵、弘扬社会正气等有助于形成先进网络文化的网络出版服务,推动健康文化、优秀文化产品的数字化、网络化传播。

网络出版服务单位依法从事网络出版服务,任何组织和个人不得干扰、阻止和破坏。

第四十六条　国家支持、鼓励下列优秀的、重点的网络出版物的出版:

(一)对阐述、传播宪法确定的基本原则有重大作用的;

(二)对弘扬社会主义核心价值观,进行爱国主义、集体主义、社会主义和民族团结教育以及弘扬社会公德、职业道德、家庭美德、个人品德有重要意义的;

(三)对弘扬民族优秀文化,促进国际文化交流有重大作用的;

(四)具有自主知识产权和优秀文化内涵的;

(五)对推进文化创新,及时反映国内外新的科学文化成果有重大贡献的;

(六)对促进公共文化服务有重大作用的;

(七)专门以未成年人为对象、内容健康的或者其他有利于未成年人健康成长的;

（八）其他具有重要思想价值、科学价值或者文化艺术价值的。

第四十七条 对为发展、繁荣网络出版服务业作出重要贡献的单位和个人，按照国家有关规定给予奖励。

第四十八条 国家保护网络出版物著作权人的合法权益。网络出版服务单位应当遵守《中华人民共和国著作权法》、《信息网络传播权保护条例》、《计算机软件保护条例》等著作权法律法规。

第四十九条 对非法干扰、阻止和破坏网络出版物出版的行为，出版行政主管部门及其他有关部门，应当及时采取措施，予以制止。

第六章 法律责任

第五十条 网络出版服务单位违反本规定的，出版行政主管部门可以采取下列行政措施：

（一）下达警示通知书；

（二）通报批评、责令改正；

（三）责令公开检讨；

（四）责令删除违法内容。

警示通知书由国家新闻出版广电总局制定统一格式，由出版行政主管部门下达给相关网络出版服务单位。

本条所列的行政措施可以并用。

第五十一条 未经批准，擅自从事网络出版服务，或者擅自上网出版网络游戏（含境外著作权人授权的网络游戏），根据《出版管理条例》第六十一条、《互联网信息服务管理办法》第十九条的规定，由出版行政主管部门、工商行政管理部门依照法定职权予以取缔，并由所在地省级电信主管部门依据有关部门的通知，按照《互联网信息服务管理办法》第十九条的规定给予责令关闭网站等处罚；已经触犯刑法的，依法追究刑事责任；尚不够刑事处罚的，删除全部相关网络出版物，没收违法所得和从事违法出版活动的主要设备、专用工具，违法经营额 1 万元以上的，并处违法经营额 5 倍以上 10 倍以下的罚款；违法经营额不足 1 万元的，可以处 5 万元以下的罚款；侵犯他人合法权益的，依法承担民事责任。

第五十二条 出版、传播含有本规定第二十四条、第二十五条禁止内容的网络出版物的，根据《出版管理条例》第六十二条、《互联网信息服务管理办法》第二十条的规定，由出版行政主管部门责令删除相关内容并限期改正，没收违法所得，违法经营额 1 万元以上的，并处违法经营额 5 倍以上 10 倍以下罚款；违法经营额不足 1 万元的，可以处 5 万元以下罚款；情节严重的，责令限期停业整顿或者由国家新闻出版广电总局吊销《网络出版服务许可证》，由电信主管部门依据出版行政主管部门的通知吊销其电信业务经营许可或者责令关闭网站；构成犯罪的，依法追究刑事责任。

为从事本条第一款行为的网络出版服务单位提供人工干预搜索排名、广告、推广等相关服务的，由出版行政主管部门责令其停止提供相关服务。

第五十三条 违反本规定第二十一条的，根据《出版管理条例》第六十六条的规定，由出版行政主管部门责令停止违法行为，给予警告，没收违法所得，违法经营额 1 万元以上的，并处违法经营额 5 倍以上 10 倍以下的罚款；违法经营额不足 1 万元的，可以处 5 万元以下的罚款；情节严重的，责令限期停业整顿或者由国家新闻出版广电总局吊销《网络出版服务许可证》。

第五十四条　有下列行为之一的,根据《出版管理条例》第六十七条的规定,由出版行政主管部门责令改正,给予警告;情节严重的,责令限期停业整顿或者由国家新闻出版广电总局吊销《网络出版服务许可证》:

(一)网络出版服务单位变更《网络出版服务许可证》登记事项、资本结构,超出批准的服务范围从事网络出版服务,合并或者分立,设立分支机构,未依据本规定办理审批手续的;

(二)网络出版服务单位未按规定出版涉及重大选题出版物的;

(三)网络出版服务单位擅自中止网络出版服务超过 180 日的;

(四)网络出版物质量不符合有关规定和标准的。

第五十五条　违反本规定第三十四条的,根据《互联网信息服务管理办法》第二十一条的规定,由省级电信主管部门责令改正;情节严重的,责令停业整顿或者暂时关闭网站。

第五十六条　网络出版服务单位未依法向出版行政主管部门报送统计资料的,依据《新闻出版统计管理办法》处罚。

第五十七条　网络出版服务单位违反本规定第二章规定,以欺骗或者贿赂等不正当手段取得许可的,由国家新闻出版广电总局撤销其相应许可。

第五十八条　有下列行为之一的,由出版行政主管部门责令改正,予以警告,并处 3 万元以下罚款:

(一)违反本规定第十条,擅自与境内外中外合资经营、中外合作经营和外资经营的企业进行涉及网络出版服务业务的合作的;

(二)违反本规定第十九条,未标明有关许可信息或者未核验有关网站的《网络出版服务许可证》的;

(三)违反本规定第二十三条,未按规定实行编辑责任制度等管理制度的;

(四)违反本规定第三十一条,未按规定或标准配备应用有关系统、设备或未健全有关管理制度的;

(五)未按本规定要求参加年度核验的;

(六)违反本规定第四十四条,网络出版服务单位的法定代表人或主要负责人未取得《岗位培训合格证书》的;

(七)违反出版行政主管部门关于网络出版其他管理规定的。

第五十九条　网络出版服务单位违反本规定被处以吊销许可证行政处罚的,其法定代表人或者主要负责人自许可证被吊销之日起 10 年内不得担任网络出版服务单位的法定代表人或者主要负责人。

从事网络出版服务的编辑出版等相关专业技术人员及其负责人违反本规定,情节严重的,由原发证机关吊销其资格证书。

第七章　附则

第六十条　本规定所称出版物内容审核责任制度、责任编辑制度、责任校对制度等管理制度,参照《图书质量保障体系》的有关规定执行。

第六十一条　本规定自 2016 年 3 月 10 日起施行。原国家新闻出版总署、信息产业部 2002 年 6 月 27 日颁布的《互联网出版管理暂行规定》同时废止。

26.《互联网电子公告服务管理规定》

2000 年 10 月 8 日,信息产业部令第 3 号发布《互联网电子公告服务管理规定》,自发布之日起施行。

第一条　为了加强对互联网电子公告服务(以下简称电子公告服务)的管理,规范电子公告信息发布行为,维护国家安全和社会稳定,保障公民、法人和其他组织的合法权益,根据《互联网信息服务管理办法》的规定,制定本规定。

第二条　在中华人民共和国境内开展电子公告服务和利用电子公告发布信息,适用本规定。

本规定所称电子公告服务,是指在互联网上以电子布告牌、电子白板、电子论坛、网络聊天室、留言板等交互形式为上网用户提供信息发布条件的行为。

第三条　电子公告服务提供者开展服务活动,应当遵守法律、法规,加强行业自律,接受信息产业部及省、自治区、直辖市电信管理机构和其他有关主管部门依法实施的监督检查。

第四条　上网用户使用电子公告服务系统,应当遵守法律、法规,并对所发布的信息负责。

第五条　从事互联网信息服务,拟开展电子公告服务的,应当在向省、自治区、直辖市电信管理机构或者信息产业部申请经营性互联网信息服务许可或者办理非经营性互联网信息服务备案时,提出专项申请或者专项备案。

省、自治区、直辖市电信管理机构或者信息产业部经审查符合条件的,应当在规定时间内连同互联网信息服务一并予以批准或者备案,并在经营许可证或备案文件中专项注明;不符合条件的,不予批准或者不予备案,书面通知申请人并说明理由。

第六条　开展电子公告服务,除应当符合《互联网信息服务管理办法》规定的条件外,还应当具备下列条件:

(一)有确定的电子公告服务类别和栏目;

(二)有完善的电子公告服务规则;

(三)有电子公告服务安全保障措施,包括上网用户登记程序、上网用户信息安全管理制度、技术保障设施;

(四)有相应的专业管理人员和技术人员,能够对电子公告服务实施有效管理。

第七条　已取得经营许可或者已履行备案手续的互联网信息服务提供者,拟开展电子公告服务的,应当向原许可或者备案机关提出专项申请或者专项备案。

省、自治区、直辖市电信管理机构或者信息产业部,应当自收到专项申请或者专项备案材料之日起 60 日内进行审查完毕。经审查符合条件的,予以批准或者备案,并在经营许可证或备案文件中专项注明;不符合条件的,不予批准或者不予备案,书面通知申请人并说明理由。

第八条　未经专项批准或者专项备案手续,任何单位或者个人不得擅自开展电子公告服务。

第九条　任何人不得在电子公告服务系统中发布含有下列内容之一的信息:

(一)反对宪法所确定的基本原则的;

(二)危害国家安全,泄露国家秘密,颠覆国家政权,破坏国家统一的;

(三)损害国家荣誉和利益的;

(四)煽动民族仇恨、民族歧视,破坏民族团结的;

(五)破坏国家宗教政策,宣扬邪教和封建迷信的;

(六)散布谣言,扰乱社会秩序,破坏社会稳定的;

(七)散布淫秽、色情、赌博、暴力、凶杀、恐怖或者教唆犯罪的;

(八)侮辱或者诽谤他人,侵害他人合法权益的;

(九)含有法律、行政法规禁止的其他内容的。

第十条　电子公告服务提供者应当在电子公告服务系统的显著位置刊载经营许可证编号或者备案编号、电子公告服务规则,并提示上网用户发布信息需要承担的法律责任。

第十一条　电子公告服务提供者应当按照经批准或者备案的类别和栏目提供服务,不得超出类别或者另设栏目提供服务。

第十二条　电子公告服务提供者应当对上网用户的个人信息保密,未经上网用户同意不得向他人泄露,但法律另有规定的除外。

第十三条　电子公告服务提供者发现其电子公告服务系统中出现明显属于本办法第九条所列的信息内容之一的,应当立即删除,保存有关记录,并向国家有关机关报告。

第十四条　电子公告服务提供者应当记录在电子公告服务系统中发布的信息内容及其发布时间、互联网地址或者域名。记录备份应当保存 60 日,并在国家有关机关依法查询时,予以提供。

第十五条　互联网接入服务提供者应当记录上网用户的上网时间、用户账号、互联网地址或者域名、主叫电话号码等信息,记录备份应当保存 60 日,并在国家有关机关依法查询时,予以提供。

第十六条　违反本规定第八条、第十一条的规定,擅自开展电子公告服务或者超出经批准或者备案的类别、栏目提供电子公告服务的,依据《互联网信息服务管理办法》第十九条的规定处罚。

第十七条　在电子公告服务系统中发布本规定第九条规定的信息内容之一的,依据《互联网信息服务管理办法》第二十条的规定处罚。

第十八条　违反本规定第十条的规定,未刊载经营许可证编号或者备案编号、未刊载电子公告服务规则或者未向上网用户作发布信息需要承担法律责任提示的,依据《互联网信息服务管理办法》第二十二条的规定处罚。

第十九条　违反本规定第十二条的规定,未经上网用户同意,向他人非法泄露上网用户个人信息的,由省、自治区、直辖市电信管理机构责令改正;给上网用户造成损害或者损失的,依法承担法律责任。

第二十条　未履行本规定第十三条、第十四条、第十五条规定的义务的,依据《互联网信息服务管理办法》第二十一条、第二十三条的规定处罚。

第二十一条　在本规定施行以前已开展电子公告服务的,应当自本规定施行之日起 60 日内,按照本规定办理专项申请或者专项备案手续。

第二十二条　本规定自发布之日起施行。

2.2.4　规范性文件选编

1.《国家秘密解密暂行办法》

2020 年 6 月 28 日,国家保密局印发《国家秘密解密暂行办法》,自印发之日起施行。

第一章　总则

第一条　为了做好国家秘密解密工作(以下简称解密工作),推动解密工作规范化,根据《中华人民共和国保守国家秘密法》(以下简称保密法)及其实施条例、《国家秘密定密管理暂行规定》,制定本办法。

第二条　国家机关和涉及国家秘密的单位(以下简称机关、单位)的解密工作适用本办法。

第三条　机关、单位应当依法开展解密工作,做到依据充分、程序规范、及时稳妥,既确保国家秘密安全,又便利信息资源合理利用。

第四条　机关、单位应当定期审核所确定的国家秘密,建立保密期限届满提醒制度,对所确定的国家秘密,在保密期限届满前,及时做好解密审核工作。

机关、单位应当建立健全与档案管理、信息公开相结合的解密审核工作机制,明确定密责任人职责和工作要求,做到对所确定的国家秘密保密期限届满前必审核、信息公开前必审核、移交各级国家档案馆前必审核。

第五条　中央和国家机关在其职权范围内依法对本系统、本行业的解密工作进行指导和监督,对发现的问题及时予以纠正。

第六条　保密行政管理部门依法对机关、单位的解密工作进行指导、监督和检查,对发现的问题及时通知纠正。

第二章　解密主体

第七条　国家秘密解密由确定该事项为国家秘密的机关、单位(以下简称原定密机关、单位)负责。其他机关、单位可以向原定密机关、单位提出解密建议。

原定密机关、单位被撤销或者合并的,由承担其职能或者合并后的机关、单位负责解密。没有相应机关、单位的,由原定密机关、单位的上级机关、单位或者同级保密行政管理部门指定的机关、单位负责解密。

第八条　多个机关、单位共同确定的国家秘密,由牵头负责的机关、单位或者文件制发机关、单位负责解密,同时征求其他相关机关、单位的意见。

(决策)议事协调机构、临时性工作机构确定的国家秘密,由承担该机构日常工作的机关、单位,或者牵头成立该机构的机关、单位负责解密。

第九条　下级机关、单位产生的国家秘密,以上级机关、单位名义制发的,由上级机关、单位负责解密。下级机关、单位可以就该国家秘密提出解密建议。

上级机关、单位或者业务主管部门发现下级机关、单位确定的国家秘密应当解密的,可以通知下级机关、单位解密或者直接予以解密。

第十条　对拟移交各级国家档案馆的属于国家秘密的档案,机关、单位应当按照本办法做好解密审核工作。

对已经依法移交到各级国家档案馆的属于国家秘密档案的解密工作,按照国家有关规定执行。

第三章　解密条件

第十一条　明确标注保密期限、解密时间或者解密条件的国家秘密,保密期限已满、解密时间已到或者符合解密条件,且未延长保密期限的,自行解密;解密时间为保密期限届满、解密时间到达或者解密条件达成之时。未明确标注保密期限、解密时间或者解密条件,且未就保密期限作出书面通知的,保密期限按照绝密级三十年、机密级二十年、秘密级十年执行。国家另有规定的,从其规定。

第十二条 国家秘密的保密期限尚未届满、解密时间尚未到达或者解密条件尚未达成,经审核认为符合下列情形之一的,应当及时解密:

(一)保密法律法规或者保密事项范围调整后,有关事项不再属于国家秘密的;

(二)定密时的形势、条件发生变化,有关事项公开后不会损害国家安全和利益、不需要继续保密的;或者根据现行法律、法规和国家有关规定,有关事项应予公开、需要社会公众广泛知晓或者参与的。

符合上述情形国家秘密的解密时间为该事项公开之日或者解密通知注明之日。

第十三条 机关、单位因执行或者办理已定密事项而产生的国家秘密,所执行或者办理的国家秘密解密的,由此产生的国家秘密应当解密。

第十四条 机关、单位经审核认为,国家秘密部分内容符合本办法第十二条、第十三条规定情形,确有必要对该部分内容解密且不影响其他内容继续保密的,可以进行部分解密。

第十五条 保密事项范围明确规定保密期限为长期的国家秘密,不得擅自解密。机关、单位经审核认为确需解密的,应当报规定该保密事项范围的中央和国家机关批准。

第十六条 国家秘密尚未解密的,该国家秘密产生过程中形成的相关涉密事项不得解密。原定密机关、单位认为该相关事项符合解密条件,确有必要解密且解密后不影响国家秘密保密的可以解密。

国家秘密已经解密,但该国家秘密产生过程中形成的相关涉密事项泄露后会损害国家安全和利益的,该相关事项不得解密。

第四章　解密程序

第十七条 国家秘密保密期限届满前,原定密机关、单位应当依法对其进行审核,并履行下列程序:

(一)拟办。承办人依据本办法第十二条、第十三条规定,对某一具体的国家秘密是否解密、何时解密、全部解密或者部分解密、解密后是否作为工作秘密、能否公开等提出意见,作出书面记录(参见附件1),报定密责任人审核。

(二)审定。定密责任人对承办人意见进行审核,作出决定,签署具体意见。机关、单位可以根据工作需要,在定密责任人审核之前增设其他审核把关、论证评估程序。

(三)通知。定密责任人作出解密决定后,机关、单位应当书面通知知悉范围内的机关、单位或者人员,对是否解密,以及解密后作为工作秘密或者予以公开等情况作出说明。解密通知可以单独发布或者以目录形式集中发布。

审核记录应当归档备查。

第十八条 国家秘密解密后正式公布的,机关、单位可以不作书面通知。

第十九条 只标注密级没有标注保密期限的国家秘密,经审核决定按原密级继续保密或者决定变更密级后继续保密的,机关、单位应当按照国家秘密变更程序重新确定保密期限、解密时间或者解密条件,并在书面通知中说明该保密期限、解密时间或者解密条件的起算时间。

没有说明起算时间的,自通知印发之日起计算。

延长保密期限使累计保密期限超过保密事项范围规定的,应当报制定该保密事项范围的中央和国家机关批准,中央和国家机关应当在接到报告后三十日内作出决定。

第二十条　对涉密程度高、涉及面广、内容复杂的国家秘密,机关、单位可以就解密事宜组织论证、评估,提出意见建议,供定密责任人参考。

论证、评估意见应当记入解密审核记录,或者作为解密审核记录附件一并归档保存。

第二十一条　国家秘密有关内容涉及其他机关、单位的,应当就解密事宜征求其他机关、单位的意见。

征求意见情况应当记入解密审核记录,或者作为解密审核记录附件一并归档保存。

第二十二条　国家秘密产生过程中形成的相关涉密事项应当与国家秘密一并进行解密审核,同时作出书面记录。

第五章　解密后管理

第二十三条　国家秘密解密后,原定密机关、单位,使用以及保管该事项的机关、单位或者人员,应当在原国家秘密标志附近作出相应标志(参见附件 2)。无法作出相应标志的,应当以其他方式对解密情况作出说明。

第二十四条　机关、单位可以建立已解密事项统一发布或者查阅平台,在适当范围内集中发布已解密事项目录或者内容。

第二十五条　国家秘密事项已解密,但符合工作秘密条件的,应当确定为工作秘密,未经原定密机关、单位同意不得擅自公开。

机关、单位公开已解密事项,应当履行相关审查程序;公开已解密事项,不得保留国家秘密标志。涉密档案资料公开形式按照国家有关规定办理。

第二十六条　机关、单位应当将本机关、本单位解密情况纳入国家秘密事项统计范围,每年向同级保密行政管理部门报告。

下一级保密行政管理部门应当将本行政区域年度解密工作情况纳入定密工作情况报告范围,每年向上一级保密行政管理部门报告。

第六章　附则

第二十七条　2010 年 10 月 1 日保密法修订施行前产生的国家秘密,原定密机关、单位应当组织进行解密审核,符合本办法规定的解密条件的,予以解密;解密后符合工作秘密条件的,确定为工作秘密进行管理;需要继续保密的,应当重新履行定密程序,并及时做好书面通知等相关工作。

第二十八条　本办法由国家保密局负责解释。

第二十九条　本办法自印发之日起施行。

附件:(略)

2.《关于国家秘密载体保密管理的规定》

2000 年 12 月 7 日,中共中央办公厅、国务院办公厅以"厅字〔2000〕58 号",转发《中共中央保密委员会办公室、国家保密局关于国家秘密载体保密管理的规定》,《关于国家秘密载体保密管理的规定》自 2001 年 1 月 1 日起施行。

第一章　总则

第一条　为加强国家秘密载体的保密管理,确保国家秘密的安全,根据《中华人民共和国保守国家秘密法》及其实施办法,制定本规定。

第二条　本规定所称国家秘密载体(以下简称秘密载体),是指以文字、数据、符号、图形、图像、声音等方式记载国家秘密信息的纸介质、磁介质、光盘等各类物品。磁介质载体包括计算机硬盘、软盘和录音带、录像带等。

第三条　本规定适用于负责制作、收发、传递、使用、保存和销毁秘密载体的所有机关、单位(以下统称涉密机关、单位)。

第四条　秘密载体的保密管理,遵循严格管理、严密防范、确保安全、方便工作的原则。

第五条　涉密机关、单位应当指定专门机构或人员负责本机关、单位秘密载体的日常管理工作。

第六条　各级保密工作部门对所辖行政区域内涉密机关、单位执行本规定负有指导、监督、检查的职责。

上级机关对下级机关、单位执行本规定负有指导、监督、检查的职责。

涉密机关、单位的保密工作机构对本机关、单位执行本规定负有指导、监督、检查的职责。

第二章　秘密载体的制作

第七条　制作秘密载体,应当依照有关规定标明密级和保密期限,注明发放范围及制作数量,绝密级、机密级的应当编排顺序号。

第八条　纸介质秘密载体应当在本机关、单位内部文印室或保密工作部门审查批准的定点单位印制。

磁介质、光盘等秘密载体应当在本机关、单位内或保密工作部门审查批准的单位制作。

第九条　制作秘密载体过程中形成的不需归档的材料,应当及时销毁。

第十条　制作秘密载体的场所应当符合保密要求。使用电子设备的应当采取防电磁泄漏的保密措施。

第三章　秘密载体的收发与传递

第十一条　收发秘密载体,应当履行清点、登记、编号、签收等手续。

第十二条　传递秘密载体,应当选择安全的交通工具和交通路线,并采取相应的安全保密措施。

第十三条　传递秘密载体,应当包装密封;秘密载体的信封或者袋牌上应当标明密级、编号和收发件单位名称。

使用信封封装绝密级秘密载体时,应当使用由防透视材料制作的、周边缝有韧线的信封,信封的封口及中缝处应当加盖密封章或加贴密封条;使用袋子封装时,袋子的接缝处应当使用双线缝纫,袋口应当用铅志进行双道密封。

第十四条　传递秘密载体,应当通过机要交通、机要通信或者指派专人进行,不得通过普通邮政或非邮政渠道传递;设有机要文件交换站的城市,在市内传递机密级、秘密级秘密载体,可以通过机要文件交换站进行。

第十五条　传递绝密级秘密载体,必须按下列规定办理:

(一)送往外地的绝密级秘密载体,通过机要交通、机要通信递送。

中央部级以上,省(自治区、直辖市)、计划单列市厅级以上和解放军驻直辖市、省会(首府)、计划单列市的军级以上单位及经批准地区的要害部门相互来往的绝密级秘密载体,由机要交通传递。

不属于以上范围的绝密级秘密载体由机要通信传递。

(二)在本地传递绝密级秘密载体,由发件或收件单位派专人直接传递。

(三)传递绝密级秘密载体,实行二人护送制。

第十六条　向我驻外机构传递秘密载体,应当按照有关规定履行审批手续,通过外交信使传递。

第十七条　采用现代通信及计算机网络等手段传输国家秘密信息,应当遵守有关保密规定。

第四章　秘密载体的使用

第十八条　涉密机关、单位收到秘密载体后,由主管领导根据秘密载体的密级和制发机关、单位的要求及工作的实际需要,确定本机关、单位知悉该国家秘密人员的范围。任何机关、单位和个人不得擅自扩大国家秘密的知悉范围。

涉密机关、单位收到绝密级秘密载体后,必须按照规定的范围组织阅读和使用,并对接触和知悉绝密级秘密载体内容的人员做出文字记载。

第十九条　阅读和使用秘密载体应当在符合保密要求的办公场所进行;确需在办公场所以外阅读和使用秘密载体的,应当遵守有关保密规定。

阅读和使用绝密级秘密载体必须在指定的符合保密要求的办公场所进行。

第二十条　阅读和使用秘密载体,应当办理登记、签收手续,管理人员要随时掌握秘密载体的去向。

第二十一条　传达国家秘密时,凡不准记录、录音、录像的,传达者应当事先申明。

第二十二条　复制秘密载体,应当按照下列规定办理:

(一)复制绝密级秘密载体,应当经密级确定机关、单位或其上级机关批准;

(二)复制制发机关、单位允许复制的机密、秘密级秘密载体,应当经本机关、单位的主管领导批准;

(三)复制秘密载体,不得改变其密级、保密期限和知悉范围;

(四)复制秘密载体,应当履行登记手续;复制件应当加盖复制机关、单位的戳记,并视同原件管理;

(五)涉密机关、单位不具备复制条件的,应当到保密工作部门审查批准的定点单位复制秘密载体。

第二十三条　汇编秘密文件、资料,应当经原制发机关、单位批准,未经批准不得汇编。

经批准汇编秘密文件、资料时,不得改变原件的密级、保密期限和知悉范围;确需改变的,应当经原制发机关、单位同意。

汇编秘密文件、资料形成的秘密载体,应当按其中的最高密级和最长保密期限标志和管理。

第二十四条　摘录、引用国家秘密内容形成的秘密载体,应当按原件的密级、保密期限和知悉范围管理。

第二十五条　因工作确需携带秘密载体外出,应当符合下列要求:

(一)采取保护措施,使秘密载体始终处于携带人的有效控制之下;

(二)携带绝密级秘密载体应当经本机关、单位主管领导批准,并有二人以上同行;

(三)参加涉外活动不得携带秘密载体;因工作确需携带的,应当经本机关、单位主管领导批准,并采取严格的安全保密措施;禁止携带绝密级秘密载体参加涉外活动。

第二十六条　禁止将绝密级秘密载体携带出境;因工作需要携带机密级、秘密级秘密载体出境的,应当按照有关保密规定办理批准和携带手续。

携带涉密便携式计算机出境,按前款规定办理。

第五章　秘密载体的保存

第二十七条　保存秘密载体,应当选择安全保密的场所和部位,并配备必要的保密设备。

绝密级秘密载体应当在安全可靠的保密设备中保存,并由专人管理。

第二十八条　工作人员离开办公场所,应当将秘密载体存放在保密设备里。

第二十九条　涉密机关、单位每年应定期对当年所存秘密载体进行清查、核对,发现问题及时向保密工作部门报告。

按照规定应当清退的秘密载体,应及时如数清退,不得自行销毁。

第三十条　涉密人员、秘密载体管理人员离岗、离职前,应当将所保管的秘密载体全部清退,并办理移交手续。

第三十一条　需要归档的秘密载体,应当按照国家有关档案法律规定归档。

第三十二条　被撤销或合并的涉密机关、单位,应当将秘密载体移交给承担其原职能的机关、单位或上级机关,并履行登记、签收手续。

第六章　秘密载体的销毁

第三十三条　销毁秘密载体,应当经本机关、单位主管领导审核批准,并履行清点、登记手续。

第三十四条　销毁秘密载体,应当确保秘密信息无法还原。

销毁纸介质秘密载体,应当采用焚毁、化浆等方法处理;使用碎纸机销毁的,应当使用符合保密要求的碎纸机;送造纸厂销毁的,应当送保密工作部门指定的厂家销毁,并由送件单位二人以上押运和监销。

销毁磁介质、光盘等秘密载体,应当采用物理或化学的方法彻底销毁。

第三十五条　禁止将秘密载体作为废品出售。

第七章　罚则

第三十六条　涉密人员或秘密载体的管理人员违反本规定,情节轻微的,由本机关、单位的保密工作机构给予批评教育;情节严重、造成重大泄密隐患的,保密工作部门应当给予通报批评,所在单位应当将其调离涉密岗位。

涉密机关、单位违反本规定造成泄密隐患的,由其所在行政区域的保密工作部门或所在系统的上级保密工作机构发出限期整改通知书;该机关、单位应当在接到通知书后 30 日内提出整改方案和措施,消除泄密隐患,并向保密工作部门或保密工作机构写出书面报告。

第三十七条　违反本规定泄露国家秘密的,按照有关规定给予责任人行政或党纪处分;情节严重构成犯罪的,依法追究刑事责任。

第八章　附则

第三十八条　用于记录秘密载体收发、使用、清退、销毁的登记簿,应当由有关部门指定专人妥善保管。

第三十九条　国家秘密设备和产品按照《国家秘密设备、产品的保密规定》管理。

第四十条　本规定由国家保密局负责解释。

第四十一条　本规定自 2001 年 1 月 1 日起施行。已有的秘密载体保密管理规定,凡与本规定不一致的,以本规定为准。

3.《国家秘密载体出境保密管理规定》

2017 年 6 月 20 日,国家保密局、外交部、海关总署(国保发〔2017〕30 号)发布《国家秘密载体出境保密管理规定》,自印发之日起施行。

第一条　为加强国家秘密载体出境保密管理,确保国家秘密安全,根据《中华人民共和国保守国家秘密法》及其实施条例,制定本规定。

第二条　本规定所称国家秘密载体,是指以文字、数据、符号、图形、图像、声音等方式记载国家秘密信息的纸介质、光介质、电磁介质等各类物品。

第三条　国家机关和涉及国家秘密的单位(以下简称机关、单位)因工作需要携带、传递国家秘密载体至中华人民共和国境外(不含香港、澳门和台湾地区)的保密管理,适用本规定。

第四条　国家秘密载体出境应当坚持工作需要、规范审批、严格管理原则,既确保国家秘密安全,又便利对外交流合作各项工作开展。

第五条　国家秘密载体出境应当通过外交信使(含临时信使)携带、传递。

陪同党和国家领导人乘坐国内专机或者包机出境,以及执行国家重要外交任务、可免于入境国海关查验的出访团组,可以自行携带国家秘密载体。

国家安全机关确因工作需要自行携带、传递国家秘密载体出境的,应当采取安全保密的方式携运。

第六条　严禁通过邮寄、托运等无保密措施的渠道传递国家秘密载体出境。

除本规定第五条第二款、第三款规定的情形外,严禁任何个人违规携带国家秘密载体出境。

第七条　中央国家机关、中央管理企业携带、传递国家秘密载体出境,由本机关、本单位审查批准。

地方各级机关、单位携带、传递国家秘密载体出境,由所在地省(自治区、直辖市)有关业务主管部门审查批准。业务主管部门不明确的,由所在地省(自治区、直辖市)保密行政管理部门审查批准。

第八条　机关、单位申请国家秘密载体出境,应当将国家秘密载体送有关主管部门,并提供下列材料:

(一)申报审查的公文(含国家秘密载体出境事由及必要性的说明);

(二)国家秘密载体的类型、密级、知悉范围、保密期限的说明;

(三)国家秘密载体在境外使用的期限、保密措施、风险评估及泄密应急措施的说明;

(四)其他需要提供的材料。

第九条 对机关、单位提出的国家秘密载体出境申请,具有审批职责的主管部门应当自收到申请之日起 10 个工作日内完成审查,并经本机关、本单位负责人同意后,作出批准或者不予批准的书面决定。

第十条 绝密级国家秘密载体原则上不得出境。机关、单位确因工作需要携带、传递绝密级国家秘密载体出境的,由中央有关业务主管部门审查批准。业务主管部门不明确的,由国家保密行政管理部门审查批准。

第十一条 作出批准决定的主管部门应当将批准文书和国家秘密载体通过机要交通、机要通信或者指派专人送外交部门,并按照外交部门有关规定办理外交信使(含临时信使)携运手续。

属于本规定第五条第二款、第三款规定情形,需要自行携带、传递国家秘密载体出境的,作出批准决定的主管部门应当事先通知海关,由海关办理验放手续。

第十二条 外交信使(含临时信使)应当根据国家秘密载体的密级、数量、形式,采取相应的携运方式和保密措施,确保国家秘密载体携运过程安全保密。

第十三条 国家秘密载体由外交信使(含临时信使)携运至境外后,机关、单位应当到驻外使(领)馆办理签收手续,并指定专人随身携带保管,不得带到与公务活动无关的场所。必要时,可以存放在我驻外使(领)馆或者驻外机构符合安全保密要求的场所。

携带国家秘密载体在境外驻留,应当选择具备安全保密条件的场所;每次离开驻留场所前,应当进行彻底清理,确保不遗留任何国家秘密载体。

第十四条 在境外携带国家秘密载体外出,应当采取保护措施,确保国家秘密载体始终处于携带人的有效控制之下。

携带绝密级国家秘密载体外出,应当有 2 人以上同行,并对接触绝密级国家秘密载体的人员作出书面记录。

第十五条 国家秘密载体需要在境外销毁的,应当在驻外使(领)馆或者驻外机构符合安全保密要求的场所进行,使用的销毁设备和方法应当符合国家保密标准。

需要带回境内的,应当到驻外使(领)馆履行相关手续,由外交信使(含临时信使)携带、传递回境内。

第十六条 海关在进出境活动监管中发现非法携带、传递国家秘密载体的,应当依法处理,并将有关国家秘密载体移交出境地省(自治区、直辖市)保密行政管理部门进一步调查处理。

第十七条 保密行政管理部门对海关发现、公民举报或者机关、单位报告的非法携带、传递国家秘密载体出境的线索,应当依法及时调查,或者组织、督促有关机关、单位调查处理;构成犯罪的,移送司法机关处理。

第十八条 未经审查批准,携带、传递国家秘密载体出境的,由有关机关、单位对直接负责的主管人员和其他直接责任人员依纪依法给予处分;构成犯罪的,依法追究刑事责任。

第十九条 涉及国家秘密的密码载体和密码设备出境的保密管理,按照密码管理有关规定执行。

属于国家秘密的产品、设备出境的保密管理,参照本规定执行。

第二十条　军队系统携带、传递国家秘密载体出境的保密管理办法,由中国人民解放军保密委员会制定。

第二十一条　携带、传递国家秘密载体至香港、澳门和台湾地区的保密管理办法,由国家有关主管部门会同国家保密行政管理部门另行制定。

第二十二条　本规定由国家保密局负责解释。

第二十三条　本规定自印发之日起施行。国家保密局、海关总署 1994 年 12 月 8 日发布的《关于禁止邮寄或非法携运国家秘密文件、资料和其他物品出境的规定》(国保发〔1994〕17 号)和 1995 年 3 月 20 日发布的《〈关于禁止邮寄或非法携运国家秘密文件、资料和其他物品出境的规定〉的工作办法》(国保发〔1995〕12 号)同时废止。其他有关规定与本规定不一致的,以本规定为准。

4.《计算机信息系统保密管理暂行规定》

1998 年 2 月 26 日,国家保密局(国保发〔1998〕1 号)发布《计算机信息系统保密管理暂行规定》,自发布之日起施行。

第一章　总则

第一条　为保护计算机信息系统处理的国家秘密安全,根据《中华人民共和国保守国家秘密法》,制定本规定。

第二条　本规定适用于采集、存储、处理、传递、输出国家秘密信息的计算机系统。

第三条　国家保密局主管全国计算机信息系统的保密工作。

各级保密部门和中央、国家机关保密工作机构主管本地区、本部门的计算机信息系统的保密工作。

第二章　涉密系统

第四条　规划和建设计算机信息系统,应当同步规划落实相应的保密设施。

第五条　计算机信息系统的研制、安装和使用,必须符合保密要求。

第六条　计算机信息系统应当采取有效的保密措施,配置合格的保密专用设备,防泄密、防窃密。所采取的保密措施应与所处理信息的密级要求相一致。

第七条　计算机信息系统联网应当采取系统访问控制、数据保护和系统安全保密监控管理等技术措施。

第八条　计算机信息系统的访问应当按照权限控制,不得进行越权操作。未采取技术安全保密措施的数据库不得联网。

第三章　涉密信息

第九条　涉密信息和数据必须按照保密规定进行采集、存储、处理、传递、使用和销毁。

第十条　计算机信息系统存储、处理、传递、输出的涉密信息要有相应的密级标识,密级标识不能与正文分离。

第十一条　国家秘密信息不得在与国际网络联网的计算机信息系统中存储、处理、传递。

第四章　涉密媒体

第十二条　存储国家秘密信息的计算机媒体,应按所存储信息的最高密级标明密级,并按相应密级的文件进行管理。

存储在计算机信息系统内的国家秘密信息应当采取保护措施。

第十三条　存储过国家秘密信息的计算机媒体不能降低密级使用。不再使用的媒体应及时销毁。

第十四条　存储过国家秘密信息的计算机媒体的维修应保证所存储的国家秘密信息不被泄露。

第十五条　计算机信息系统打印输出的涉密文件,应当按相应密级的文件进行管理。

第五章　涉密场所

第十六条　涉密信息处理场所应当按照国家的有关规定,与境外机构驻地、人员住所保持相应的安全距离。

第十七条　涉密信息处理场所应当根据涉密程度和有关规定设立控制区,未经管理机关批准无关人员不得进入。

第十八条　涉密信息处理场所应当定期或者根据需要进行保密技术检查。

第十九条　计算机信息系统应采取相应的防电磁信息泄露的保密措施。

第二十条　计算机信息系统的其他物理安全要求应符合国家有关保密标准。

第六章　系统管理

第二十一条　计算机信息系统的保密管理应实行领导负责制,由使用计算机信息系统的单位的主管领导负责本单位的计算机信息系统的保密工作,并指定有关机构和人员具体承办。

各单位的保密工作机构协助本单位的领导对计算机信息系统的保密工作进行指导、协调、监督和检查。

第二十二条　计算机信息系统的使用单位应根据系统所处理的信息涉密等级和重要性制订相应的管理制度。

第二十三条　各级保密部门应依照有关法规和标准对本地区的计算机信息系统进行保密技术检查。

第二十四条　计算机信息系统的系统安全保密管理人员应经过严格审查,定期进行考核,并保持相对稳定。

第二十五条　各单位保密工作机构应对计算机信息系统的工作人员进行上岗前的保密培训,并定期进行保密教育和检查。

第二十六条　任何单位和个人发现计算机信息系统泄密后,应及时采取补救措施,并按有关规定及时向上级报告。

第七章　奖惩

第二十七条　对在计算机信息系统保密工作中做出显著成绩的单位和人员应给予奖励。

第二十八条　违反本规定,由保密部门和保密机构责令其停止使用,限期整改,经保密部门、机构审查、验收合格后,方可使用。

第二十九条　违反本规定泄露国家秘密,依据《中华人民共和国保守国家秘密法》及其实施办法进行处理,并追究单位领导的责任。

第八章　附则

第三十条　军队的计算机信息系统保密工作按军队的有关规定执行。

第三十一条　本规定自发布之日起施行。

5.《计算机信息系统国际联网保密管理规定》

1999 年 12 月 27 日,国家保密局(国保发〔1999〕10 号)公布《计算机信息系统国际联网保密管理规定》,自 2000 年 1 月 1 日起施行。

第一章　总则

第一条　为了加强计算机信息系统国际联网的保密管理,确保国家秘密的安全,根据《中华人民共和国保守国家秘密法》和国家有关法规的规定,制定本规定。

第二条　计算机信息系统国际联网,是指中华人民共和国境内的计算机信息系统为实现信息的国际交流,同外国的计算机信息网络相联接。

第三条　凡进行国际联网的个人、法人和其他组织(以下统称用户),互联单位和接入单位,都应当遵守本规定。

第四条　计算机信息系统国际联网的保密管理,实行控制源头、归口管理、分级负责、突出重点、有利发展的原则。

第五条　国家保密工作部门主管全国计算机信息系统国际联网的保密工作。县级以上地方各级保密工作部门,主管本行政区域内计算机信息系统国际联网的保密工作。中央国家机关在其职权范围内,主管或指导本系统计算机信息系统国际联网的保密工作。

第二章　保密制度

第六条　涉及国家秘密的计算机信息系统,不得直接或间接地与国际互联网或其他公共信息网络相联接,必须实行物理隔离。

第七条　涉及国家秘密的信息,包括在对外交往与合作中经审查、批准与境外特定对象合法交换的国家秘密信息,不得在国际联网的计算机信息系统中存储、处理、传递。

第八条　上网信息的保密管理坚持"谁上网谁负责"的原则。凡向国际联网的站点提供或发布信息,必须经过保密审查批准。保密审批实行部门管理,有关单位应当根据国家保密法规,建立健全上网信息保密审批领导责任制。提供信息的单位应当按照一定的工作程序,健全信息保密审批制度。

第九条　凡以提供网上信息服务为目的而采集的信息,除在其他新闻媒体上已公开发表的,组织者在上网发布前,应当征得提供信息单位的同意;凡对网上信息进行扩充或更新,应当认真执行信息保密审核制度。

第十条　凡在网上开设电子公告系统、聊天室、网络新闻组的单位和用户,应由相应的保密工作机构审批,明确保密要求和责任。任何单位和个人不得在电子公告系统、聊天室、网络新闻组上发布、谈论和传播国家秘密信息。

面向社会开放的电子公告系统、聊天室、网络新闻组,开办人或其上级主管部门应认真履行保密义务,建立完善的管理制度,加强监督检查。发现有涉密信息,应及时采取措施,并报告当地保密工作部门。

第十一条　用户使用电子函件进行网上信息交流,应当遵守国家有关保密规定,不得利用电子函件传递、转发或抄送国家秘密信息。

互联单位、接入单位对其管理的邮件服务器的用户,应当明确保密要求,完善管理制度。

第十二条　互联单位和接入单位,应当把保密教育作为国际联网技术培训的重要内容。互联单位与接入单位、接入单位与用户所签定的协议和用户守则中,应当明确规定遵守国家保密法律,不得泄露国家秘密信息的条款。

第三章　保密监督

第十三条　各级保密工作部门应当有相应机构或人员负责计算机信息系统国际联网的保密管理工作,应当督促互联单位、接入单位及用户建立健全信息保密管理制度,监督、检查国际联网保密管理制度规定的执行情况。

对于没有建立信息保密管理制度或责任不明、措施不力、管理混乱,存在明显威胁国家秘密信息安全隐患的部门或单位,保密工作部门应责令其进行整改,整改后仍不符合保密要求的,应当督促其停止国际联网。

第十四条　各级保密工作部门,应当加强计算机信息系统国际联网的保密检查,依法查处各种泄密行为。

第十五条　互联单位、接入单位和用户,应当接受并配合保密工作部门实施的保密监督检查,协助保密工作部门查处利用国际联网泄露国家秘密的违法行为,并根据保密工作部门的要求,删除网上涉及国家秘密的信息。

第十六条　互联单位、接入单位和用户,发现国家秘密泄露或可能泄露情况时,应当立即向保密工作部门或机构报告。

第十七条　各级保密工作部门和机构接到举报或检查发现网上有泄密情况时,应当立即组织查处,并督促有关部门及时采取补救措施,监督有关单位限期删除网上涉及国家秘密的信息。

第四章　附则

第十八条　与香港、澳门特别行政区和台湾地区联网的计算机信息系统的保密管理,参照本规定执行。

第十九条　军队的计算机信息系统国际联网保密管理工作,可根据本规定制定具体规定执行。

第二十条　本规定自 2000 年 1 月 1 日起施行。

6.《科学数据管理办法》

2018 年 3 月 17 日,国务院办公厅(国办发〔2018〕17 号)印发《科学数据管理办法》,自印发之日起施行。

第一章 总则

第一条 为进一步加强和规范科学数据管理,保障科学数据安全,提高开放共享水平,更好支撑国家科技创新、经济社会发展和国家安全,根据《中华人民共和国科学技术进步法》《中华人民共和国促进科技成果转化法》和《政务信息资源共享管理暂行办法》等规定,制定本办法。

第二条 本办法所称科学数据主要包括在自然科学、工程技术科学等领域,通过基础研究、应用研究、试验开发等产生的数据,以及通过观测监测、考察调查、检验检测等方式取得并用于科学研究活动的原始数据及其衍生数据。

第三条 政府预算资金支持开展的科学数据采集生产、加工整理、开放共享和管理使用等活动适用本办法。

任何单位和个人在中华人民共和国境内从事科学数据相关活动,符合本办法规定情形的,按照本办法执行。

第四条 科学数据管理遵循分级管理、安全可控、充分利用的原则,明确责任主体,加强能力建设,促进开放共享。

第五条 任何单位和个人从事科学数据采集生产、使用、管理活动应当遵守国家有关法律法规及部门规章,不得利用科学数据从事危害国家安全、社会公共利益和他人合法权益的活动。

第二章 职责

第六条 科学数据管理工作实行国家统筹、各部门与各地区分工负责的体制。

第七条 国务院科学技术行政部门牵头负责全国科学数据的宏观管理与综合协调,主要职责是:

(一)组织研究制定国家科学数据管理政策和标准规范;

(二)协调推动科学数据规范管理、开放共享及评价考核工作;

(三)统筹推进国家科学数据中心建设和发展;

(四)负责国家科学数据网络管理平台建设和数据维护。

第八条 国务院相关部门、省级人民政府相关部门(以下统称主管部门)在科学数据管理方面的主要职责是:

(一)负责建立健全本部门(本地区)科学数据管理政策和规章制度,宣传贯彻落实国家科学数据管理政策;

(二)指导所属法人单位加强和规范科学数据管理;

(三)按照国家有关规定做好或者授权有关单位做好科学数据定密工作;

(四)统筹规划和建设本部门(本地区)科学数据中心,推动科学数据开放共享;

(五)建立完善有效的激励机制,组织开展本部门(本地区)所属法人单位科学数据工作的评价考核。

第九条 有关科研院所、高等院校和企业等法人单位(以下统称法人单位)是科学数据管理的责任主体,主要职责是:

(一)贯彻落实国家和部门(地方)科学数据管理政策,建立健全本单位科学数据相关管理

制度;

（二）按照有关标准规范进行科学数据采集生产、加工整理和长期保存,确保数据质量;

（三）按照有关规定做好科学数据保密和安全管理工作;

（四）建立科学数据管理系统,公布科学数据开放目录并及时更新,积极开展科学数据共享服务;

（五）负责科学数据管理运行所需软硬件设施等条件、资金和人员保障。

第十条　科学数据中心是促进科学数据开放共享的重要载体,由主管部门委托有条件的法人单位建立,主要职责是:

（一）承担相关领域科学数据的整合汇交工作;

（二）负责科学数据的分级分类、加工整理和分析挖掘;

（三）保障科学数据安全,依法依规推动科学数据开放共享;

（四）加强国内外科学数据方面交流与合作。

第三章　采集、汇交与保存

第十一条　法人单位及科学数据生产者要按照相关标准规范组织开展科学数据采集生产和加工整理,形成便于使用的数据库或数据集。

法人单位应建立科学数据质量控制体系,保证数据的准确性和可用性。

第十二条　主管部门应建立科学数据汇交制度,在国家统一政务网络和数据共享交换平台的基础上开展本部门(本地区)的科学数据汇交工作。

第十三条　政府预算资金资助的各级科技计划(专项、基金等)项目所形成的科学数据,应由项目牵头单位汇交到相关科学数据中心。接收数据的科学数据中心应出具汇交凭证。

各级科技计划(专项、基金等)管理部门应建立先汇交科学数据、再验收科技计划(专项、基金等)项目的机制;项目/课题验收后产生的科学数据也应进行汇交。

第十四条　主管部门和法人单位应建立健全国内外学术论文数据汇交的管理制度。

利用政府预算资金资助形成的科学数据撰写并在国外学术期刊发表论文时需对外提交相应科学数据的,论文作者应在论文发表前将科学数据上交至所在单位统一管理。

第十五条　社会资金资助形成的涉及国家秘密、国家安全和社会公共利益的科学数据必须按照有关规定予以汇交。

鼓励社会资金资助形成的其他科学数据向相关科学数据中心汇交。

第十六条　法人单位应建立科学数据保存制度,配备数据存储、管理、服务和安全等必要设施,保障科学数据完整性和安全性。

第十七条　法人单位应加强科学数据人才队伍建设,在岗位设置、绩效收入、职称评定等方面建立激励机制。

第十八条　国务院科学技术行政部门应加强统筹布局,在条件好、资源优势明显的科学数据中心基础上,优化整合形成国家科学数据中心。

第四章　共享与利用

第十九条　政府预算资金资助形成的科学数据应当按照开放为常态、不开放为例外的原则,由主管部门组织编制科学数据资源目录,有关目录和数据应及时接入国家数据共享交换平台,面向社会和相关部门开放共享,畅通科学数据军民共享渠道。国家法律法规有特殊规定的除外。

第二十条　法人单位要对科学数据进行分级分类,明确科学数据的密级和保密期限、开放条件、开放对象和审核程序等,按要求公布科学数据开放目录,通过在线下载、离线共享或定制服务等方式向社会开放共享。

第二十一条　法人单位应根据需求,对科学数据进行分析挖掘,形成有价值的科学数据产品,开展增值服务。鼓励社会组织和企业开展市场化增值服务。

第二十二条　主管部门和法人单位应积极推动科学数据出版和传播工作,支持科研人员整理发表产权清晰、准确完整、共享价值高的科学数据。

第二十三条　科学数据使用者应遵守知识产权相关规定,在论文发表、专利申请、专著出版等工作中注明所使用和参考引用的科学数据。

第二十四条　对于政府决策、公共安全、国防建设、环境保护、防灾减灾、公益性科学研究等需要使用科学数据的,法人单位应当无偿提供;确需收费的,应按照规定程序和非营利原则制定合理的收费标准,向社会公布并接受监督。

对于因经营性活动需要使用科学数据的,当事人双方应当签订有偿服务合同,明确双方的权利和义务。

国家法律法规有特殊规定的,遵从其规定。

第五章　保密与安全

第二十五条　涉及国家秘密、国家安全、社会公共利益、商业秘密和个人隐私的科学数据,不得对外开放共享;确需对外开放的,要对利用目的、用户资质、保密条件等进行审查,并严格控制知悉范围。

第二十六条　涉及国家秘密的科学数据的采集生产、加工整理、管理和使用,按照国家有关保密规定执行。主管部门和法人单位应建立健全涉及国家秘密的科学数据管理与使用制度,对制作、审核、登记、拷贝、传输、销毁等环节进行严格管理。

对外交往与合作中需要提供涉及国家秘密的科学数据的,法人单位应明确提出利用数据的类别、范围及用途,按照保密管理规定程序报主管部门批准。经主管部门批准后,法人单位按规定办理相关手续并与用户签订保密协议。

第二十七条　主管部门和法人单位应加强科学数据全生命周期安全管理,制定科学数据安全保护措施;加强数据下载的认证、授权等防护管理,防止数据被恶意使用。

对于需对外公布的科学数据开放目录或需对外提供的科学数据,主管部门和法人单位应建立相应的安全保密审查制度。

第二十八条　法人单位和科学数据中心应按照国家网络安全管理规定,建立网络安全保障体系,采用安全可靠的产品和服务,完善数据管控、属性管理、身份识别、行为追溯、黑名单等管理措施,健全防篡改、防泄露、防攻击、防病毒等安全防护体系。

第二十九条　科学数据中心应建立应急管理和容灾备份机制,按照要求建立应急管理系统,对重要的科学数据进行异地备份。

第六章　附则

第三十条　主管部门和法人单位应建立完善科学数据管理和开放共享工作评价考核

制度。

第三十一条 对于伪造数据、侵犯知识产权、不按规定汇交数据等行为,主管部门可视情节轻重对相关单位和责任人给予责令整改、通报批评、处分等处理或依法给予行政处罚。

对违反国家有关法律法规的单位和个人,依法追究相应责任。

第三十二条 主管部门可参照本办法,制定具体实施细则。涉及国防领域的科学数据管理制度,由有关部门另行规定。

第三十三条 本办法自印发之日起施行。

7.《互联网站从事登载新闻业务管理暂行规定》

2000年11月6日,国务院新闻办公室、信息产业部发布《互联网站从事登载新闻业务管理暂行规定》,自发布之日起施行。

第一条 为了促进我国互联网新闻传播事业的发展,规范互联网站登载新闻的业务,维护互联网新闻的真实性、准确性、合法性,制定本规定。

第二条 本规定适用于在中华人民共和国境内从事登载新闻业务的互联网站。

本规定所称登载新闻,是指通过互联网发布和转载新闻。

第三条 互联网站从事登载新闻业务,必须遵守宪法和法律、法规。

国家保护互联网站从事登载新闻业务的合法权益。

第四条 国务院新闻办公室负责全国互联网站从事登载新闻业务的管理工作。

省、自治区、直辖市人民政府新闻办公室依照本规定负责本行政区域内互联网站从事登载新闻业务的管理工作。

第五条 中央新闻单位、中央国家机关各部门新闻单位以及省、自治区、直辖市和省、自治区人民政府所在地的市直属新闻单位依法建立的互联网站(以下简称新闻网站),经批准可以从事登载新闻业务。其他新闻单位不单独建立新闻网站,经批准可以在中央新闻单位或者省、自治区、直辖市直属新闻单位建立的新闻网站建立新闻网页从事登载新闻业务。

第六条 新闻单位建立新闻网站(页)从事登载新闻业务,应当依照下列规定报国务院新闻办公室或者省、自治区、直辖市人民政府新闻办公室审核批准:

(一)中央新闻单位建立新闻网站从事登载新闻业务,报国务院新闻办公室审核批准。

(二)中央国家机关各部门新闻单位建立新闻网站从事登载新闻业务,经主管部门审核同意,报国务院新闻办公室批准。

(三)省、自治区、直辖市和省、自治区人民政府所在地的市直属新闻单位建立新闻网站从事登载新闻业务,经所在地省、自治区、直辖市人民政府新闻办公室审核同意,报国务院新闻办公室批准。

(四)省、自治区、直辖市以下新闻单位在中央新闻单位或者省、自治区、直辖市直属新闻单位的新闻网站建立新闻网页从事登载新闻业务,报所在地省、自治区、直辖市人民政府新闻办公室审核批准,并报国务院新闻办公室备案。

第七条 非新闻单位依法建立的综合性互联网站(以下简称综合性非新闻单位网站),具备本规定第九条所列条件的,经批准可以从事登载中央新闻单位、中央国家机关各部门新闻单位以及省、自治区、直辖市直属新闻单位发布的新闻的业务,但不得登载自行采写的新闻和其他来源的新闻。非新闻单位依法建立的其他互联网站,不得从事登载新闻业务。

第八条 综合性非新闻单位网站依照本规定第七条从事登载新闻业务,应当经主办单位所在地省、自治区、直辖市人民政府新闻办公室审核同意,报国务院新闻办公室批准。

第九条　综合性非新闻单位网站从事登载新闻业务,应当具备下列条件:

(一)有符合法律、法规规定的从事登载新闻业务的宗旨及规章制度;

(二)有必要的新闻编辑机构、资金、设备及场所;

(三)有具有相关新闻工作经验和中级以上新闻专业技术职务资格的专职新闻编辑负责人,并有相应数量的具有中级以上新闻专业技术职务资格的专职新闻编辑人员;

(四)有符合本规定第十一条规定的新闻信息来源。

第十条　互联网站申请从事登载新闻业务,应当填写并提交国务院新闻办公室统一制发的《互联网站从事登载新闻业务申请表》。

第十一条　综合性非新闻单位网站从事登载中央新闻单位、中央国家机关各部门新闻单位以及省、自治区、直辖市直属新闻单位发布的新闻的业务,应当同上述有关新闻单位签订协议,并将协议副本报主办单位所在地省、自治区、直辖市人民政府新闻办公室备案。

第十二条　综合性非新闻单位网站登载中央新闻单位、中央国家机关各部门新闻单位以及省、自治区、直辖市直属新闻单位发布的新闻,应当注明新闻来源和日期。

第十三条　互联网站登载的新闻不得含有下列内容:

(一)违反宪法所确定的基本原则;

(二)危害国家安全,泄露国家秘密,煽动颠覆国家政权,破坏国家统一;

(三)损害国家的荣誉和利益;

(四)煽动民族仇恨、民族歧视,破坏民族团结;

(五)破坏国家宗教政策,宣扬邪教,宣扬封建迷信;

(六)散布谣言,编造和传播假新闻,扰乱社会秩序,破坏社会稳定;

(七)散布淫秽、色情、赌博、暴力、恐怖或者教唆犯罪;

(八)侮辱或者诽谤他人,侵害他人合法权益;

(九)法律、法规禁止的其他内容。

第十四条　互联网站链接境外新闻网站,登载境外新闻媒体和互联网站发布的新闻,必须另行报国务院新闻办公室批准。

第十五条　违反本规定,有下列情形之一的,由国务院新闻办公室或者省、自治区、直辖市人民政府新闻办公室给予警告,责令限期改正;已取得从事登载新闻业务资格的,情节严重的,撤销其从事登载新闻业务的资格:

(一)未取得从事登载新闻业务资格,擅自登载新闻的;

(二)综合性非新闻单位网站登载自行采写的新闻或者登载不符合本规定第七条规定来源的新闻的,或者未注明新闻来源的;

(三)综合性非新闻单位网站未与中央新闻单位、中央国家机关各部门新闻单位以及省、自治区、直辖市直属新闻单位签订协议擅自登载其发布的新闻,或者签订的协议未履行备案手续的;

(四)未经批准,擅自链接境外新闻网站,登载境外新闻媒体和互联网站发布的新闻的。

第十六条　互联网站登载的新闻含有本规定第十三条所列内容之一,构成犯罪的,依法追究刑事责任;尚不构成犯罪的,由公安机关或者国家安全机关依照有关法律、行政法规的规定给予行政处罚。

第十七条 互联网站登载新闻含有本规定第十三条所列内容之一或者有本规定第十五条所列情形之一的,国务院信息产业主管部门或者省、自治区、直辖市电信管理机构依照有关法律、行政法规的规定,可以责令关闭网站,并吊销其电信业务经营许可证。

第十八条 在本规定施行前已经从事登载新闻业务的互联网站,应当自本规定施行之日起60日内依照本规定办理相应的手续。

第十九条 本规定自发布之日起施行。

8.《新闻出版保密规定》

1992年6月13日,国家保密局、中央对外宣传小组、新闻出版署、广播电影电视部(国保〔1992〕34号)发布《新闻出版保密规定》,自1992年10月1日起施行。

第一章 总则

第一条 为在新闻出版工作中保守国家秘密,根据《中华人民共和国保守国家秘密法》第二十条,制定本规定。

第二条 本规定适用于报刊、新闻电讯、书籍、地图、图文资料、声像制品的出版和发行以及广播节日、电视节目、电影的制作和播放。

第三条 新闻出版的保密工作,坚持贯彻既保守国家秘密又有利于新闻出版工作正常进行的方针。

第四条 新闻出版单位及其采编人员和提供信息单位及其有关人员应当加强联系,协调配合,执行保密法规,遵守保密制度,共同做好新闻出版的保密工作。

第二章 保密制度

第五条 新闻出版单位和提供信息的单位,应当根据国家保密法规,建立健全新闻出版保密审查制度。

第六条 新闻出版保密审查实行自审与送审相结合的制度。

第七条 新闻出版单位和提供信息的单位,对拟公开出版、报道的信息,应当按照有关的保密规定进行自审;对是否涉及国家秘密界限不清的信息,应当送交有关主管部门或其上级机关、单位审定。

第八条 新闻出版单位及其采编人员需向有关部门反映或通报的涉及国家秘密的信息,应当通过内部途径进行,并对反映或通报的信息按照有关规定作出国家秘密的标志。

第九条 被采访单位、被采访人向新闻出版单位的采编人员提供有关信息时,对其中确因工作需要而又涉及国家秘密的事项,应当事先按照有关规定的程序批准,并采编人员申明;新闻出版单位及其采编人员对被采访单位、被采访人申明属于国家秘密的事项,不得公开报道、出版。

对涉及国家秘密但确需公开报道、出版的信息,新闻出版单位应当向有关主管部门建议解密或者采取删节、改编、隐去等保密措施,并经有关主管部门审定。

第十条 新闻出版单位采访涉及国家秘密的会议或其他活动,应当经主办单位批准。主办单位应当验明采访人员的工作身份,指明哪些内容不得公开报道、出版,并对拟公开报道、出版的内容进行审定。

第十一条 为了防止泄露国家秘密又利于新闻出版工作的正常进行,中央国家机关各部门和其他有关单位,应当根据各自业务工作的性质,加强与新闻出版单位的联系,建立提供信息的正常渠道,健全新闻发布制度,适时通报宣传口径。

第十二条　有关机关、单位应当指定有权代表本机关、单位的审稿机构和审稿人,负责对新闻出版单位送审的稿件是否涉及国家秘密进行审定。对是否涉及国家秘密界限不清的内容,应当报请上级机关、单位审定;涉及其他单位工作中国家秘密的,应当负责征求有关单位的意见。

第十三条　有关机关、单位审定送审的稿件时,应当满足新闻出版单位提出的审定时限的要求,遇有特殊情况不能在所要求的时限内完成审定的,应当及时向送审稿件的新闻出版单位说明,并共同商量解决办法。

第十四条　个人拟向新闻出版单位提供公开报道、出版的信息,凡涉及本系统、本单位业务工作的或对是否涉及国家秘密界限不清的,应当事先经本单位或其上级机关、单位审定。

第十五条　个人拟向境外新闻出版机构提供报道、出版涉及国家政治、经济、外交、科技、军事方面内容的,应当事先经过本单位或其上级机关、单位审定。向境外投寄稿件,应当按照国家有关规定办理。

第三章　泄密的查处

第十六条　国家工作人员或其他公民发现国家秘密被非法报道、出版时,应当及时报告有关机关、单位或保密工作部门。

泄密事件所涉及的新闻出版单位和有关单位,应当主动联系,共同采取补救措施。

第十七条　新闻出版活动中发生的泄密事件,由有关责任单位负责及时调查;责任暂时不清的,由有关保密工作部门决定自行调查或者指定有关单位调查。

第十八条　对泄露国家秘密的责任单位、责任人,应当按照有关法律和规定严肃处理。

第十九条　新闻出版工作中因泄密问题需要对出版物停发、停办或者收缴以及由此造成的经济损失,应当按有关主管部门的规定处理。

新闻出版单位及其采编人员和提供信息的单位及其有关人员因泄露国家秘密所获得的非法收入,应当依法没收并上缴国家财政。

第四章　附则

第二十条　新闻出版工作中,各有关单位因有关信息是否属于国家秘密问题发生争执的,由保密工作部门会同有关主管部门依据保密法规确定。

第二十一条　本规定所称的"信息"可以语言、文字、符号、图表、图像等形式表现。

第二十二条　本规定由国家保密局负责解释。

第二十三条　本规定自 1992 年 10 月 1 日起施行。

9.《信息安全等级保护管理办法》

2007 年 6 月 22 日,公安部、国家保密局、国家密码管理局、国务院信息化工作办公室(公通字〔2007〕43 号)发布《信息安全等级保护管理办法》,自发布之日起施行。

第一章　总则

第一条　为规范信息安全等级保护管理,提高信息安全保障能力和水平,维护国家安全、社会稳定和公共利益,保障和促进信息化建设,根据《中华人民共和国计算机信息系统安全保护条例》等有关法律法规,制定本办法。

第二条　国家通过制定统一的信息安全等级保护管理规范和技术标准,组织公民、法人和其他组织对信息系统分等级实行安全保护,对等级保护工作的实施进行监督、管理。

第三条　公安机关负责信息安全等级保护工作的监督、检查、指导。国家保密工作部门负责等级保护工作中有关保密工作的监督、检查、指导。国家密码管理部门负责等级保护工作中有关密码工作的监督、检查、指导。涉及其他职能部门管辖范围的事项,由有关职能部门依照国家法律法规的规定进行管理。国务院信息化工作办公室及地方信息化领导小组办事机构负责等级保护工作的部门间协调。

第四条　信息系统主管部门应当依照本办法及相关标准规范,督促、检查、指导本行业、本部门或者本地区信息系统运营、使用单位的信息安全等级保护工作。

第五条　信息系统的运营、使用单位应当依照本办法及其相关标准规范,履行信息安全等级保护的义务和责任。

第二章　等级划分与保护

第六条　国家信息安全等级保护坚持自主定级、自主保护的原则。信息系统的安全保护等级应当根据信息系统在国家安全、经济建设、社会生活中的重要程度,信息系统遭到破坏后对国家安全、社会秩序、公共利益以及公民、法人和其他组织的合法权益的危害程度等因素确定。

第七条　信息系统的安全保护等级分为以下五级:

第一级,信息系统受到破坏后,会对公民、法人和其他组织的合法权益造成损害,但不损害国家安全、社会秩序和公共利益。

第二级,信息系统受到破坏后,会对公民、法人和其他组织的合法权益产生严重损害,或者对社会秩序和公共利益造成损害,但不损害国家安全。

第三级,信息系统受到破坏后,会对社会秩序和公共利益造成严重损害,或者对国家安全造成损害。

第四级,信息系统受到破坏后,会对社会秩序和公共利益造成特别严重损害,或者对国家安全造成严重损害。

第五级,信息系统受到破坏后,会对国家安全造成特别严重损害。

第八条　信息系统运营、使用单位依据本办法和相关技术标准对信息系统进行保护,国家有关信息安全监管部门对其信息安全等级保护工作进行监督管理。

第一级信息系统运营、使用单位应当依据国家有关管理规范和技术标准进行保护。

第二级信息系统运营、使用单位应当依据国家有关管理规范和技术标准进行保护。国家信息安全监管部门对该级信息系统信息安全等级保护工作进行指导。

第三级信息系统运营、使用单位应当依据国家有关管理规范和技术标准进行保护。国家信息安全监管部门对该级信息系统信息安全等级保护工作进行监督、检查。

第四级信息系统运营、使用单位应当依据国家有关管理规范、技术标准和业务专门需求进行保护。国家信息安全监管部门对该级信息系统信息安全等级保护工作进行强制监督、检查。

第五级信息系统运营、使用单位应当依据国家管理规范、技术标准和业务特殊安全需求进行保护。国家指定专门部门对该级信息系统信息安全等级保护工作进行专门监督、检查。

第三章　等级保护的实施与管理

第九条　信息系统运营、使用单位应当按照《信息系统安全等级保护实施指南》具体实施等级保护工作。

第十条　信息系统运营、使用单位应当依据本办法和《信息系统安全等级保护定级指南》确定信息系统的安全保护等级。有主管部门的,应当经主管部门审核批准。

跨省或者全国统一联网运行的信息系统可以由主管部门统一确定安全保护等级。

对拟确定为第四级以上信息系统的,运营、使用单位或者主管部门应当请国家信息安全保护等级专家评审委员会评审。

第十一条　信息系统的安全保护等级确定后,运营、使用单位应当按照国家信息安全等级保护管理规范和技术标准,使用符合国家有关规定,满足信息系统安全保护等级需求的信息技术产品,开展信息系统安全建设或者改建工作。

第十二条　在信息系统建设过程中,运营、使用单位应当按照《计算机信息系统安全保护等级划分准则》(GB 17859—1999)、《信息系统安全等级保护基本要求》等技术标准,参照《信息安全技术 信息系统通用安全技术要求》(GB/T 20271—2006)、《信息安全技术 网络基础安全技术要求》(GB/T 20270—2006)、《信息安全技术 操作系统安全技术要求》(GB/T 20272—2006)、《信息安全技术 数据库管理系统安全技术要求》(GB/T 20273—2006)、《信息安全技术 服务器技术要求》、《信息安全技术 终端计算机系统安全等级技术要求》(GA/T 671—2006)等技术标准同步建设符合该等级要求的信息安全设施。

第十三条　运营、使用单位应当参照《信息安全技术 信息系统安全管理要求》(GB/T 20269—2006)、《信息安全技术 信息系统安全工程管理要求》(GB/T 20282—2006)、《信息系统安全等级保护基本要求》等管理规范,制定并落实符合本系统安全保护等级要求的安全管理制度。

第十四条　信息系统建设完成后,运营、使用单位或者其主管部门应当选择符合本办法规定条件的测评机构,依据《信息系统安全等级保护测评要求》等技术标准,定期对信息系统安全等级状况开展等级测评。第三级信息系统应当每年至少进行一次等级测评,第四级信息系统应当每半年至少进行一次等级测评,第五级信息系统应当依据特殊安全需求进行等级测评。

信息系统运营、使用单位及其主管部门应当定期对信息系统安全状况、安全保护制度及措施的落实情况进行自查。第三级信息系统应当每年至少进行一次自查,第四级信息系统应当每半年至少进行一次自查,第五级信息系统应当依据特殊安全需求进行自查。

经测评或者自查,信息系统安全状况未达到安全保护等级要求的,运营、使用单位应当制定方案进行整改。

第十五条　已运营(运行)或新建的第二级以上信息系统,应当在安全保护等级确定后 30 日内,由其运营、使用单位到所在地设区的市级以上公安机关办理备案手续。

隶属于中央的在京单位,其跨省或者全国统一联网运行并由主管部门统一定级的信息系统,由主管部门向公安部办理备案手续。跨省或者全国统一联网运行的信息系统在各地运行、应用的分支系统,应当向当地设区的市级以上公安机关备案。

第十六条　办理信息系统安全保护等级备案手续时,应当填写《信息系统安全等级保护备案表》，第三级以上信息系统应当同时提供以下材料：

（一）系统拓扑结构及说明；

（二）系统安全组织机构和管理制度；

（三）系统安全保护设施设计实施方案或者改建实施方案；

（四）系统使用的信息安全产品清单及其认证、销售许可证明；

（五）测评后符合系统安全保护等级的技术检测评估报告；

（六）信息系统安全保护等级专家评审意见；

（七）主管部门审核批准信息系统安全保护等级的意见。

第十七条　信息系统备案后，公安机关应当对信息系统的备案情况进行审核，对符合等级保护要求的，应当在收到备案材料之日起的 10 个工作日内颁发信息系统安全等级保护备案证明；发现不符合本办法及有关标准的，应当在收到备案材料之日起的 10 个工作日内通知备案单位予以纠正；发现定级不准的，应当在收到备案材料之日起的 10 个工作日内通知备案单位重新审核确定。

运营、使用单位或者主管部门重新确定信息系统等级后，应当按照本办法向公安机关重新备案。

第十八条　受理备案的公安机关应当对第三级、第四级信息系统的运营、使用单位的信息安全等级保护工作情况进行检查。对第三级信息系统每年至少检查一次，对第四级信息系统每半年至少检查一次。对跨省或者全国统一联网运行的信息系统的检查，应当会同其主管部门进行。对第五级信息系统，应当由国家指定的专门部门进行检查。公安机关、国家指定的专门部门应当对下列事项进行检查：

（一）信息系统安全需求是否发生变化，原定保护等级是否准确；

（二）运营、使用单位安全管理制度、措施的落实情况；

（三）运营、使用单位及其主管部门对信息系统安全状况的检查情况；

（四）系统安全等级测评是否符合要求；

（五）信息安全产品使用是否符合要求；

（六）信息系统安全整改情况；

（七）备案材料与运营、使用单位、信息系统的符合情况；

（八）其他应当进行监督检查的事项。

第十九条　信息系统运营、使用单位应当接受公安机关、国家指定的专门部门的安全监督、检查、指导，如实向公安机关、国家指定的专门部门提供下列有关信息安全保护的信息资料及数据文件：

（一）信息系统备案事项变更情况；

（二）安全组织、人员的变动情况；

（三）信息安全管理制度、措施变更情况；

（四）信息系统运行状况记录；

（五）运营、使用单位及主管部门定期对信息系统安全状况的检查记录；

（六）对信息系统开展等级测评的技术测评报告；

（七）信息安全产品使用的变更情况；

（八）信息安全事件应急预案，信息安全事件应急处置结果报告；

（九）信息系统安全建设、整改结果报告。

第二十条 公安机关检查发现信息系统安全保护状况不符合信息安全等级保护有关管理规范和技术标准的,应当向运营、使用单位发出整改通知。运营、使用单位应当根据整改通知要求,按照管理规范和技术标准进行整改。整改完成后,应当将整改报告向公安机关备案。必要时,公安机关可以对整改情况组织检查。

第二十一条 第三级以上信息系统应当选择使用符合以下条件的信息安全产品:

（一）产品研制、生产单位是由中国公民、法人投资或者国家投资或者控股的,在中华人民共和国境内具有独立的法人资格;

（二）产品的核心技术、关键部件具有我国自主知识产权;

（三）产品研制、生产单位及其主要业务、技术人员无犯罪记录;

（四）产品研制、生产单位声明没有故意留有或者设置漏洞、后门、木马等程序和功能;

（五）对国家安全、社会秩序、公共利益不构成危害;

（六）对已列入信息安全产品认证目录的,应当取得国家信息安全产品认证机构颁发的认证证书。

第二十二条 第三级以上信息系统应当选择符合下列条件的等级保护测评机构进行测评:

（一）在中华人民共和国境内注册成立（港澳台地区除外）;

（二）由中国公民投资、中国法人投资或者国家投资的企事业单位（港澳台地区除外）;

（三）从事相关检测评估工作两年以上,无违法记录;

（四）工作人员仅限于中国公民;

（五）法人及主要业务、技术人员无犯罪记录;

（六）使用的技术装备、设施应当符合本办法对信息安全产品的要求;

（七）具有完备的保密管理、项目管理、质量管理、人员管理和培训教育等安全管理制度;

（八）对国家安全、社会秩序、公共利益不构成威胁。

第二十三条 从事信息系统安全等级测评的机构,应当履行下列义务:

（一）遵守国家有关法律法规和技术标准,提供安全、客观、公正的检测评估服务,保证测评的质量和效果;

（二）保守在测评活动中知悉的国家秘密、商业秘密和个人隐私,防范测评风险;

（三）对测评人员进行安全保密教育,与其签订安全保密责任书,规定应当履行的安全保密义务和承担的法律责任,并负责检查落实。

第四章 涉密信息系统的分级保护管理

第二十四条 涉密信息系统应当依据国家信息安全等级保护的基本要求,按照国家保密工作部门有关涉密信息系统分级保护的管理规定和技术标准,结合系统实际情况进行保护。非涉密信息系统不得处理国家秘密信息等。

第二十五条 涉密信息系统按照所处理信息的最高密级,由低到高分为秘密、机密、绝密三个等级。涉密信息系统建设使用单位应当在信息规范定密的基础上,依据涉密信息系统分级保护管理办法和国家保密标准 BMB 17—2006《涉及国家秘密的计算机信息系统分级保护技术要求》确定系统等级。对于包含多个安全域的涉密信息系统,各安全域可以分别确定保护等级。保密工作部门和机构应当监督指导涉密信息系统建设使用单位准确、合理地进行系统定级。

第二十六条 涉密信息系统建设使用单位应当将涉密信息系统定级和建设使用情况,及时上报业务主管部门的保密工作机构和负责系统审批的保密工作部门备案,并接受保密部门的监督、检查、指导。

第二十七条 涉密信息系统建设使用单位应当选择具有涉密集成资质的单位承担或者参与涉密信息系统的设计与实施。涉密信息系统建设使用单位应当依据涉密信息系统分级保护管理规范和技术标准,按照秘密、机密、绝密三级的不同要求,结合系统实际进行方案设计,实施分级保护,其保护水平总体上不低于国家信息安全等级保护第三级、第四级、第五级的水平。

第二十八条 涉密信息系统使用的信息安全保密产品原则上应当选用国产品,并应当通过国家保密局授权的检测机构依据有关国家保密标准进行的检测,通过检测的产品由国家保密局审核发布目录。

第二十九条 涉密信息系统建设使用单位在系统工程实施结束后,应当向保密工作部门提出申请,由国家保密局授权的系统测评机构依据国家保密标准 BMB 22—2007《涉及国家秘密的计算机信息系统分级保护测评指南》,对涉密信息系统进行安全保密测评。

涉密信息系统建设使用单位在系统投入使用前,应当按照《涉及国家秘密的信息系统审批管理规定》,向设区的市级以上保密工作部门申请进行系统审批,涉密信息系统通过审批后方可投入使用。已投入使用的涉密信息系统,其建设使用单位在按照分级保护要求完成系统整改后,应当向保密工作部门备案。

第三十条 涉密信息系统建设使用单位在申请系统审批或者备案时,应当提交以下材料:

(一)系统设计、实施方案及审查论证意见;

(二)系统承建单位资质证明材料;

(三)系统建设和工程监理情况报告;

(四)系统安全保密检测评估报告;

(五)系统安全保密组织机构和管理制度情况;

(六)其他有关材料。

第三十一条 涉密信息系统发生涉密等级、连接范围、环境设施、主要应用、安全保密管理责任单位变更时,其建设使用单位应当及时向负责审批的保密工作部门报告。保密工作部门应当根据实际情况,决定是否对其重新进行测评和审批。

第三十二条 涉密信息系统建设使用单位应当依据国家保密标准 BMB 20—2007《涉及国家秘密的信息系统分级保护管理规范》,加强涉密信息系统运行中的保密管理,定期进行风险评估,消除泄密隐患和漏洞。

第三十三条 国家和地方各级保密工作部门依法对各地区、各部门涉密信息系统分级保护工作实施监督管理,并做好以下工作:

(一)指导、监督和检查分级保护工作的开展;

(二)指导涉密信息系统建设使用单位规范信息定密,合理确定系统保护等级;

(三)参与涉密信息系统分级保护方案论证,指导建设使用单位做好保密设施的同步规划设计;

(四)依法对涉密信息系统集成资质单位进行监督管理;

（五）严格进行系统测评和审批工作,监督检查涉密信息系统建设使用单位分级保护管理制度和技术措施的落实情况;

（六）加强涉密信息系统运行中的保密监督检查。对秘密级、机密级信息系统每两年至少进行一次保密检查或者系统测评,对绝密级信息系统每年至少进行一次保密检查或者系统测评;

（七）了解掌握各级各类涉密信息系统的管理使用情况,及时发现和查处各种违规违法行为和泄密事件。

第五章　信息安全等级保护的密码管理

第三十四条　国家密码管理部门对信息安全等级保护的密码实行分类分级管理。根据被保护对象在国家安全、社会稳定、经济建设中的作用和重要程度,被保护对象的安全防护要求和涉密程度,被保护对象被破坏后的危害程度以及密码使用部门的性质等,确定密码的等级保护准则。

信息系统运营、使用单位采用密码进行等级保护的,应当遵照《信息安全等级保护密码管理办法》、《信息安全等级保护商用密码技术要求》等密码管理规定和相关标准。

第三十五条　信息系统安全等级保护中密码的配备、使用和管理等,应当严格执行国家密码管理的有关规定。

第三十六条　信息系统运营、使用单位应当充分运用密码技术对信息系统进行保护。采用密码对涉及国家秘密的信息和信息系统进行保护的,应报经国家密码管理局审批,密码的设计、实施、使用、运行维护和日常管理等,应当按照国家密码管理有关规定和相关标准执行;采用密码对不涉及国家秘密的信息和信息系统进行保护的,须遵守《商用密码管理条例》和密码分类分级保护有关规定与相关标准,其密码的配备使用情况应当向国家密码管理机构备案。

第三十七条　运用密码技术对信息系统进行系统等级保护建设和整改的,必须采用经国家密码管理部门批准使用或者准于销售的密码产品进行安全保护,不得采用国外引进或者擅自研制的密码产品;未经批准不得采用含有加密功能的进口信息技术产品。

第三十八条　信息系统中的密码及密码设备的测评工作由国家密码管理局认可的测评机构承担,其他任何部门、单位和个人不得对密码进行评测和监控。

第三十九条　各级密码管理部门可以定期或者不定期对信息系统等级保护工作中密码配备、使用和管理的情况进行检查和测评,对重要涉密信息系统的密码配备、使用和管理情况每两年至少进行一次检查和测评。在监督检查过程中,发现存在安全隐患或者违反密码管理相关规定或者未达到密码相关标准要求的,应当按照国家密码管理的相关规定进行处置。

第六章　法律责任

第四十条　第三级以上信息系统运营、使用单位违反本办法规定,有下列行为之一的,由公安机关、国家保密工作部门和国家密码工作管理部门按照职责分工责令其限期改正;逾期不改正的,给予警告,并向其上级主管部门通报情况,建议对其直接负责的主管人员和其他直接责任人员予以处理,并及时反馈处理结果:

（一）未按本办法规定备案、审批的;

（二）未按本办法规定落实安全管理制度、措施的;

(三)未按本办法规定开展系统安全状况检查的;

(四)未按本办法规定开展系统安全技术测评的;

(五)接到整改通知后,拒不整改的;

(六)未按本办法规定选择使用信息安全产品和测评机构的;

(七)未按本办法规定如实提供有关文件和证明材料的;

(八)违反保密管理规定的;

(九)违反密码管理规定的;

(十)违反本办法其他规定的。

违反前款规定,造成严重损害的,由相关部门依照有关法律、法规予以处理。

第四十一条　信息安全监管部门及其工作人员在履行监督管理职责中,玩忽职守、滥用职权、徇私舞弊的,依法给予行政处分;构成犯罪的,依法追究刑事责任。

第七章　附则

第四十二条　已运行信息系统的运营、使用单位自本办法施行之日起 180 日内确定信息系统的安全保护等级;新建信息系统在设计、规划阶段确定安全保护等级。

第四十三条　本办法所称"以上"包含本数(级)。

第四十四条　本办法自发布之日起施行,《信息安全等级保护管理办法(试行)》(公通字〔2006〕7 号)同时废止。

10.《信息安全等级保护备案实施细则》

2007 年 10 月 26 日,公安部(公信安〔2007〕1360 号)发布《信息安全等级保护备案实施细则》。

第一条　为加强和指导信息安全等级保护备案工作,规范备案受理、审核和管理等工作,根据《信息安全等级保护管理办法》制定本实施细则。

第二条　本细则适用于非涉及国家秘密的第二级以上信息系统的备案。

第三条　地市级以上公安机关公共信息网络安全监察部门受理本辖区内备案单位的备案。隶属于省级的备案单位,其跨地(市)联网运行的信息系统,由省级公安机关公共信息网络安全监察部门受理备案。

第四条　隶属于中央的在京单位,其跨省或者全国统一联网运行并由主管部门统一定级的信息系统,由公安部公共信息网络安全监察局受理备案,其他信息系统由北京市公安局公共信息网络安全监察部门受理备案。

隶属于中央的非在京单位的信息系统,由当地省级公安机关公共信息网络安全监察部门(或其指定的地市级公安机关公共信息网络安全监察部门)受理备案。

跨省或者全国统一联网运行并由主管部门统一定级的信息系统在各地运行、应用的分支系统(包括由上级主管部门定级,在当地有应用的信息系统),由所在地地市级以上公安机关公共信息网络安全监察部门受理备案。

第五条　受理备案的公安机关公共信息网络安全监察部门应该设立专门的备案窗口,配备必要的设备和警力,专门负责受理备案工作,受理备案地点、时间、联系人和联系方式等应向社会公布。

第六条　信息系统运营、使用单位或者其主管部门(以下简称"备案单位")应当在信息系统安全保护等级确定后 30 日内,到公安机关公共信息网络安全监察部门办理备案手续。办理备案手续时,应当首先到公安机关指定的网址下载并填写备案表,准备好备案文件,然后到指定的地点备案。

第七条　备案时应当提交《信息系统安全等级保护备案表》(以下简称《备案表》)(一式两份)及其电子文档。第二级以上信息系统备案时需提交《备案表》中的表一、二、三;第三级以上信息系统还应当在系统整改、测评完成后 30 日内提交《备案表》表四及其有关材料。

第八条　公安机关公共信息网络安全监察部门收到备案单位提交的备案材料后,对属于本级公安机关受理范围且备案材料齐全的,应当向备案单位出具《信息系统安全等级保护备案材料接收回执》;备案材料不齐全的,应当当场或者在五日内一次性告知其补正内容;对不属于本级公安机关受理范围的,应当书面告知备案单位到有管辖权的公安机关办理。

第九条　接收备案材料后,公安机关公共信息网络安全监察部门应当对下列内容进行审核:

(一)备案材料填写是否完整,是否符合要求,其纸质材料和电子文档是否一致;

(二)信息系统所定安全保护等级是否准确。

第十条　经审核,对符合等级保护要求的,公安机关公共信息网络安全监察部门应当自收到备案材料之日起的十个工作日内,将加盖本级公安机关印章(或等级保护专用章)的《备案表》一份反馈备案单位,一份存档;对不符合等级保护要求的,公安机关公共信息网络安全监察部门应当在十个工作日内通知备案单位进行整改,并出具《信息系统安全等级保护备案审核结果通知》。

第十一条　《备案表》中表一、表二、表三内容经审核合格的,公安机关公共信息网络安全监察部门应当出具《信息系统安全等级保护备案证明》(以下简称《备案证明》)。《备案证明》由公安部统一监制。

第十二条　公安机关公共信息网络安全监察部门对定级不准的备案单位,在通知整改的同时,应当建议备案单位组织专家进行重新定级评审,并报上级主管部门审批。

备案单位仍然坚持原定等级的,公安机关公共信息网络安全监察部门可以受理其备案,但应当书面告知其承担由此引发的责任和后果,经上级公安机关公共信息网络安全监察部门同意后,同时通报备案单位上级主管部门。

第十三条　对拒不备案的,公安机关应当依据《中华人民共和国计算机信息系统安全保护条例》等其他有关法律、法规规定,责令限期整改。逾期仍不备案的,予以警告,并向其上级主管部门通报。

依照前款规定向中央和国家机关通报的,应当报经公安部公共信息网络安全监察局同意。

第十四条　受理备案的公安机关公共信息网络安全监察部门应当及时将备案文件录入到数据库管理系统,并定期逐级上传《备案表》中表一、表二、表三内容的电子数据。上传时间为每季度的第一天。

受理备案的公安机关公共信息网络安全监察部门应当建立管理制度,对备案材料按照等级进行严格管理,严格遵守保密制度,未经批准不得对外提供查询。

第十五条　公安机关公共信息网络安全监察部门受理备案时不得收取任何费用。

第十六条　本细则所称"以上"包含本数(级)。

第十七条　各省(区、市)公安机关公共信息网络安全监察部门可以依据本细则制定具体的备案工作规范,并报公安部公共信息网络安全监察局备案。

11.《网络安全等级保护测评机构管理办法》

2018 年 3 月 23 日,公安部(公信安〔2018〕765 号)发布《网络安全等级保护测评机构管理办法》,自发布之日起施行。

第一章　总则

第一条　为加强网络安全等级保护测评机构(以下简称"测评机构")管理,规范测评行为,提高等级测评能力和服务水平,根据《中华人民共和国网络安全法》和网络安全等级保护制度要求,制定本办法。

第二条　等级测评工作,是指测评机构依据国家网络安全等级保护制度规定,按照有关管理规范和技术标准,对已定级备案的非涉及国家秘密的网络(含信息系统、数据资源等)的安全保护状况进行检测评估的活动。

测评机构,是指依据国家网络安全等级保护制度规定,符合本办法规定的基本条件,经省级以上网络安全等级保护工作领导(协调)小组办公室(以下简称"等保办")审核推荐,从事等级测评工作的机构。

第三条　测评机构实行推荐目录管理。测评机构由省级以上等保办根据本办法规定,按照统筹规划、合理布局的原则,择优推荐。

第四条　测评机构联合成立测评联盟。测评联盟按照章程和有关测评规范,加强行业自律,提高测评技术能力和服务质量。测评联盟在国家等保办指导下开展工作。

第五条　测评机构应按照国家有关网络安全法律法规规定和标准规范要求,为用户提供科学、安全、客观、公正的等级测评服务。

第二章　测评机构申请

第六条　申请成为测评机构的单位(以下简称"申请单位")需向省级以上等保办提出申请。

国家等保办负责受理隶属国家网络安全职能部门和重点行业主管部门的申请,对申请单位进行审核、推荐;监督管理全国测评机构。

省级等保办负责受理本省(区、直辖市)申请单位的申请,对申请单位进行审核、推荐;监督管理其推荐的测评机构。

第七条　申请单位应具备以下基本条件:

(一)在中华人民共和国境内注册成立,由中国公民、法人投资或者国家投资的企事业单位;

(二)产权关系明晰,注册资金 500 万元以上,独立经营核算,无违法违规记录;

(三)从事网络安全服务两年以上,具备一定的网络安全检测评估能力;

(四)法人、主要负责人、测评人员仅限中华人民共和国境内的中国公民,且无犯罪记录;

(五)具有网络安全相关工作经历的技术和管理人员不少于 15 人,专职渗透测试人员不少于 2 人,岗位职责清晰,且人员相对稳定;

(六)具有固定的办公场所,配备满足测评业务需要的检测评估工具、实验环境等;

(七)具有完备的安全保密管理、项目管理、质量管理、人员管理、档案管理和培训教育等规章制度；

（八）不涉及网络安全产品开发、销售或信息系统安全集成等可能影响测评结果公正性的业务（自用除外）；

（九）应具备的其他条件。

第八条　申请时，申请单位应向等保办提交以下材料：

（一）网络安全等级保护测评机构推荐申请表；

（二）近两年从事网络安全服务情况以及网络安全服务项目完整文档和相关用户证明；

（三）检测评估工作所需实验环境及测评工具、设备设施情况；

（四）有关管理制度情况；

（五）申请单位及其测评人员基本情况；

（六）应提交的其他材料。

第九条　等保办收到申请材料后，应在 10 个工作日内组织初审。对符合本办法第七条规定的申请单位，应委托测评联盟对其开展测评能力评估。

测评联盟组织专家，根据标准规范对申请单位开展能力评估，出具测评能力评估报告，并及时将能力评估情况反馈等保办。

能力评估不达标的，等保办应告知申请单位初审未通过。

第十条　初审通过的申请单位，应组织本单位人员参加测评师培训。考试合格的，取得测评师证书。

测评师分为初级、中级和高级。申请单位应至少有 15 人获得测评师证书，其中高级测评师不少于 1 人，中级测评师不少于 5 人。

第十一条　等保办组织专家对人员培训符合要求的申请单位进行复核。复核通过的，颁发《网络安全等级保护测评机构推荐证书》。

第十二条　测评机构实行目录管理，国家等保办编制《全国网络安全等级保护测评机构推荐目录》，并在中国网络安全等级保护网网站发布并及时更新。

省级等保办应及时将本地测评机构推荐情况报国家等保办。

第十三条　省级等保办每年年底根据测评工作需求制定下一年度测评机构推荐计划，并报国家等保办审定。

省级以上等保办受理测评机构申请的时间为每年三月份。

第十四条　测评联盟应组织专家对新推荐测评机构的首个测评项目实施情况进行跟踪评议，并将结果及时报等保办。等保办组织进行综合审查。

第三章　测评机构和测评人员管理

第十五条　测评机构应与被测评单位签署测评服务协议，依据有关标准规范开展测评业务，防范测评风险，客观准确地反映被测评对象的安全保护状况。

测评机构应按照统一模板出具网络安全等级测评报告，并针对被测评网络分别出具等级测评报告。

对第三级以上网络提供等级测评服务的，测评师人数不得少于 4 名，其中高级测评师、中级测评师应各不少于 1 名。

第十六条　测评机构应当指定专人管理测评专用章，制定管理规范，不得滥用。

出具等级测评报告时,测评机构应加盖等级测评专用章。未加盖专用章的报告,视为无效。

第十七条 测评师上岗前,测评机构应组织岗前培训;培训合格的,由测评机构配发上岗证,上岗证发放情况应于发放后 5 个工作日报等保办。测评机构应当对测评师开展等级测评业务情况进行考核,并留存相关记录。

未取得测评师证书和上岗证的,不得参与等级测评项目。测评师一年内未参与测评活动的,测评联盟应注销其证书。

测评师实行年度注册管理。年审时,测评机构应将本机构测评师情况报等保办注册。测评机构不得采取挂靠或者聘用兼职测评师开展测评业务。

第十八条 测评机构应采取管理和技术措施保护测评活动中相关数据和信息的安全,不得泄露在测评服务中知悉的商业秘密、重要敏感信息和个人信息;未经等保办同意,不得擅自发布、披露在测评服务中收集掌握的网络信息、系统漏洞、恶意代码、网络攻击等信息。

第十九条 测评机构提供测评服务不受地域、行业、领域的限制。测评项目采取登记管理。测评机构在实施测评项目之前,须将测评项目信息及时、准确地填报到网络安全等级保护测评项目登记管理系统(以下简称"项目管理系统")。

测评机构应于测评项目合同签订后或测评活动实施前 5 个工作日内,通过项目管理系统填报测评项目基本情况,不得于测评项目完成后进行补录。由于项目实施变更导致已登记信息与实际情况不符的,应及时修改并说明理由。

第二十条 省级以上等保办对测评机构填报的信息应在 5 个工作日内进行审核确认。逾期未审核确认的,项目管理系统默认审核通过。测评项目填报登记和审核确认的具体要求,参见《项目管理系统填报指南》。

第二十一条 省级以上等保办在审核确认测评项目登记信息时,发现测评机构具有下列情形之一的,应不予审核通过。

(一)处于暂停测评业务期间;

(二)因违规被通报后,未反馈整改情况的;

(三)其他不符合本办法规定情形的。

第二十二条 属于异地测评项目的,测评机构应从项目管理系统中生成测评项目基本情况表,并于测评项目实施前报送或传至被测评网络备案公安机关。

第二十三条 测评机构名称、地址、测评人员、主要负责人和联系人发生变更的,测评机构应在变更后 5 个工作日内向等保办报告,并提交变更材料。

测评机构法人、股权结构发生变更或其他重大事项发生变更的,等保办应组织重新进行推荐审查并出具审查意见。测评机构不得假借变更名义转让推荐证书。

第二十四条 测评机构应加强对测评人员的监督管理,定期组织开展安全保密教育和测评业务培训,签订安全保密责任书,规定其应当履行的安全保密义务和承担的法律责任,并负责检查落实。

第二十五条 测评机构应组织测评师参加多种形式的测评业务和技术培训,测评师每年培训时长累计不少于 40 学时。培训时长不足的,不予年度注册。

测评联盟确定测评业务和技术培训科目,发布年度测评培训纲要。

第二十六条 测评师离职前,测评机构应与其签订离职保密承诺书,收回上岗证并及时向等保办报备。

自离职之日起超过 6 个月再入职测评机构的测评师,应通过测评师考试后从事测评活动;自离职之日起一年内未入职测评机构从事测评活动的,测评联盟应注销其测评师证书。

第二十七条　测评机构应监督测评师妥善保管测评师证书、上岗证,不得涂改、出借、出租和转让。

第二十八条　测评机构应当建立网络安全应急处置机制和纠纷处理机制,防范测评风险,妥善处理纠纷。

第二十九条　测评项目完成后,测评机构应请被测评单位对测评服务情况进行评价,评价情况表由被测单位密封后反馈测评机构,留存备查。

第三十条　测评机构应每季度向等保办报送测评业务开展情况和测评数据。根据测评实践,测评机构每年底编制并向等保办报送网络安全状况分析报告。

测评机构在测评活动中,发现重大网络安全事件、重大网络安全风险隐患、高危漏洞和重大网络安全威胁时,应及时报告公安机关。

第三十一条　国家等保办每年第四季度组织开展测评机构能力验证活动,并将能力验证结果通报各省级等保办。

未参加能力验证的测评机构,视为能力验证未通过。

第三十二条　等保办应于每年 12 月份对所推荐测评机构进行年审。

年审通过的,等保办在推荐证书副本上加盖等级保护专用章或等保办印章,发放测评师注册标识。

年审时,测评机构应当提交以下材料:

(一)网络安全等级保护测评机构年审表;

(二)网络安全等级保护测评机构推荐证书副本;

(三)年度测评工作总结;

(四)测评师年度注册表;

(五)其他所需材料。

第三十三条　测评机构有下列情形之一的,年审不予通过。

(一)未及时、准确地填报测评项目信息;

(二)测评师培训时长不足;

(三)未定期报送测评业务开展情况和测评数据;

(四)能力验证未通过且整改方案落实不到位;

(五)其他有关情形。

年审未通过的,等保办责令测评机构限期整改。拒不整改或整改不符合要求的,应暂停测评机构开展等级测评业务。

第三十四条　测评机构推荐证书有效期为三年。测评机构应在推荐证书期满前 30 日内,向等保办申请期满复审。

等保办应于收到期满复审申请后 5 个工作日内,组织开展复审工作。复审通过的测评机构,由等保办换发新证。省级等保办应及时将测评机构期满复审情况报国家等保办汇总。

期满复审时,测评机构应提交以下材料:

(一)测评机构期满复审申请表;

(二)年审情况;

(三)其他需要提供的有关材料。

第三十五条　测评机构有下列情形之一的,期满复审不予通过。

(一)累计两年年审未通过或三年能力验证未通过的;

(二)基本条件不符合的;

(三)违反本办法有关规定且情形特别严重的;

(四)逾期30日未提交期满复审申请的。

期满复审未通过的,等保办应公告宣布取消其推荐证书。

第四章　监督管理

第三十六条　省级以上等保办对测评机构和测评业务开展情况进行监督、检查、指导。国家等保办每年组织对测评机构及测评活动开展监督抽查。

测评项目实施过程中,测评机构应接受被测网络备案公安机关的监督、检查和指导。

第三十七条　等保办开展监督检查时,重点检查以下内容:

(一)测评机构基本条件符合情况;

(二)测评机构管理制度执行情况;

(三)测评机构相关事项变更报告、审查情况;

(四)测评师管理、行为规范情况;

(五)测评项目实施情况;

(六)测评服务评价情况;

(七)测评报告及相关数据文档管理情况;

(八)其他需监督检查的事项。

第三十八条　等保办、被测网络备案公安机关在监督检查时,发现异地测评机构有违反本办法规定情形的,应书面通报该机构推荐等保办。

等保办在收到通报后,应及时组织进行核查处置并反馈,同时将有关情况报国家等保办。

第三十九条　等保办应及时将测评数据、测评机构及其测评师情况、年审和期满复审情况、监督检查情况等相关数据录入数据库。

第四十条　国家等保办每年对全国测评机构开展年度评定活动,评定结果及时发布。

第四十一条　任何组织和个人有权向省级以上等保办、测评联盟投诉举报测评机构和测评人员违法违规行为。

第四十二条　测评机构违反本办法第十五、十六、十七、十八、十九、二十二、二十三、二十四、二十五、二十六、二十七、二十八、二十九、三十条规定,等保办应责令其限期整改;拒不整改或情形严重的,约谈测评机构法人和主要负责人;屡次违反上述规定或情形特别严重的,责令其暂停测评业务,并予通报。

第四十三条　测评机构有下列情形之一的,等保办责令其限期整改;情形严重的,责令整改期间暂停测评业务,并予通报。

(一)未按照有关标准规范开展测评,或未按规定出具测评报告的;

(二)分包、转包、代理测评项目,或恶意竞争,扰乱测评工作正常开展的;

(三)擅自简化测评工作环节,或未按测评流程要求开展测评工作的;

（四）监督检查或抽查中发现问题突出的；

（五）影响被测评网络正常运行，或因测评不到位，未发现网络中存在相关漏洞隐患，导致被测评网络发生重大网络安全事件的；

（六）非授权占有、使用，以及未妥善保管等级测评相关资料及数据文件的；

（七）限定被测评单位购买、使用指定网络安全产品，或与产品和服务商存在利益勾结行为的；

（八）非本机构测评师或测评人员未取得等级测评师证书和上岗证从事等级测评活动的；

（九）未通过测评项目管理系统及时填报项目登记信息或未通过审核开展等级测评项目的；

（十）未按本办法规定向等保办提交材料或弄虚作假的；

（十一）其他违反本办法有关规定行为的。

第四十四条　测评机构有下列情形之一的，等保办应取消其推荐证书，并向社会公告，三年内不得再次申请。

（一）运营管理不规范，屡次被责令整改，严重影响测评服务质量的；

（二）因单位股权、人员等情况发生变动，不符合测评机构基本条件的；

（三）有网络安全产品开发、销售或系统安全集成等影响测评结果公正性行为；与产品提供商、服务商或被测评方存在利益勾结，扰乱测评业务正常开展的；

（四）泄露被测评单位工作秘密、重要数据信息的；

（五）隐瞒测评过程中发现的重大安全问题，或者在测评过程中弄虚作假未如实出具等级测评报告的；

（六）一年内未开展测评业务（被暂停开展测评业务的情况除外）或自愿放弃测评机构推荐资格的；

（七）连续两年年审未通过或未通过期满复审的；

（八）测评实施期间，导致被测评网络发生宕机等严重网络安全事件的；

（九）有第四十二条、第四十三条情形，造成特别严重后果或影响特别恶劣的；

（十）其他违反法律法规或严重违反本办法规定情形的。

第四十五条　测评师有下列行为之一的，等保办责令测评机构督促其限期改正；情节严重的，责令测评机构暂停其参与测评业务；情形特别严重的，应注销其测评师证书，责令其所在测评机构进行限期整改。

（一）未经允许擅自使用、泄露或出售等级测评活动中收集的数据信息、资料或测评报告的；

（二）违反本办法规定，有涂改、出借、出租和转让测评师证书、上岗证等行为的；

（三）测评行为失误或不当，严重影响网络安全或造成被测评单位利益重大损失的；

（四）其他违反本办法有关规定行为的。

第四十六条　测评机构及其测评师违反本办法的相关规定，给网络运营者造成严重危害和损失，构成违法犯罪的，由相关部门依照有关法律、法规予以处理。

第四十七条　公安机关有关工作人员在工作中不得利用职权索取、收受贿赂；不得滥用职权、干预测评机构及测评业务正常开展，以及法律法规禁止的其他行为。

第四十八条　本办法自发布之日起实施。本办法由国家等保办负责解释。

第四十九条　自本办法实施之日起,《信息安全等级保护测评机构管理办法》、《信息安全等级保护测评机构异地备案实施细则》、各地自行制定的与本办法规定不符的规范性文件一律作废。

第五十条　本办法所称"以上"含本数。

12.《互联网信息搜索服务管理规定》

2016年6月25日,国家互联网信息办公室发布《互联网信息搜索服务管理规定》,自2016年8月1日起施行。

第一条　为规范互联网信息搜索服务,促进互联网信息搜索行业健康有序发展,保护公民、法人和其他组织的合法权益,维护国家安全和公共利益,根据《全国人民代表大会常务委员会关于加强网络信息保护的决定》和《国务院关于授权国家互联网信息办公室负责互联网信息内容管理工作的通知》,制定本规定。

第二条　在中华人民共和国境内从事互联网信息搜索服务,适用本规定。

本规定所称互联网信息搜索服务,是指运用计算机技术从互联网上搜集、处理各类信息供用户检索的服务。

第三条　国家互联网信息办公室负责全国互联网信息搜索服务的监督管理执法工作。地方互联网信息办公室依据职责负责本行政区域内互联网信息搜索服务的监督管理执法工作。

第四条　互联网信息搜索服务行业组织应当建立健全行业自律制度和行业准则,指导互联网信息搜索服务提供者建立健全服务规范,督促互联网信息搜索服务提供者依法提供服务、接受社会监督,提高互联网信息搜索服务从业人员的职业素养。

第五条　互联网信息搜索服务提供者应当取得法律法规规定的相关资质。

第六条　互联网信息搜索服务提供者应当落实主体责任,建立健全信息审核、公共信息实时巡查、应急处置及个人信息保护等信息安全管理制度,具有安全可控的防范措施,为有关部门依法履行职责提供必要的技术支持。

第七条　互联网信息搜索服务提供者不得以链接、摘要、快照、联想词、相关搜索、相关推荐等形式提供含有法律法规禁止的信息内容。

第八条　互联网信息搜索服务提供者提供服务过程中发现搜索结果明显含有法律法规禁止内容的信息、网站及应用,应当停止提供相关搜索结果,保存有关记录,并及时向国家或者地方互联网信息办公室报告。

第九条　互联网信息搜索服务提供者及其从业人员,不得通过断开相关链接或者提供含有虚假信息的搜索结果等手段,牟取不正当利益。

第十条　互联网信息搜索服务提供者应当提供客观、公正、权威的搜索结果,不得损害国家利益、公共利益,以及公民、法人和其他组织的合法权益。

第十一条　互联网信息搜索服务提供者提供付费搜索信息服务,应当依法查验客户有关资质,明确付费搜索信息页面比例上限,醒目区分自然搜索结果与付费搜索信息,对付费搜索信息逐条加注显著标识。

互联网信息搜索服务提供者提供商业广告信息服务,应当遵守相关法律法规。

第十二条　互联网信息搜索服务提供者应当建立健全公众投诉、举报和用户权益保护制度,在显著位置公布投诉、举报方式,主动接受公众监督,及时处理公众投诉、举报,依法承担对用户权益造成损害的赔偿责任。

第十三条　本规定自 2016 年 8 月 1 日起施行。

13.《微博客信息服务管理规定》

2018 年 2 月 2 日,国家互联网信息办公室公布《微博客信息服务管理规定》,自 2018 年 3 月 20 日起施行。

第一条　为促进微博客信息服务健康有序发展,保护公民、法人和其他组织的合法权益,维护国家安全和公共利益,根据《中华人民共和国网络安全法》《国务院关于授权国家互联网信息办公室负责互联网信息内容管理工作的通知》,制定本规定。

第二条　在中华人民共和国境内从事微博客信息服务,应当遵守本规定。

本规定所称微博客,是指基于使用者关注机制,主要以简短文字、图片、视频等形式实现信息传播、获取的社交网络服务。

微博客服务提供者是指提供微博客平台服务的主体。微博客服务使用者是指使用微博客平台从事信息发布、互动交流等的行为主体。

微博客信息服务是指提供微博客平台服务及使用微博客平台从事信息发布、传播等行为。

第三条　国家互联网信息办公室负责全国微博客信息服务的监督管理执法工作。地方互联网信息办公室依据职责负责本行政区域内的微博客信息服务的监督管理执法工作。

第四条　微博客服务提供者应当依法取得法律法规规定的相关资质。

向社会公众提供互联网新闻信息服务的,应当依法取得互联网新闻信息服务许可,并在许可范围内开展服务,禁止未经许可或超越许可范围开展互联网新闻信息服务活动。

第五条　微博客服务提供者应当发挥促进经济发展、服务社会大众的积极作用,弘扬社会主义核心价值观,传播先进文化,坚持正确舆论导向,倡导依法上网、文明上网、安全上网。

第六条　微博客服务提供者应当落实信息内容安全管理主体责任,建立健全用户注册、信息发布审核、跟帖评论管理、应急处置、从业人员教育培训等制度及总编辑制度,具有安全可控的技术保障和防范措施,配备与服务规模相适应的管理人员。

微博客服务提供者应当制定平台服务规则,与微博客服务使用者签订服务协议,明确双方权利、义务,要求微博客服务使用者遵守相关法律法规。

第七条　微博客服务提供者应当按照"后台实名、前台自愿"的原则,对微博客服务使用者进行基于组织机构代码、身份证件号码、移动电话号码等方式的真实身份信息认证、定期核验。微博客服务使用者不提供真实身份信息的,微博客服务提供者不得为其提供信息发布服务。

微博客服务提供者应当保障微博客服务使用者的信息安全,不得泄露、篡改、毁损,不得出售或者非法向他人提供。

第八条　微博客服务使用者申请前台实名认证账号的,应当提供与认证信息相符的有效证明材料。

境内具有组织机构特征的微博客服务使用者申请前台实名认证账号的,应当提供组织机构代码证、营业执照等有效证明材料。

境外组织和机构申请前台实名认证账号的,应当提供驻华机构出具的有效证明材料。

第九条　微博客服务提供者应当按照分级分类管理原则,根据微博客服务使用者主体类型、发布内容、关注者数量、信用等级等制定具体管理制度,提供相应服务,并向国家或省、自治区、直辖市互联网信息办公室备案。

第十条　微博客服务提供者应当对申请前台实名认证账号的微博客服务使用者进行认证

信息审核,并按照注册地向国家或省、自治区、直辖市互联网信息办公室分类备案。微博客服务使用者提供的证明材料与认证信息不相符的,微博客服务提供者不得为其提供前台实名认证服务。

各级党政机关、企事业单位、人民团体和新闻媒体等组织机构对所开设的前台实名认证账号发布的信息内容及其跟帖评论负有管理责任。微博客服务提供者应当提供管理权限等必要支持。

第十一条 微博客服务提供者应当建立健全辟谣机制,发现微博客服务使用者发布、传播谣言或不实信息,应当主动采取辟谣措施。

第十二条 微博客服务提供者和微博客服务使用者不得利用微博客发布、传播法律法规禁止的信息内容。

微博客服务提供者发现微博客服务使用者发布、传播法律法规禁止的信息内容,应当依法立即停止传输该信息、采取消除等处置措施,保存有关记录,并向有关主管部门报告。

第十三条 微博客服务提供者应用新技术、调整增设具有新闻舆论属性或社会动员能力的应用功能,应当报国家或省、自治区、直辖市互联网信息办公室进行安全评估。

第十四条 微博客服务提供者应当自觉接受社会监督,设置便捷的投诉举报入口,及时处理公众投诉举报。

第十五条 国家鼓励和指导互联网行业组织建立健全微博客行业自律制度和行业准则,推动微博客行业信用等级评价和信用体系建设,督促微博客服务提供者依法提供服务、接受社会监督。

第十六条 微博客服务提供者应当遵守国家相关法律法规规定,配合有关部门开展监督管理执法工作,并提供必要的技术支持和协助。

微博客服务提供者应当记录微博客服务使用者日志信息,保存时间不少于六个月。

第十七条 微博客服务提供者违反本规定的,由有关部门依照相关法律法规处理。

第十八条 本规定自 2018 年 3 月 20 日起施行。

14.《金融信息服务管理规定》

2018 年 12 月 26 日,国家互联网信息办公室公布《金融信息服务管理规定》,自 2019 年 2 月 1 日起施行。

第一条 为加强金融信息服务内容管理,提高金融信息服务质量,促进金融信息服务健康有序发展,保护自然人、法人和非法人组织的合法权益,维护国家安全和公共利益,根据《中华人民共和国网络安全法》《互联网信息服务管理办法》《国务院关于授权国家互联网信息办公室负责互联网信息内容管理工作的通知》,制定本规定。

第二条 在中华人民共和国境内从事金融信息服务,应当遵守本规定。

本规定所称金融信息服务,是指向从事金融分析、金融交易、金融决策或者其他金融活动的用户提供可能影响金融市场的信息和/或者金融数据的服务。该服务不同于通讯社服务。

第三条 国家互联网信息办公室负责全国金融信息服务的监督管理执法工作,地方互联网信息办公室依据职责负责本行政区域内的金融信息服务的监督管理执法工作。

第四条 金融信息服务提供者从事互联网新闻信息服务、法定特许或者应予以备案的金融业务应当取得相应资质,并接受有关主管部门的监督管理。

第五条 金融信息服务提供者应当履行主体责任,配备与服务规模相适应的管理人员,建立信息内容审核、信息数据保存、信息安全保障、个人信息保护、知识产权保护等服务规范。

第六条　金融信息服务提供者应当在显著位置准确无误注明信息来源,并确保文字、图像、视频、音频等形式的金融信息来源可追溯。

第七条　金融信息服务提供者应当配备相关专业人员,负责金融信息内容的审核,确保金融信息真实、客观、合法。

第八条　金融信息服务提供者不得制作、复制、发布、传播含有下列内容的信息:

(一)散布虚假金融信息,危害国家金融安全以及社会稳定的;

(二)歪曲国家财政货币政策、金融管理政策,扰乱经济秩序、损害国家利益的;

(三)教唆他人商业欺诈或经济犯罪,造成社会影响的;

(四)虚构证券、基金、期货、外汇等金融市场事件或新闻的;

(五)宣传有关主管部门禁止的金融产品与服务的;

(六)法律、法规和规章禁止的其他内容。

第九条　金融信息服务提供者应当自觉接受用户监督,设置便捷投诉窗口,及时妥善处理投诉事宜,并保存有关记录。

第十条　金融信息服务使用者发现金融信息服务提供者所提供的金融信息含有本规定第八条所列内容的,可以向国家或地方互联网信息办公室举报。

第十一条　金融信息服务提供者发现含有本规定第八条所列信息内容的,应当立即终止传输、禁止使用和停止传播该信息内容,及时采取处置措施,消除相关信息内容,保存完整记录并向国家或地方互联网信息办公室报告。

第十二条　国家和地方互联网信息办公室应当建立日常检查和定期检查相结合的监督管理制度,依法对金融信息服务活动实施监督检查,有关单位、个人应当予以配合。

第十三条　金融信息服务使用者向社会传播金融信息服务提供者提供的金融信息中含有本规定第八条所列内容的,由国家或地方互联网信息办公室以及有关主管部门依法处罚。

第十四条　金融信息服务提供者违反本规定第五条、第六条、第七条、第八条、第九条规定的,由国家或地方互联网信息办公室依据职责进行约谈、公开谴责、责令改正、列入失信名单;依法应当予以行政处罚的,由国家或地方互联网信息办公室等有关主管部门给予行政处罚;构成犯罪的,依法追究刑事责任。

第十五条　国家和地方互联网信息办公室根据工作需要,与有关主管部门建立金融信息服务情况通报、信息共享等工作机制,对违法违规行为实施联合惩戒。

第十六条　鼓励金融信息服务提供者建立行业自律组织,制定服务规范,推动行业信用体系建设,促进行业健康有序发展。

第十七条　本规定自 2019 年 2 月 1 日起施行。

15.《网络产品安全漏洞管理规定》

2021 年 7 月 12 日,工业和信息化部、国家互联网信息办公室、公安部以"工信部联网安〔2021〕66 号",转发《网络产品安全漏洞管理规定》,该规定自 2021 年 9 月 1 日起施行。

第一条　为了规范网络产品安全漏洞发现、报告、修补和发布等行为,防范网络安全风险,根据《中华人民共和国网络安全法》,制定本规定。

第二条　中华人民共和国境内的网络产品(含硬件、软件)提供者和网络运营者,以及从事网络产品安全漏洞发现、收集、发布等活动的组织或者个人,应当遵守本规定。

第三条　国家互联网信息办公室负责统筹协调网络产品安全漏洞管理工作。工业和信息化部负责网络产品安全漏洞综合管理,承担电信和互联网行业网络产品安全漏洞监督管理。公安部负责网络产品安全漏洞监督管理,依法打击利用网络产品安全漏洞实施的违法犯罪活动。

有关主管部门加强跨部门协同配合,实现网络产品安全漏洞信息实时共享,对重大网络产品安全漏洞风险开展联合评估和处置。

第四条　任何组织或者个人不得利用网络产品安全漏洞从事危害网络安全的活动,不得非法收集、出售、发布网络产品安全漏洞信息;明知他人利用网络产品安全漏洞从事危害网络安全的活动的,不得为其提供技术支持、广告推广、支付结算等帮助。

第五条　网络产品提供者、网络运营者和网络产品安全漏洞收集平台应当建立健全网络产品安全漏洞信息接收渠道并保持畅通,留存网络产品安全漏洞信息接收日志不少于 6 个月。

第六条　鼓励相关组织和个人向网络产品提供者通报其产品存在的安全漏洞。

第七条　网络产品提供者应当履行下列网络产品安全漏洞管理义务,确保其产品安全漏洞得到及时修补和合理发布,并指导支持产品用户采取防范措施:

(一)发现或者获知所提供网络产品存在安全漏洞后,应当立即采取措施并组织对安全漏洞进行验证,评估安全漏洞的危害程度和影响范围;对属于其上游产品或者组件存在的安全漏洞,应当立即通知相关产品提供者。

(二)应当在 2 日内向工业和信息化部网络安全威胁和漏洞信息共享平台报送相关漏洞信息。报送内容应当包括存在网络产品安全漏洞的产品名称、型号、版本以及漏洞的技术特点、危害和影响范围等。

(三)应当及时组织对网络产品安全漏洞进行修补,对于需要产品用户(含下游厂商)采取软件、固件升级等措施的,应当及时将网络产品安全漏洞风险及修补方式告知可能受影响的产品用户,并提供必要的技术支持。

工业和信息化部网络安全威胁和漏洞信息共享平台同步向国家网络与信息安全信息通报中心、国家计算机网络应急技术处理协调中心通报相关漏洞信息。

鼓励网络产品提供者建立所提供网络产品安全漏洞奖励机制,对发现并通报所提供网络产品安全漏洞的组织或者个人给予奖励。

第八条　网络运营者发现或者获知其网络、信息系统及其设备存在安全漏洞后,应当立即采取措施,及时对安全漏洞进行验证并完成修补。

第九条　从事网络产品安全漏洞发现、收集的组织或者个人通过网络平台、媒体、会议、竞赛等方式向社会发布网络产品安全漏洞信息的,应当遵循必要、真实、客观以及有利于防范网络安全风险的原则,并遵守以下规定:

(一)不得在网络产品提供者提供网络产品安全漏洞修补措施之前发布漏洞信息;认为有必要提前发布的,应当与相关网络产品提供者共同评估协商,并向工业和信息化部、公安部报告,由工业和信息化部、公安部组织评估后进行发布。

(二)不得发布网络运营者在用的网络、信息系统及其设备存在安全漏洞的细节情况。

(三)不得刻意夸大网络产品安全漏洞的危害和风险,不得利用网络产品安全漏洞信息实施恶意炒作或者进行诈骗、敲诈勒索等违法犯罪活动。

(四)不得发布或者提供专门用于利用网络产品安全漏洞从事危害网络安全活动的程序和

工具。

（五）在发布网络产品安全漏洞时，应当同步发布修补或者防范措施。

（六）在国家举办重大活动期间，未经公安部同意，不得擅自发布网络产品安全漏洞信息。

（七）不得将未公开的网络产品安全漏洞信息向网络产品提供者之外的境外组织或者个人提供。

（八）法律法规的其他相关规定。

第十条　任何组织或者个人设立的网络产品安全漏洞收集平台，应当向工业和信息化部备案。工业和信息化部及时向公安部、国家互联网信息办公室通报相关漏洞收集平台，并对通过备案的漏洞收集平台予以公布。

鼓励发现网络产品安全漏洞的组织或者个人向工业和信息化部网络安全威胁和漏洞信息共享平台、国家网络与信息安全信息通报中心漏洞平台、国家计算机网络应急技术处理协调中心漏洞平台、中国信息安全测评中心漏洞库报送网络产品安全漏洞信息。

第十一条　从事网络产品安全漏洞发现、收集的组织应当加强内部管理，采取措施防范网络产品安全漏洞信息泄露和违规发布。

第十二条　网络产品提供者未按本规定采取网络产品安全漏洞补救或者报告措施的，由工业和信息化部、公安部依据各自职责依法处理；构成《中华人民共和国网络安全法》第六十条规定情形的，依照该规定予以处罚。

第十三条　网络运营者未按本规定采取网络产品安全漏洞修补或者防范措施的，由有关主管部门依法处理；构成《中华人民共和国网络安全法》第五十九条规定情形的，依照该规定予以处罚。

第十四条　违反本规定收集、发布网络产品安全漏洞信息的，由工业和信息化部、公安部依据各自职责依法处理；构成《中华人民共和国网络安全法》第六十二条规定情形的，依照该规定予以处罚。

第十五条　利用网络产品安全漏洞从事危害网络安全活动，或者为他人利用网络产品安全漏洞从事危害网络安全的活动提供技术支持的，由公安机关依法处理；构成《中华人民共和国网络安全法》第六十三条规定情形的，依照该规定予以处罚；构成犯罪的，依法追究刑事责任。

第十六条　本规定自 2021 年 9 月 1 日起施行。

16.《国家科学技术秘密持有单位管理办法》

2018 年 8 月 25 日，科技部、国家保密局以"国科发创〔2018〕139 号"，转发《国家科学技术秘密持有单位管理办法》，该办法自公布之日起施行。

第一条　为了加强国家科学技术秘密持有单位保密管理，根据《中华人民共和国保守国家秘密法》《中华人民共和国科学技术进步法》《中华人民共和国保守国家秘密法实施条例》和《科学技术保密规定》，制定本办法。

第二条　本办法所称国家科学技术秘密，是指科学技术规划、计划、项目及成果中，关系国家安全和利益，依照法定程序确定，在一定时间内只限一定范围的人员知悉的事项。

本办法所称国家科学技术秘密持有单位（以下简称持密单位）是指产生、使用或者其他知悉国家科学技术秘密的单位。

第三条　持密单位开展保守国家科学技术秘密的工作（以下简称科学技术保密工作），适用本办法。

第四条 持密单位应当实行科学技术保密工作责任制,单位主要负责人对本单位的科学技术保密工作负总责,设立或者指定专门机构开展科学技术保密工作,制定本单位科学技术保密管理制度,负责本单位科学技术保密日常工作。

第五条 持密单位应当为本单位的科学技术保密工作提供经费、人员、场所和其他必要的保障条件。

第六条 持密单位应当记录本单位持有的国家科学技术秘密名称、密级、保密期限、保密要点和知悉范围,及其变更和解除情况,并做好国家科学技术秘密档案归档工作。

持密单位应当按照国家有关保密规定,管理涉及国家科学技术秘密的文件、资料、档案、计算机、网络、信息系统和移动存储介质、通信和办公自动化设备、工作场所、保密要害部门和部位、会议和活动等,建立管理台账。

承担涉密科学技术项目的持密单位应当在项目申报、专家评审、立项批复、项目实施、结题验收、涉密成果转化及奖励申报等各环节严格执行科学技术保密制度,加强涉密科学技术项目保密管理。

第七条 持密单位应当按照国家有关规定,确定涉密岗位及其类别,将在涉密岗位工作的人员确定为核心涉密人员、重要涉密人员和一般涉密人员,实行分类管理。

持密单位应当对涉密人员进行保密审查,与涉密人员签订保密承诺书,加强对涉密人员的保密宣传、教育培训和监督管理,对涉密人员发表论文、申请专利、新闻出版、参加学术交流等公开行为及出国(境)活动进行审查和保密提醒。

持密单位应当保障涉密人员正当合法权益,不得因其成果不宜公开发表、交流、推广而影响其评奖、表彰和职称评定。对确因保密原因不能在公开刊物上发表的论文,应当对论文的实际水平给予客观、公正评价。

持密单位应当对涉密人员离岗离职实行脱密期管理,与涉密人员签订脱密期保密承诺书,明确未经本单位批准,涉密人员离岗离职后不得从事任何与其知悉的国家科学技术秘密相关的工作,直至解密为止。

第八条 持密单位进行宣传报道、展览展示等活动,由单位负责人或者其指定的保密工作机构对活动内容进行科学技术保密审查,任何形式的公开活动均不得涉及国家科学技术秘密。

第九条 持密单位在境内与非涉外机构、人员开展科学技术交流、合作、转移转化等活动,如果涉及保密要点,应当由持密单位报请原定密机关、单位批准。

持密单位应当提交的材料包括:活动内容及必要性说明,活动涉及国家科学技术秘密保密要点的说明,拟知悉国家科学技术秘密的机构、人员情况说明,其他需要提供的材料。

第十条 持密单位与涉外机构、人员(包括境外组织、机构、人员,境外驻华组织、机构或者外资企业等)开展科学技术交流、合作、转移转化等活动,如果涉及保密要点,应当由持密单位报请国务院有关主管部门或者省、自治区、直辖市人民政府有关主管部门审查。持密单位收到审查批准的书面决定后,应当严格按照保密规定开展后续工作,并与涉外机构、人员签订保密承诺书。

绝密级国家科学技术秘密原则上不得对外提供,确需提供的,应当经中央国家机关有关主管部门同意后,报国家科学技术行政管理部门批准;机密级国家科学技术秘密对外提供应当报中央国家机关有关主管部门批准;秘密级国家科学技术秘密对外提供应当报中央国家机关有关主管部门或者省、自治区、直辖市人民政府有关主管部门批准。

持密单位应当提交的申报材料包括：申请审查的公文（含涉外活动内容及必要性说明），涉外活动涉及国家科学技术秘密保密要点的说明，拟知悉国家科学技术秘密的涉外机构、人员情况说明，涉外活动的风险评估、保密措施及泄密应急管理措施等情况说明，拟与涉外机构、人员签订的保密承诺书文本，原定密机关、单位审查意见，其他需要提供的材料。

第十一条 持密单位发生名称、注册地址、法定代表人、组织形式、股权等变更，资产重组、并购、发行上市，以及核心涉密人员变动等影响国家科学技术秘密管理的事项时，应当在继续做好保密工作的同时，及时向上级机关或者业务主管部门报告。

第十二条 持密单位应当每年至少开展一次保密自查，发现问题及时纠正；应当依法接受和配合科学技术行政管理部门和保密行政管理部门组织开展的保密检查，如实反映情况，提供必要资料，并依照整改要求，制定整改措施，按期整改落实。

第十三条 持密单位应当制定泄密应急预案，一旦发现本单位持有的国家科学技术秘密可能泄露或者已经泄露，应当在 24 小时内向业务主管部门、科学技术行政管理部门和保密行政管理部门报告，同时启动应急预案，并协助有关部门查处泄密事件。

第十四条 对于违反科学技术保密管理相关规定，给国家安全和利益造成损害的，应当依法追究相关机关、单位和人员的法律责任。

第十五条 涉及国防科学技术的保密管理，按有关部门规定执行。

第十六条 本办法由科技部和国家保密局负责解释。

第十七条 本办法自公布之日起施行。1998 年 1 月 4 日由原国家科委和国家保密局发布的《国家秘密技术项目持有单位管理暂行办法》（国科发成字〔1998〕003 号）同时废止。